松下幸之助全传

赵凡禹◎编著

華中科技大學出版社
http://www.hustp.com
中国·武汉

图书在版编目（CIP）数据

松下幸之助全传 / 赵凡禹编著. —武汉：华中科技大学出版社，2010.7
ISBN 978-7-5609-6449-2

Ⅰ.①松…　Ⅱ.①赵…　Ⅲ.①松下幸之助（1894～1989）—传记　Ⅳ.①K833.135.38

中国版本图书馆CIP数据核字（2010）第144899号

松下幸之助全传
Matsushita Konosuke Quanzhuan　　赵凡禹　编著

责任编辑：孙　倩
特约编辑：杨丽丽
封面设计：李爱雪
责任校对：刘红强
责任监制：熊庆玉
出版发行：华中科技大学出版社（中国·武汉）　电话：（027）81321913
武汉市东湖新技术开发区华工科技园　邮编：430223
印　刷：固安县保利达印务有限公司
开　本：710mm×960mm　1/16
印　张：17.75
字　数：248千字
版　次：2022年12月第1版第3次印刷
定　价：49.00元

松下幸之助 前言

提起松下幸之助，可能很多人不认识，但是提到松下电器恐怕无人不知，无人不晓，它和东芝、三洋、日立、索尼等一样，在中国家喻户晓。松下电器能够誉满全球，与其创始人松下幸之助密不可分，他的经营管理经验享誉全球，令人高山仰止，并被人们学习和借鉴。他被称为日本的“经营之神”“驰骋商海的阿修罗”！

松下幸之助，以100日元起家，努力奋斗，最终使自己的企业成为国际知名品牌。这其中的飞跃靠的是什么呢？

“自来水哲学”“堤坝式经营”“非100即0的质量理念”“玻璃式经营”“事业部制度”等不断被人们前赴后继地追随和实践。

此刻，我们纵览松下幸之助的一生和事业，可以发现这是一种对真、善、美的不断追求，是一种“达，则兼济天下”的东方儒家风尚，这其中又折射着西方管理思想的精髓——“规模效应”“以人为本”“用户至上”“为客户创造价值”等。

从幼年的富裕生活到父亲投机生意的失败、家境的落魄，松下幸之助经历了从无忧无虑到家徒四壁的童年。此后，在父亲的要求下，9岁的松下幸之助到大阪当学徒，开始了少小离家和日夜劳作的征程。松下幸之助先后在宫田的火盆店、五代的脚踏车店做学徒，又在大阪电灯公司做电工助手，他在展示自己才华的同时审时度势，毅然下定决心辞职创业，希望在更为广阔的空间施展自己的才华。

“苦其心志、劳其筋骨、饿其体肤、空乏其身、增益其所不能”是成事者必经的磨炼，松下幸之助亦然，无论是在火盆店、自行车店做学徒，还是在电灯公司做电工助手，以及创业后的艰难，这样的历练都造就了松下幸之助坚忍、笃定的个性心智，也使他懂得了成功的来之不易。

松下幸之助是平凡得不能再平凡的一个人，和我们普通人一样，他一步一步地走在那条叫作“人生”的道路上，甚至比我们普通人处境还要艰难，但他又是神奇而伟大的，他非凡的经营才能和卓越的经营艺术令每一位企业家顶礼膜拜。

“经营的最终目的不是利益，而只是将寄托在我们肩上的大众的希望通过数字表现出来，完成我们对社会的义务。企业的责任是：把大众需要的东西，变得像自来水一样便宜。”松下幸之助用简单而朴实的语言道出了企业使命的真谛。

正是在松下幸之助“自来水哲学”思想的影响下，松下公司产品以“质优、价廉”引致了“规模化生产”，成本也随之降低，松下电器不断开发新的产品，而老百姓也从松下的不断实践中获益——电熨斗、收音机、电视机……一大批模仿和创新的产品面世，大幅度提高了大众的生活质量。

松下幸之助自1918年创业始，兢兢业业70载，这70年并非一帆风顺，他以良好的心态、惊人的毅力、高超的智慧化解了“九九八十一难”。松下幸之助以“企业为国家、为顾客服务”的公司文化来经营自己的企业，不仅创造了理想的人生，而且赢得了世界声誉，被誉为日本的“经营之神”。

“对于产品质量来说，不是100分就是0分——没有任何商量！”松下幸之助强调“销售产品要像嫁女儿”一样，“将自己的产品呵护负责到底”，还强调“以质量竞争和以服务取胜”，为消费者提供价值，“厌恶压价倾销和排斥同行的不正当竞争手段”。对于产品质量和服务的认真和执着，不仅仅是对产品的关注，而更多的是对人的认真、执着和关注。

不断发展壮大的松下公司并没有像江河入海的洪流般奔涌，而是步步为营，稳扎稳打。松下幸之助的心态也并没有随着企业的日益壮大而变得浮躁，反而越发重视风险的控制。

1965年2月，松下幸之助提出了“堤坝式经营”的理念：水坝既能调整水流，又能利用水力发电。同样，市场如同河流，经营如同水坝。在商品制造销售方面，松下幸之助主张建立后备设备以根据经济变化而调节商品供应；在资金、库存和人才方面，也有相应的“水坝”进行调节，以避免经营过程中的周期性震荡，减少不确定性对企业的冲击。

松下幸之助的整个经营思想都是建立在对人性的了解和对自然法则的掌握之上的。基于这样的人本理念和社会责任观念，“人才立业”成为松下幸之助的基本经营方针。松下幸之助不苛求“100分”的人才，而选择“适用”的人才。相比技术，他更看重人才的毅力和热忱。松下幸之助突出强调员工价值观和人生观的培养，要让员工充分理解和认同所在企业的使命。作为松下大家庭的家长，松下幸之助关注的不仅是激励员工为企业创利，而且不忘为员工的自身发展铺垫道路。他在公司设立了“教育培训中心”，下属八个研修所和一个高等职业学校，使员工在工作之余得到自我提升。

晚年的松下幸之助超越了原有的企业家身份，对公司与社会关系的思考日益深入。他提出“厚利多销”之道：透过合理化经营，得到合理公平的利益，再把利益公平分配。他坚信，这才是社会和公司共同繁荣的基础。多年后，经过深思熟虑的松下幸之助提出辞去公司董事长的职位，守望公司的成长，并潜心钻研始于1946年的PHP（Peace and Happiness through Prosperity）研究。

松下幸之助的一生，求财得财，求名得名，求寿得寿。作为20世纪最优秀的企业家之一，松下幸之助得到了多种不同文化的认同：在日本，他被尊为“经营之神”；在西方社会，他的照片登上美国《时代》周刊封面，跻身世界级企业管理天才的行列。

具有传奇色彩的松下幸之助在外界得到这样的评价：

打开现代企业经营之书，就会发现松下先生的一整套人性化管理措施决定他的企业以惊人的速度稳步扩张，也就是说，松下先生是一位人性化管理的成功者。

——日本《读卖新闻》

在日本企业界，松下幸之助的名字是具有永久魅力的，这与他杰出的财富业绩和先进的管理理念相关。因此他无愧于“经营之神”“管理之神”的称誉。

——美国《时代周刊》

松下幸之助

目录

第一篇

矢志经商：从 9 岁学徒到 23 岁老板

当松下电器家喻户晓的时候，松下幸之助的经历越来越多被讨论的时候，抛开成功的表象，追根溯源地探究松下幸之助的成长，就会发现，日后影响日本经济、影响日本电器发展，甚至在国际上有所成就的松下幸之助，经历了一段艰苦的生活。9岁的他在几乎所有同龄人都在享受校园生活的时候，却不得不当起了学徒。

对于松下幸之助来说，艰苦的生活是他积累经验和创业的基础，也正是十几年的学徒生涯，才能让他开启日后辉煌的商业发展之路。

第一章　乡下孩子：家道中落无奈辍学

人的一生，或多或少，总是难免有浮沉，不会永远如旭日东升，也不会永远痛苦潦倒。反复地一浮一沉，对于一个人来说，正是磨炼，因此，浮在上面的，不必骄傲，沉在底下的，更不用悲观，必须以率直、谦虚的态度，乐观向前迈进。

——（日）松下幸之助

1894年11月，日本和歌山县海草郡和佐村（现在的和歌山市祢宜地区）一连下了几天的大雪，风雪之中的一间木屋显得格外静穆。27日这一天，几个产婆在松下家忙前忙后，进进出出，随着一声期盼已久的啼哭声，松下幸之助诞生了，这是松下正楠家的第8个孩子，虽然生来瘦小，但是啼哭声非常响亮，松下正楠看了看刚出生的孩子，低声说："就叫他幸之助吧。"

松下这个姓，源于他家祖屋旁的一棵松树。这棵松树有着800年的历史，枝繁叶茂。据说此树有两个奇特的地方：一是树的一侧向大海倾斜并长得十分茂盛，而另一侧则光秃秃的；二是每年过往的仙鹤都会在这棵树上停留，即使周边有别的松树也不作停留，年年如此。这些现象引起了海草郡人的注意和敬畏，把它称为护佑一方的"千旦之木"。松下这个姓的意思就是"神木庇护"。

和佐村靠海，全村人以种植水稻为生，松下正楠算是比较有经济头脑的人，他疏于农耕，但乐于东奔西走经营稻米。和一般人家相比，松下家在村中算是比较殷实的，一年到头都有米吃，逢年过节都有新衣服穿，松下幸之助是家里最小的孩子，因此备受宠爱。由于母亲德子病弱，父亲也常年在外忙碌，为了照顾小幸之助，他雇佣了老妇人加藤惠子为保姆，村中的人都叫她阿惠婆，这个阿惠婆乐善好施、悲天悯人。常把自己不多的几个钱给沿途遇上的僧人和乞丐。她也爱小动物，见了横过田间小路的青蛙也要让路，还要问好、施礼。阿惠婆常背着年幼的松下幸之助，来到大松树底下，仰望古松，唱道：

春日高楼摆花宴，落樱树下频举杯。千年老松传古韵，绿叶浓荫傲迎辉。

冬去春来，叶落花开。几度春秋，松下幸之助由阿惠婆背着上山，又领着下田。慢慢地，小幸之助也会跟着唱几句了，有些谣曲还铭刻在心，伴随了他的一生。不过，他常唱的还是《箱根八里》中的几句：

武士走天涯，刚勇更无前。长刀木屐仰天笑，踏断八里山中岩。

阿惠婆还爱给小幸之助讲故事：讲一休如何善良、助人，讲丰臣秀吉的文韬武略。阿惠婆对人对事的态度不知不觉地影响了年幼的松下幸之助。

平静而幸福的日子被接二连三的厄运打破，特别是父亲投资的失败。时值中日甲午战争结束日本产业兴隆时期，许多农民开始做起投机买卖，看到这些，不甘平庸的松下正楠没有经受住快速致富的诱惑而涉足米市投机买卖当中。

然而，松下正楠的生意做得并不是十分顺利，投资失败，连松下家祖先留下来的地产和房产也都赔光了，丧失了地产和房产的松下一家不得不离开，搬到了和歌山市。松下正楠在熟人的帮助下开了一家木屐店，但是木屐店的生意并不好做，加上竞争又十分激烈，松下正楠只好让正在上中学四年级的大儿子辍学帮助经营木屐店的生意。但由于松下正楠一心想快速致富，无心经营，导致木屐店苦苦维持两年之后倒闭。

正所谓“祸不单行”，命运总是在捉弄已经多灾多难的松下一家，木屐店倒闭的1901年，在和歌山纺织厂工作的大哥因病去世，紧接着二哥和二姐也相继去世。一年之内失去3个孩子，哪个父母能承受这样的打击？在松下幸之助的记忆里，母亲德子总是流泪，父亲松下正楠也是垂头丧气、长吁短叹的。但是，松下正楠并不是一个容易被困难击倒的人，凭借着顽强和坚忍的意志，他终于在松下幸之助上小学二年级的时候在大阪聋哑学校找到一份工作。靠着父亲寄来的微薄的生活费，家里又开始过上了稳定的生活。

父亲在米市投资失败的惨痛教训，对松下幸之助后来的事业起了很好的警示作用。他的做法跟父亲截然相反：脚踏实地，持之以恒，从不投机。也可以说，米市投资失败的教训是父亲留给松下幸之助的唯一遗产。

在愁云惨雾的笼罩下，松下幸之助6岁那一年，父亲将他叫到跟前说："阿吉呀（松下幸之助的乳名），你该上学了，明天去上学吧。"小幸之助点点头，第二天穿上了新衣服，背上母亲缝制的书包，欢欢喜喜地和同村小朋友一起去上学。按说，松下家是无力供养幸之助上学的，但是中日甲午战争结束后，日本将清政府给的两亿多两白银用于兴办教育，在全国范围内建造多所小学，因此松下幸之助能够有机会上学了。

松下幸之助虽然比同龄的孩子个子矮小，但是生性好强，学习十分认真，老师布置的作业他总能一丝不苟地完成，上课回答问题时声音比别人响亮，出操时也比别的孩子做得认真。小幸之助并不知道这些举动在别人看来并不讨喜，但是他觉得只有这样认真学习，才对得起这个珍贵的上学机会。

松下幸之助非常富有同情心，班级中有的同学家境困难，上学时没有饭团吃，虽然小幸之助家也很拮据，但他总是毫不犹豫地从自己带的饭团中取出一两个给同学，尽管自己也很饿。

松下幸之助还有一颗正义之心。小幸之助的班里有个叫龟太郎的同学，虽然长得瘦小，但由于他是浪人的儿子，因此在班级中经常欺负同学。一天，龟太郎本应该负责擦洗教室的地板，但是他却让一个同学代他拖地板，那个同学不肯，他抡起书本向同学打去，一旁的同学都不敢吱声。小幸之助看到后大声呵斥龟太郎不要欺负同学，也许是从未有过同学敢呵斥自己，也许是被小幸之助的凛然正气所震慑，颐指气使的龟太郎居然乖乖拖起地板，尽管发出叮叮当当的声音。从此以后，同学们都愿意和小幸之助玩，连龟太郎也围绕在他身边。

松下幸之助仗义执言的事情传到村中，邻居经常对母亲德子说："德子，真羡慕你养了个好儿子，将来幸之助一定能成大器！""哪里哪里，他还差得远呢。"尽管母亲嘴上这么说，但是心里暖暖的，并希望小幸之助能成大器。

在短暂的求学期间，松下幸之助如饥似渴地汲取营养，为以后的经营打下了良好的理论基础。

松下幸之助小学四年级的一天，父亲松下正楠从大阪给母亲德子寄来一封信，上面写道："我知道幸之助已经读四年级了，还有两年就毕业了，我也不是不知道读书对人生的重要。但是，并非人人都能从求学中出人头地，家庭现在这样窘迫，不如现实一点。现在有一个很难得的机会，在大阪我的一位好友宫田开了一家火盆店，正需要学徒，我希望幸之助能赶快来帮忙。"德子看了信之后伤心落泪，她不忍心让这样一个勤学上进的儿子辍学，也不忍心让9岁的儿子外出打工。

德子写信与丈夫商量让幸之助念完小学再去打工，但是松下正楠收到妻子的信件后十分生气，严厉催促德子快速将幸之助送到大阪当学徒。在日本，妻子是不能违背丈夫意志的，无奈之下，德子只能遵从丈夫的意思，让幸之助辍学去当学徒。

母亲德子将父亲要他去大阪当学徒的事情告诉了松下幸之助，令德子出乎意料的是，幸之助非但没有不舍学校，而是高兴地答应了当学徒一事。对于年幼的幸之助来说，他并不知道当学徒的艰苦，也没有体会到求学的可贵，只是觉得能够见到父亲，并能够去一个大城市——大阪了。德子见幸之助一口答应，不禁转过身去悄悄地抹去泪水。

就这样，年仅9岁的松下幸之助放弃了学业，准备前往大阪开始他的学徒生涯。

母亲德子在松下幸之助离开的前几天，夜夜在昏暗的煤油灯下缝制新衣服，眼泪也随着一针一线落在了幸之助的新衣服上。松下幸之助离家的日子到了，母亲德子早早起床为他做上一顿可口的饭菜。年幼的幸之助似乎还不知道离家之痛，吃过饭之后兴致勃勃地冲出家门，母亲穿着木屐走在路上，并不时说："阿吉，慢点，慢点走啊！"瑟瑟秋风中，单薄的松下幸之助和有些佝偻的母亲来到了纪之川火车站。

这天的纪之川火车站空荡荡的，天空也灰蒙蒙的，萧瑟的秋风夹杂着阵阵寒意向幸之助和母亲等人袭来。趁着火车还没到，德子叮嘱松下幸之助："阿吉，当了学徒要听老板的话，不能偷懒，也不能让你爸爸失望啊！记住了吗？"

"妈妈，我记住了。"幸之助不住地点头。

"早晚天气凉，你要多穿衣服啊！你有尿床的毛病，记得下午要少喝水！"德子还在叮嘱着。

"妈妈，放心吧，我能照顾好自己！"幸之助向母亲保证。

"还有……"一阵刺骨的凉风堵住了德子的嘴，德子看着寒风中瘦弱的幸之助，泪水就涌了出来。

伴随着轰隆声，火车进站了，分别的时刻终于来临了。母亲德子搂着幸之助，并含着泪拜托一起前往大阪的邻家大叔："路上，请多关照！"

火车缓缓驶出纪之川火车站，母亲德子依旧站在原处，不断地挥手，秋风吹起了她的衣襟，吹乱了她的灰白头发，也吹乱了松下幸之助的心。

晚年的松下幸之助回忆起离乡的情景时说："那时的情景，我现在仍记得很清楚。想起母亲孤单的身影，现在还会心痛。这一幕我永远忘不了。"

纪之川火车站是松下幸之助有生以来第一次单独出行的始发点，也是他走向社会的起点，从此他开始了独自打拼的人生历程。

第二章　学徒生涯：大阪船场艰苦磨砺

遇到不景气的时候，正是发挥少年时代磨炼出来的素质和本领的时候。有这种少年历练的人，和那些因悲观而跌倒爬不起来的人截然不同。这种骨气，根植于少年时代，渐长而渐成。

——（日）松下幸之助

几乎所有成功人士背后都有一段不为人知的辛酸往事，他们的成功都是付出了极其辛苦的代价而得到的。松下幸之助也是这样，年仅9岁就要自谋营生，看似难以想象的事，但是他做到了，而且还从学徒生涯中汲取了许多经商的本领。

火车上的松下幸之助兴奋地看着窗外的景色，幻想着将来的种种可能，带着憧憬来到了商都——大阪。在火车站，松下幸之助看到了在站台等候的父亲，与母亲离别的伤感一扫而光，他兴奋地冲过去抱住父亲的脖子。

父亲带着松下幸之助前往宫田火盆店，一路上，小幸之助东张西望，对一切都感到新鲜和好奇。从大阪火车站到市区有一段距离，由于经济窘迫，父子二人只好步行前往。父亲抚着幸之助的头说："阿吉呀，在火盆店要好好干，松下家就指望你了。你看，没出息的，只能一辈子拉人力车；有出息的，就可以让别人拉自己。"父亲感到自己能够成就大事的希望渺茫，于是将希望寄托在这唯一的儿子身上。

就这样，松下幸之助在父亲的带领下磕磕绊绊地走在路上，他好奇地一直四下张望。在松下幸之助觉得走得很累的时候，终于到了火盆店。“啊，幸之助你来了。”火盆店的小伙计热情地招呼着他。

父亲找到了老板，对他说：“老板，我就把儿子放在你这里了，以后还请多多关照。”

老板说：“你就放心吧，我会好好带他的。”

父亲转身又再次向松下幸之助叮嘱：“阿吉呀，要听老板的话，要勤奋干活，要有出息。”随后便匆匆离去了。

此刻，松下幸之助的心间突然涌上与母亲离别时的那种伤感，但随着父亲的背影渐行渐远，他感觉自己开始陷入了举目无亲、孤苦伶仃的境地，一路上的兴致勃勃瞬间消失得无影无踪。

当天晚上，松下幸之助钻进冰冷的被窝，想起了妈妈温暖的怀抱，久久难以入睡。听着窗外的风声和隔壁宫田老板的鼾声，身在异乡的松下幸之助伤心地落下几滴泪水。伴着被泪水打湿的枕头，松下幸之助度过了漫长的一夜。

就这样，9岁的松下幸之助成了火盆店的小学徒，开始了他的学徒生涯。

火盆店，是一种自产自销的家庭小店，在日本是一种古老的行业。日本的冬季十分寒冷，室内又潮又湿。冬天为了取暖，无论达官贵人，还是平民百姓，都会在家里摆上一只炭火盆。这些火盆是陶制的，大小高低不等。作为居家常备之物，火盆自古以来就长盛不衰。不过到了明治维新以后，日本人的生活发生了巨大的变化，大家有了新的取暖方式来度过难熬的冬天，所以卖火盆的生意一天不如一天了。

火盆分为上等货和下等货，因此打磨的方法不同。打磨火盆并不是一件容易的事情，要先用木砂纸磨平盆面，然后用干草抛光。抛光一个上等火盆，要费一整天工夫。一直在父母呵护下长大的松下幸之助哪里干过这样的粗活，一天下来，柔细的小手被磨得不成样子，红肿得像个馒头。早晨用凉水洗漱时，皮肤干裂处就钻心的疼，小幸之助开始体味到了生活的艰辛，更感到少小离家的孤寂。

小幸之助实在受不了的时候，就哭着去找父亲诉苦。看到满脸泪痕的儿子，松下正楠的心里也是刀割般的疼。可是，他不能让儿子就这样放弃，他轻轻揉着儿子的手，说："阿吉啊，你一定要坚持住。吃得苦中苦，方为人上人。松下一家的希望都在你身上了。"听到父亲这样说，松下幸之助似懂非懂地点了点头。之后，父亲总是带着愧疚和不舍，硬着心肠把儿子送回火盆店。

在家过惯了苦日子的幸之助帮人打杂并不感到辛苦，最难熬的是内心的孤独和寂寞。

9岁，本该是在父母膝下撒娇的年龄，可小幸之助却要独立谋生，承担生活的重担。夜晚来临时，幸之助就会哭泣着想起母亲，总是伴着泪水进入梦乡。有时也会从梦中惊醒，看到陌生的环境想着母亲的怀抱，不停地哭泣。最初的几天都是如此，习惯了火盆店的生活以后，才渐渐有所好转，但偶尔想起来还是会哭。还有一个让松下幸之助感到忐忑不安的事就是自己尿床的毛病。在家里尿床，有母亲收拾，但在这里，只能靠自己。有时松下幸之助会就着冰凉的褥子睡觉，尽管觉得自己很委屈，也不敢哭出声，小幸之助就在这样的磨炼中一点一点地成长着。

火盆店每逢初一、十五发钱，当时松下幸之助的工钱是一次5分钱。不要小看这5分钱，对于松下幸之助来说，这可是一笔不小的数目。

但有一次，他却不得不花掉其中的1分钱。

当时松下幸之助除了打磨火盆和打扫卫生，还要照料宫田家的小少爷。生得矮小的幸之助背着胖胖的小少爷，十分吃力。一天，街面上传来孩子们的嬉闹声，还是孩子的幸之助听到后，背着小少爷跑了出去。孩子们很快就接纳了初来乍到的幸之助，并把他拉入游戏中，由于过于用力，竟把肩上的小少爷甩翻在地上。小少爷哇哇大哭，周边的孩子们见到这个架势纷纷离开。幸之助吓得脸色惨白，抱起小少爷不停地哄，谁知越哄哭得越凶。正当幸之助手足无措的时候，他下意识地听到糕饼店卖包子的声音，就捏着自己兜里的薪水，跑到糕饼店花了1分钱买了一个红豆包给小少爷吃。说也奇怪，看到红豆包的小少爷立刻就停止了哭泣，一口一口地吃包子。

看到小少爷不哭不闹了，松下幸之助稍稍放心，但还是很发愁，生怕挨老板的骂。松下幸之助战战兢兢地将小少爷带回火盆店，并把事情一五一十地向老板和老板娘道出，老板夫妇看看孩子没有大事，非但没有责怪幸之助，反而说："你这小鬼头倒挺大方的！""呵呵，是啊，阿吉这孩子倒是挺诚实的！"

老板和老板娘的反应完全出乎松下的意料，但他还是暗暗自责："连个小孩儿都看不好，怎么能做大事呢？"他对自己发誓："今后，再也不能因为贪玩耽误正事了。"

此后，松下幸之助更加用心地做事，并时时严格要求自己。

松下幸之助在火盆店只干了3个月，这个店就因为管理不善而倒闭。老板有个朋友五代普吉，开了一家脚踏车店。好心的店老板推荐松下幸之助去了这个店。在这里，松下幸之助干了6年，奠定了他后来在商界大显身手的基础。

1905年2月，松下幸之助经好心的宫本老板介绍，带着自己挣的3角钱进入"五代脚踏车店"当学徒，那一年松下幸之助10岁。

五代脚踏车店的老板叫五代普吉，父亲松下正楠和宫田老板带着幸之助来到五代脚踏车店后，宫田老板对五代普吉说："五代君，这孩子叫幸之助，聪明、可靠，重要的是他很诚实。以后请五代君多加管教，我就把他拜托给您了。"

五代普吉也是很好的人，爽快地接受了松下幸之助。松下正楠帮助儿子安顿好，临走前再次叮嘱儿子："阿吉，你要加油啊。比起做火盆生意，脚踏车这一行的发展前途要好得多。你要记着，今天的日本跟过去不一样了，总有好多你不懂的新鲜事，所以，你要用功，用心学，一定能干出一番事业的。不要因为学徒小就不好好做，这里面可有大学问哪！你以后要做大事，就必须先从小事做起！

"还有，无论做什么事，老板都在瞅着你，所以你要勤快些，不要怕做事，做事才能有长进。你小事做不好，老板是不敢把大事交给你去做的。”听了父亲的教诲，松下幸之助使劲点了点头。就这样，父亲将松下幸之助留在了脚踏车店，10岁的松下在五代脚踏车店开始了新的学徒生活。

当时日本还不能自己制造脚踏车，全部由英、美等国进口，称得上是高级耐用的消费品了。一般只有有钱人才能买得起脚踏车。卖脚踏车也是一个时髦的行业，能骑脚踏车的都是阔佬家的公子哥儿们。1908年，东京三越百货大楼开业时，公司派年轻的店员骑脚踏车在全城送货，成了轰动全国的新闻。能在经营脚踏车这么高级的店里工作，哪怕是个学徒，也是让人很羡慕的，松下幸之助心情舒畅了许多。

五代脚踏车店坐落在大阪船场街区，这里是大阪工业的摇篮。明治维新以后，这一带陆续建起了许多纺织、造纸、五金工具等小型工厂，一幢又一幢的低矮的木屋鳞次栉比，又组成了几条街巷，街道直通海边。海边则是造船的船坞，承造大型的木船和装有马达的机帆船，船场街区因此而得名。

五代脚踏车店是一个较大的专业商店，不仅出售脚踏车及其配件，还兼营修理业务，松下幸之助是学徒里年纪最小的一个。松下幸之助在这里当学徒并不比在火盆店轻松，一天到晚都很紧张。老板要求学徒5点半开始干活，直到晚上7点结束。虽然店铺关门较早，但是由于晚上有客人来买车的零件，所以打烊总在晚上9点多。因此，学徒和伙计们经常吃过晚饭后仍然要照看店铺。

晚上关门之后或是看店的时候，学徒可以看小说。在读小说的过程中，他们获得了知识，了解了人情世故。松下幸之助最爱看的小说是《通俗丰臣秀吉传》。丰臣秀吉是日本战国时代末期统一全国的武将，在他统治期间积极开展和奖励对外贸易，促进了经济的发展。除了《通俗丰臣秀吉传》，他还爱看修炼“忍”术的猿飞佐助的小说。忍者的义气修养、商人的道德和经营术都展现在其章回小说当中。

对于没有机会接受学校正规教育的松下幸之助来说，他不仅从学徒生涯中获得了社会生活知识，也从业余时间读小说中学会了个性修养。松下幸之助日后常回忆起那段令人难忘的日子，他曾说："我对经营的看法、想法，全是在脚踏车店工作的7年里，借着工作后看店的时间，从小说中积累得来的，并成为活生生的学问，在当下发挥了莫大的力量。"

学徒的生活起居有固定的时间，每天早晨5点起床，冬天可以晚半小时。洗漱之后清扫店铺，洒清水。6点半吃早饭，吃的只有咸菜和米饭，甚至没有豆酱汤，不过老板保证能让他们吃饱。到了中午，他们可以吃到一些蔬菜。每个月的1日和15日可以吃到鱼，这个时候，是学徒们最高兴的时候，老板娘总是笑盈盈地看着孩子们狼吞虎咽地吃掉那些她精心准备的饭菜。

松下幸之助的主要工作是扫地、伺候客人，同时在别人修车时学习修理脚踏车，每天从早到晚要工作十五六个小时。当学徒的日子很辛苦，但小幸之助从来没有因为工作累抱怨过，他心里时刻牢记着父亲的教诲："连小事都做不好的人，是做不成大事的。"于是，不管事情多么细小，多么琐碎，他都用心去做，哪怕是铺被子这么小的事。松下幸之助没有因为自己一直做小事而气馁，他相信自己总有一天会在关键时刻起作用。

随着时间的推移，松下幸之助开始见习修理脚踏车，做店员的助手。修理脚踏车的工作类似小铁匠，需要用到车床之类的设备，松下幸之助从小就喜欢这类工作，所以做起来也是兴致盎然。不过，时间久了，瘦弱的小幸之助就开始吃不消了。当时转动车床不用电而是手动转，松下幸之助本来就年小体弱，最初十几二十分钟还能撑得住，越到后来，手和胳膊就越没力气，于是就转得越来越慢。有时累得一点也转不动了，前辈工人就用小铁锤敲一下他的头，意思是要让他振作起来。也许这显得很粗暴，不过在当时的日本，这是惯用的训徒方式。在中国有句古话叫"不打不成器"，日本很好地学习了这一点，他们的徒弟都是这样训练出来的。

松下幸之助在进五代脚踏车店的第一天，就荣幸地获准学骑脚踏车。这是源于五代老板十分开明的观念。他认为，既然是脚踏车店学徒，就得会骑脚踏车，店员骑车出门本身就是活广告。再说店员如果不会骑车就不可能熟悉产品，也就难以推销和做好售后服务。老板这种看似吃亏的举措，实际上却为店里拉到了很多生意，这种观念也潜移默化地影响了松下幸之助日后的经营理念。

松下幸之助得知自己能学脚踏车之后，兴奋得不得了，不过，骑脚踏车没有给他带来想象中的开心。因为没有童车，个子矮小的松下幸之助骑大车子可吃了不少苦，他不能像大人一样坐着骑，只能采用“狗蹲式”，以弯腰半蹲的姿势骑，这种姿势很别扭，也非常难看。但松下幸之助不在意别人的异样目光，勤加练习，功夫不负有心人，一周后他学会了，虽然姿势不好看，但是能上路了。

这时候，脚踏车竞赛开始兴盛。大阪的商人看到东京商人通过举办脚踏车比赛获益不少，于是准备举行脚踏车比赛。大阪的店主人为了促销，一面培养选手，一面组织后援团体到各地举行竞赛，当时的大阪新报社，也为竞赛出了不少力，其热烈程度有点像现在的棒球比赛。“五代商会”也报名参加了比赛，由于这个缘故，松下幸之助也想做选手，因此他每天早晨4点半就起床，跑到当时的竞赛场，骑着比赛用的脚踏车练习。每天上午都有三四十人以上的选手在场上练习。松下幸之助虽然每天早上勤练，但是进步有限。在咨询教练后得知是自己的力量不足，为此，松下幸之助每天工作之余都进行力量训练。老板娘看到瘦弱的松下幸之助总是心疼地劝他不要继续训练了，可是松下幸之助仍然坚持己见。

成功不是那么容易就能获得的。在有一天的训练中，松下幸之助正要超越一个选手时，意外发生了。他的车前轮撞在前面车子的后轮上，只听“咔嚓”一声，松下幸之助还没反应过来，就狠狠地摔在地上。

现场的医生和护士赶紧跑来把他扶起，还好松下幸之助没有摔伤脑袋。他觉得自己的腿很疼，低头一看，心里一下凉了半截，裤子上已经渗出血了。“完了完了，该不会是要残废了吧？”他突然感到一阵绝望，“我辛辛苦苦准备的比赛要泡汤了，天啊，不会连我这辈子的生活都成问题吧……”

就在他这么胡思乱想的时候，突然一阵剧痛，他失声叫起来："哎哟，疼！"医生说："喊什么？又没伤着骨头！"原来是医生在检查他的伤势，刚扳动了他的腿。

"什么？没伤着骨头？"松下幸之助高兴得一下子跳起来，这可把周围的人都吓了一跳，大家都不知所措地看着他。他活动一下四肢，扶起脚踏车继续训练，完全不理会大喊的医生和护士。

经过一番艰苦的准备之后，松下幸之助满怀信心地迎来了比赛。为了鼓励他，五代老板亲自为松下幸之助组装了一辆脚踏车，老板娘还精心为他挑选了一身运动服。比赛前的早晨，老板娘特意准备了丰盛的早餐，店里所有的伙计都来给松下幸之助打气，有了这么多人的支持，松下幸之助的信心更足了。

比赛的枪声一响，焕然一新的松下幸之助就像一只机灵的小鹿，从大队人马中脱颖而出，一下子蹿到了前面，之后，他凭借之前练就的良好体力，将领先的优势一直保持到了最后。在众人的一片欢呼声中，松下幸之助率先到达了终点，赢得了少年组冠军，实现了自己的心愿，兑现了曾经许下的诺言。

脚踏车店还有一项重要的经营项目就是修理脚踏车，店里也经常有来修车的顾客。有时因为车子破损较严重，或是来修理的人比较多，忙不过来，顾客就得在店里坐着等一段时间。

这时，五代老板就会打发学徒给顾客捧上一杯热茶，递过一张当日的报纸。老板发现客人们都喜欢逗年纪最小的松下幸之助玩儿，因此松下幸之助找到了自己的专项工作：招呼等待的顾客。

有时候因为修车时间有些长，常有客人吩咐松下幸之助："小家伙，愿不愿去帮我买包烟？"

"阿吉，快去吧！"老板听到客人有要求，赶紧吩咐他，"快去快回，别误了事。"

"好的，马上就去！"松下幸之助边答应边洗手，接了钱一溜烟地跑到杂货铺买烟，随后将烟和找回的零钱交给客人。像这样的事他每天要干上好几次，而且无论刮风下雨，都要随叫随到，迅速地把烟买回来。

买烟的次数多了，松下幸之助心里开始盘算：每天有人托我买香烟，都要一次一次地跑出去，如果用我的薪水先买20包烟放在身边，有人再托我买烟，直接拿出1包卖给他多方便啊。不光自己节省了力气和时间，客人也能马上满足烟瘾了。在跑腿过程中，松下幸之助发现买一条（20包）烟店家送1包，每包烟的价钱是8分钱，每卖20包烟就能挣8分钱，这样自己节省时间多干活老板高兴，客人能立刻抽上烟也很高兴，自己还能从中赚到钱，真是一举多得啊！

松下幸之助将自己的想法告诉老板，老板听后说："嗯，你很会动脑筋啊，这是个好办法，你就这么办吧。"由于松下幸之助周到的服务，上门修车的客人更多了，客人们都说："阿吉这孩子真聪明能干，长大了一定有所作为。"

得到客人和老板的赞许，松下幸之助心里美滋滋的，干活也更加卖力了。

然而，店里的其他学徒和伙计都开始不满，认为松下幸之助一个人挣钱不应该，并都开始对他爱理不理。终于有一天，伙计们按捺不住，到五代老板那里告了松下幸之助一状。

老板听了伙计们的抱怨，只得把松下幸之助叫来："阿吉，你卖烟有了额外的收入，大家知道了都很不满，所以今后不要再做了。"松下幸之助不解地看着老板，忍着泪水说了一声"好的"后退下。之后，松下幸之助又开始扔下手头的工作一趟又一趟地为客人跑去买烟。脚踏车店因此恢复了往昔的平静，学徒们也不再孤立松下幸之助了。

日后的松下幸之助回忆起这事说："也许是我当时还小，如果把赚到的钱分给大家就不会那样了。"

脚踏车店里有个叫三郎的学徒，也很得老板喜欢，而且与松下幸之助相处得很好。一次，三郎偷了老板的钱，被老板发现后严厉训斥，但出于善心，仍将其留在店里继续工作。但是世上没有不透风的墙，没过多久，松下幸之助就知道了好友三郎的事，他大吃一惊，同时也非常气愤，他怎么也没想到三郎会做出这样的事，于是，松下幸之助找到老板："老板，我听说三郎偷了钱，您怎么可以让偷钱的人继续留在店里工作呢？如果您让我和偷钱的人继续在一起工作，我无法做到，如果您不开除他，那么我只好辞职。"

"可是，你们不是最好的朋友吗？你怎么能忍心赶他走呢？你不想给他一个改过的机会吗？"五代老板听他这么说反问道。

"是的，我们曾经是最好的朋友，但是从他偷东西的那一刻起，我们的友谊就结束了，我们现在是没有任何关系的陌生人了，让我继续和他在一起，是对我的侮辱，请您辞退他！"

老板看到松下幸之助这么坚定，并觉得他说的也有道理，于是将三郎开除了。

以现在的眼光来看，松下幸之助当时可能太过分，三郎也是孩子，为什么不给他一个机会？他没有体谅老板的宽恕之德，而凭着单纯的孩子气强迫老板采纳自己的意见。但从中我们可以看到松下幸之助对不劳而获的厌恶和强硬的一面。

对于幼小的松下幸之助来说，对他影响最大的就是父亲松下正楠。成功之后的松下幸之助常说："没有父亲，就没有我的今天。"父亲在松下幸之助的心目中一直占据着非常重要的地位。

当松下幸之助去了大阪之后，姐姐因为能读会写，在大阪储蓄局找到了一份工作。母亲和姐姐不愿让松下幸之助再受罪，时值储蓄局里招收勤杂工，姐姐和妈妈商量后觉得不错，就想让他过来，顺便还可以让他完成学业。之后，母亲将这个想法告诉了松下幸之助，并让他去跟父亲商量一下。

满心欢喜的松下幸之助找到父亲，并将母亲和姐姐的想法告诉父亲，没想到父亲却说："我不同意你去储蓄局当勤杂工，阿吉啊，听爸爸的话踏踏实实地在脚踏车店做学徒，一定会成功的，这是通向成功最好的一条路，相信爸爸，不要改变志向，坚持下去！"接着父亲又说，"只要做得好，进而买卖成功，我们就可以雇人干活，到时你就不用做学徒、勤杂工了。"听到父亲最后的几句话，小松下幸之助心动了，他也十分渴望自己能够出人头地，就这样，松下幸之助还是按照爸爸的意愿，继续做学徒。

在做学徒的日子里，松下正楠每次都鼓励松下幸之助说："阿吉啊，不要灰心，历史上的那些成功人士都是从做学徒干起的，他们也是经过千辛万苦才成功的。要学会坚强和忍耐！"父亲不断以他的爱鞭策、激励着幸之助，使松下幸之助在饱受磨难的同时，骨子里渐渐有了上进的个性。

1906年9月的一天，五代老板忽然说要给松下幸之助放几天假，让他回家。这让松下幸之助感到十分惊讶，老板可是从来不会无缘无故让学徒放假的。松下幸之助匆忙收拾了一下，赶回了家。

当他迈进家门时，松下幸之助看到父亲松下正楠正奄奄一息地躺在床上，已经到了弥留之际。松下幸之助不顾一切地扑上去，大声地呼唤着："爸爸，您醒醒，阿吉回来啦，阿吉回来了呀！爸爸！"父亲吃力地睁开眼睛，望着这最小的儿子，挤出一丝微笑，"阿吉啊，你终于回来了，记住，松下家就靠你了。"松下幸之助使劲点点头，泪水喷涌而出。

"爸爸能坚持到现在，就是在等你呢。"守在病床前的姐姐说。

"为什么不早点叫我回来？"他沙哑着问姐姐。

"是爸爸不让，他说学徒最怕分心，没有大事就不要让你回来。"姐姐含着泪说。

松下幸之助听了，心中犹如刀绞一般，他紧紧地抱着父亲瘦弱的身体，想要挽留住垂危的父亲。可是，父亲在小儿子的怀抱中还是安详地走了。

父亲的教诲不断出现在松下幸之助的脑海中："从前的伟人，小时候都做过工，但是他们吃得了苦，最后成了优秀的人才，所以你不要觉得辛苦，一定要忍耐，不要辜负爸爸的期望，松下家就全靠你了。"想起这些，松下幸之助默默地拭去泪水，挺起身子，看着泣不成声的母亲和姐姐，轻声说："我们商量商量爸爸的后事吧。"

父亲一走，家里显得空荡荡的，母亲还没有从忧伤中摆脱出来，姐姐和松下幸之助一直陪在她身边。可是，就在办完丧事的当天，松下幸之助对母亲说：“今天晚上，我要回店里去。”

“什么？今晚？多待两天吧，这么久都没有回来了。”母亲和姐姐听到他这么说十分不解。

“不，爸爸如果活着，肯定会支持我回去的。”一想到爸爸，松下幸之助立刻就觉得浑身充满了力量。“现在爸爸走了，我要更加努力，做出个样儿来，天堂的爸爸才会安心。”

“可是，阿吉，妈妈和我都很需要你啊。”姐姐哀求弟弟留下。

“姐姐，不是我不想，可是，想到爸爸生前的愿望，我就没法待下去。我回去之后要更加努力，尽快让你们和爸爸看到我成就大事。”松下幸之助坚定地对姐姐说。其实，他心里这会儿别提多难受了。

“阿吉啊，那你就回去吧，不用挂念我。只是你一定要照顾好自己啊。”妈妈知道此刻只能支持儿子的决定。

“妈妈，我会照顾好自己的！请您也一定保重身体啊！”松下幸之助又一次掉下了眼泪。面对如此善解人意、关爱自己的母亲，他也无法再说些什么了，他深深地鞠了一躬。

母亲德子眼含着热泪帮松下幸之助收拾回去的行李，年迈的她不能像以前那样去车站送松下幸之助了，她站在门口，看着儿子的背影逐渐消失在一片田野中，泪水模糊了浑浊的眼睛。

当天晚上，松下幸之助就回到了店里。

父亲永不向命运屈服的精神在年幼的松下幸之助心上打下了深深的烙印。从那天开始，松下幸之助暗暗告诉自己：“从今天开始，我就要做一个男子汉了。”

一转眼，松下幸之助在脚踏车店已经度过了好几个年头了。在五代老板的关照下，店里的各种活计他基本都做过了，凭借聪明好学，他掌握了很多本领，此时的松下幸之助迫不及待地想做些更为重要的工作。

每天，看着那些大伙计骑着崭新的脚踏车出去推销，听到他们口若悬河地谈生意，他心里羡慕极了。他暗暗许下一个愿望，就是有朝一日要独立出去推销脚踏车。在他年少的心里，总觉得凭着三寸不烂之舌成功卖出货物，是一件了不起的事。

松下幸之助心里想着，机会就这么不期而至了。

一天，电话铃响了，蚊帐批发店的铁川老板想买一辆脚踏车，要店里派人先给他们送一辆看看。

“好的，好的，马上给您送去。”五代老板一口答应。

放下了电话，他左右看了看，大伙计们出去推销了，店里只剩下几个小学徒，“这可让谁去好呢？”

一转身，发现了正在打扫卫生的松下幸之助，想到他平时的伶俐勤快，当下决定把这个任务交给他：“阿吉，你把车子给铁川老板送去。”

“您，您是说让我一个人去吗？”听到老板这样吩咐，松下幸之助兴奋得连话也说不清楚了。

“是的，阿吉。”老板点点头，“铁川先生为人正派，不会难为你的。你不是总说想去推销吗？这可是一个展露身手的好机会啊，别辜负了我对你的一番信任啊。”

“那就太谢谢您啦！”松下幸之助给老板深深地鞠了一躬，立即骑上一辆崭新的脚踏车，奔向了铁川老板的批发店。

“我终于也能独立销售了！”松下幸之助兴奋地喊着，车子骑得飞快，他觉得这是自己当学徒以来最开心的时候。

他突然想起爸爸说过的那句话“小事做不好，大事也做不成”，爸爸的话果然没错，“按照爸爸的话，我真的开始做大事了！”此时的松下幸之助觉得自己已经成了顶天立地的男子汉，可以成就一番事业了。

“千万不能失败！一定要把握住机会！”松下幸之助暗暗地给自己打气。

松下幸之助箭一般把车骑到了铁川店门口，“您好，您就是铁川老板吧。我叫松下幸之助。五代老板派我把车子给您送来，请先生过目。”松下幸之助向铁川深深地鞠了一躬，彬彬有礼。

“看样子，还是小学徒吧。才多大呀，五代君就派你到这儿来啦？”铁川看来的是个小伙计，就没把他放在眼里，只是自顾自地察看车子。

松下幸之助见铁川老板的态度冷淡，并没有气馁，他知道到了自己展示口才的时候了，于是，他跟在老板屁股后面不停地解说，让老板更加了解这辆脚踏车，“铁川老板您看，这车子轻巧又舒适，样子也很漂亮，骑上它显得您又体面，价钱也不贵，才140日元，是实实在在的物美价廉。如果万一坏了，我们还随叫随到，给您修理。”

“真没看出来，你这小家伙还这么能说呀！”铁川老板见这个伙计很是机灵可爱，态度有所缓和，他摸着松下幸之助的脑袋说：“小家伙还真热心。就冲你的这份热心，我买了。不过，你要给我打九折哦。”

“打九折？”松下幸之助这下可为难了，出来之前五代老板交代过，在价格上不能轻易让步的，他想了想说，“老板，我们老板交代了不让打折，您就别让我为难了，我回去和老板商量给您九五折怎么样？这已经是最低价格了。”

“哦，如果是这样的话，那就算了吧！”铁川转身走了。

“不，”松下幸之助喊起来，“您等一等，我去给您问问。”松下幸之助太想做成这笔生意了，这是自己第一次独立销售，他只能允许自己成功，绝不能失败！他一路飞奔回到店里，居然忘记骑车了。

“老板，”松下幸之助气喘吁吁地说，“铁川先生答应买咱们的车子……”

“是吗？看来派你去还真没错啊！”五代老板很高兴。

“不过，铁川先生要求打九折……”

“什么，九折，这怎么能行呢，”五代老板顿时沉下脸来，“你没跟他说，最多只能打九五折吗？”

“说了，可铁川先生不同意……”

“那你就回去再说一下，我们只能九五折卖，如果他还不同意，那就算了吧！”五代沉吟了片刻说。

听到老板这么交代，松下幸之助很伤心，觉得自己很失败，失去了这么好的一个推销的机会，他不知道回去该怎么对铁川老板说，越想越着急，最后竟然“呜呜”地哭了起来。

看到松下幸之助哭了起来，老板有些生气，训斥道：“阿吉，你到底是哪家店的店员？怎么能向着外人呢？快别哭了，振作起来！”

正在这时，铁川老板把松下幸之助忘在自己店中的脚踏车送了回来，碰巧看见这个场面，他问：“五代君，怎么还和小孩子生气啊？”

“啊，铁川君，是这样的……”五代把松下幸之助回来和他讲价格的事向铁川说了一遍，“真是个孩子啊……”五代感叹说。

“原来是这样。小家伙还挺认真，有意思！看着孩子这么心切，九五折就九五折吧，我买下了。以后，只要他在你们店，我就只买你们店的脚踏车了。”旁边的松下幸之助一听这话，顿时破涕为笑了。

铁川又接着说：“我看阿吉是个好孩子，将来肯定会有出息的。你五代君若是还不满意，就把他让给我吧。”

五代笑着说：“一个孩子，你太过奖了。”之后，他让松下幸之助陪铁川老板去选一辆中意的车。就这样，松下幸之助个人第一次推销就做成了一笔大买卖，刚才还失落的心情一下转晴了。

虽然这是一桩靠眼泪做成的生意，但是它却让松下幸之助懂得了真诚在商场上的力量。

学徒生涯虽然艰辛，却可以练就一个人吃苦耐劳的精神、坚忍不拔的毅力、克服困难的决心，这些，都是有成就者必不可少的素质。生意场上的知识，学徒是通过师傅的言传身教，在耳濡目染中逐渐习得的，这种方式虽然不是正规有序的，却是实用的。经过几年这样的磨炼，对于做生意的要诀、往来的礼貌、资本的筹集等，学徒们就有了切身的体会，这比从课本上学到的还要实用得多。有了这些基本的素质和知识，他们以后就能独当一面了。大阪船场的商人，都是这样被培养出来的。

在大阪当学徒的日子里，松下幸之助学到了许多有益的知识。大阪商界对招牌的重视，大阪商人对招牌的珍惜，给身处其中的小学徒松下幸之助留下了不可磨灭的印象。松下幸之助在五代脚踏车店的工作中逐渐认识到：招牌，代表着特色，更代表着信誉。所以，松下幸之助在后来的经营实践中，继承了大阪船场商人的传统，视信誉如同生命。在处理许多事情的时候，宁肯有什么别的损失，也不干一丝一毫有损信誉或可能影响信誉的事情。

松下幸之助在大阪船场所学到的，远不止这些。在老板五代普吉的身上，他学到更多。五代普吉顾客至上等生意经，也就是松下幸之助以后创业、经营的秘诀。比如，松下幸之助向来有“决不降价求售”“商人必须盈利”“把顾客当作主人”“卖货要像嫁女儿”等的主张，这种观点，就来自五代普吉。五代普吉认为，做生意就一定要获利，而价格要定得既能保持一定利益，又不可以高得离谱。因此，既然是合理的价格，就不可以降价销售，否则商家就不能获利。反之，那些有意把价格定高，又降价出售的销售法，是对商人道德的背叛。在处理商品价格的问题上，松下幸之助特别欣赏五代老板的做法。

碰到有顾客要求降价的时候，五代老板会说：“我的价格定得已经非常低了，要再降价的话，我就无利可得。商人不能做不赚钱的买卖，那样无法长久维持下去，也就不能为顾客服务了。”

在以后的生意中，松下幸之助也正是这样对待顾客的降价要求的，而且他向对方所作的解释，和五代普吉先生简直一模一样。

第三章　辞职创业：东拼西凑举步维艰

逆境给人宝贵的磨炼机会。只有经得起环境考验的人，才能算是真正的强者。自古以来的伟人，大多是抱着不屈不挠的精神，从逆境中挣扎奋斗过来的。

——（日）松下幸之助

在第一次世界大战中，欧洲成为战场，物资奇缺，日本产品成了抢手货，不管什么都能卖得出去，这就大大刺激了日本工业的迅速发展，国内工商企业如雨后春笋般地生长起来。松下幸之助也萌生了独自办企业的念头。

1910年，电能的应用给日本带来了光明的前景。大阪市开始开通电车。松下幸之助尽管只有15岁，但他看到了电气的未来。当时他单纯地认为，有了电车后，脚踏车的需求就会减少。于是，他决定改变自己的人生轨迹，投身电气业。

在松下幸之助离开脚踏车店时，有一个有趣的插曲。他以一个青年对未来的大胆想象，把自己的事业定位在电气上，求他的姐夫帮忙，希望能去刚刚成立不久的电灯公司工作。然而，脚踏车店的老板对松下幸之助那么好，使他又无法面对老板说出离开的理由。于是，松下幸之助采取了一个孩子气的做法——偷偷离开，并留下一封信。信的内容是：

尊敬的五代老板、老板娘，对不起！请原谅晚辈的不辞而别。我实在是无法当着您二位的面说出我要辞职的话语。在我做学徒的6年中，您二位给予了我无微不至的关怀，帮助我从一个懵懂少年成长为一个有着坚强意志的青年，并且，教会了我许多本领。在此，我向你们表示深深的谢意，谢谢您，老板、老板娘！

现在，电气行业有着无限的前景，因此，我大胆地想投身到电气行业这一前途无量的事业中去，希望能在这方广阔的天地里有所建树，实现父亲对我的期望。我已经把目标定在了大阪电灯公司。我去意已决，希望您二位能够理解我。在此，我正式向您提出辞职，望能够接受我的请求。

6年来，您二位的言传身教，使我初步懂得了怎样做人、如何经营，这是我人生中最宝贵的财富。我知道您二位对我的恩情，我本应一辈子留在您二位的身边报答。可是，电力事业对我实在有太大的诱惑，年少轻狂，总想着到更为广阔的地方去闯荡。我总是想，或许那里更能让我有所作为。为此，我再次恳请二位原谅我的冒昧选择和失礼，对不起！请二位放心，无论今后我在什么地方，无论从事什么工作，我都会以你们为榜样，努力勤奋，绝对不给你们和船场街的前辈们丢脸！

最后，老板、老板娘，希望您二位多保重身体！

就这样，松下幸之助离开打拼了6年的五代脚踏车店，来到了大阪的姐姐家。这时的姐姐已经结婚了，姐夫龟山是个热心人，心地善良，把松下幸之助当作亲弟弟看待，而且之前，他曾答应为松下幸之助在电灯公司谋求一个职位。

松下幸之助与姐姐、姐夫吃过晚饭后，向他们说出自己此行的目的："姐姐、姐夫，我已经辞去脚踏车店的工作，姐夫曾经答应我在电灯公司为我找个活干，我想明天去，可以吗？""什么？明天？你已经辞职了？阿吉啊，你太鲁莽了，电灯公司也不是说进就能进去的啊！"松下幸之助听后愣住了，他以为离开脚踏车店就能进入电灯公司，也为自己的莽撞而懊恼。姐姐看到他失落的样子安慰说："阿吉啊，现在申请进入电灯公司的人很多，目前还没有名额，你要先等一等，现在就在姐姐家住着等消息吧。"

松下幸之助听姐姐和姐夫这么说，只能先在姐姐家住下，可是他是个闲不住的人，看到“樱花水泥公司招收搬运工”的广告时，毫不犹豫地报了名。公司主管见到身材瘦弱的幸之助，冷冷地说：“小子，搬运工是个很辛苦的体力活，你能吃得消吗？”

“能，我可以，请您收下我吧，我一定不影响工作进度，求求您了！”看到松下幸之助这么迫切地想要工作，主管答应了。当晚松下幸之助把应聘成功的消息告诉了姐姐，没想到姐姐当时就哭了。在姐姐心里，松下幸之助作为家里唯一的男孩子本应该受到呵护，可他小小年纪就打工谋生，身体又那么瘦弱，怎么能做搬运工这种繁重的体力活呢？一想到瘦弱的松下幸之助在工地上扛水泥的情景，姐姐的眼泪就怎么也止不住。

“姐姐，你哭什么呀？”松下幸之助劝慰姐姐，“虽然我长得瘦，但是我在脚踏车店修理脚踏车的过程中也练就了很好的体力呀。而且，这份工作只是我进入电灯公司前的过渡，不会做很长时间的。姐姐，再说，我也总不能在家里吃闲饭啊。”听到弟弟这么懂事，姐姐又欣慰又感到心酸，于是也没有再反对。

不过，做搬运工可不是一般的辛苦。装车、推车和卸车，每一个环节都是体力的较量。那里的搬运工都是身强力壮、膀大腰圆的壮汉，15岁的松下幸之助跟这些人一起工作，实在可怕，真担心不能胜任。尤其是要把水泥放在台车上推来推去。这样的工作，松下幸之助实在吃不消，常常会被后面推来的台车赶上，好几次几乎撞上。

每当这时，后面的工人就粗鲁地说：“喂，前面的小子，快推啊！慢吞吞的会被撞死的啊！”松下幸之助虽然拼命推，可是力不从心，真不知如何是好。

干了10天左右，监工同情地对松下幸之助说：“你的身体条件不适合在这里工作，赶快去找别的工作吧。”并给他分配了一些比较轻松的工作。监工的亲切、体谅，让松下幸之助由衷的感激。后来他又把松下幸之助派到工厂里担任看守测量水泥机器的工作。

这个工厂是制造水泥的中心工厂，整天都是沙尘弥漫，石头粉尘非常浓，使人看不见五尺之外的东西。在那里工作，都要用布包住眼睛和嘴，即使是这样，1小时之后，也会满嘴砂粒，喉咙也开始疼痛。

虽然不费体力，可是那种灰尘满天的场所真不是人待的，松下幸之助干了一天就投降了，只好再回去做原来的搬运工。

后来，他渐渐习惯了搬运的工作，勉强可以胜任了。在那些日子里，工作一天回到家里的松下幸之助全身的筋骨都好像要散架了，可为了不让姐姐见了伤心，每天回家他都得装出若无其事的样子。

就在这段时间不长的搬运工生活中，发生了一件事，差点要了松下幸之助的命。

从姐姐家到樱花水泥公司，中间要过一条河，松下幸之助每天都得坐小蒸汽船上下班。坐在船上，吹着微微的风，对一整天在灰尘中工作的人来说，是一件多么惬意的事情啊。松下幸之助一边欣赏风景，一边体会着劳动后的轻松快乐。

一天，松下幸之助坐在船边，由于身体和精神一直处于高度紧张状态，在神情恍惚间竟不慎被人挤下水去。等到松下幸之助挣扎着浮出水面，小蒸汽船早已经驶远了。此时的松下幸之助忘记了害怕，不擅游泳的他拼命挣扎，就这样坚持了不知多长时间，另一只船终于驶来。松下幸之助开始大声呼救，船上的人发现了他，这才算死里逃生。幸亏当时是夏天，若是在冬天，他可能就没这么幸运能支撑到获救的时候了。

从这件事情中，松下幸之助悟到一些道理：落水时的绝望并未影响他的求生欲望，凡事只要再坚持一下，也许就会有好的转机；目前自己很辛苦，但是只要能坚持住，就一定能等到电灯公司向他招手的那一刻！

在樱花水泥公司咬牙苦干3个月，他承受了从来没有过的重体力磨炼，因此让他对生活的艰辛有了更加刻骨铭心的感受。不久松下幸之助接到了电灯公司的录用通知。从此，他的人生又揭开了崭新的一页。

1910年10月21日，年仅15岁的松下幸之助，进入大阪电灯营业所做内线员的见习生。就这样，他终于如愿以偿地踏出了步入电气界的第一步。

按照公司的规定，松下幸之助要先做3年的见习生，之后若是考核通过，才能成为正式职员。他先是做屋内配线员的助手，配线员助手的工作是将配线员需要的电线、灯头和工具等材料放在手推车上，往各个客户家里跑，一天至少要跑上五六家。不过，多亏之前在水泥厂当了3个月搬运工的工作经历，松下幸之助能轻松地应付这项工作。现在想想，一个人无论做什么事，经历什么事，都会为自己的未来积淀一些有用的东西，所以，大家千万不要小看目前做的事情，哪怕是常人难以忍受的事情。脚踏实地走好每一步，才有可能厚积薄发，迈向成功。

就这样一两个月后，松下幸之助凭着勤奋好学，对配线工作已经十分熟悉。简单的工作只要有正式技工看着，他就能做得非常好，加之他自己又勤勉肯干，技术提高得很快。有一天，技工师傅夸奖他说：“松下君，你这么勤奋好学，手也很灵巧，将来一定能成为一个好技工。”松下幸之助听了感觉比吃了蜜还甜，之后，他工作更加卖力，很快便可以独立工作了。

3个月之后，公司举行电线接头技术竞赛，很多资深的技工参加比赛，松下幸之助虽然只是助手，但他不会放过这个展示自己的机会，也报名参加比赛。令人惊讶的是，松下幸之助居然击败了那些熟练的技术工，拿到了一等奖，这个意外的一等奖给松下幸之助很大的鼓励，同时也坚定了他从事电气行业的信心。不久，公司扩展业务，主管看到松下幸之助勤劳能干、技术过硬、聪明好学，就破格将他转为正式员工，并任命其为工程领班。

当时的日本刚刚引进电气，在许多人眼中，电是一种很神秘的东西，而且还很可怕，碰到就会死。因此，普通人根本不敢动家中带电的东西，但凡有些涉及电的物品，哪怕只是一个线头，也要请专业人员来处理。因此，电灯公司的职工成了百姓心中近乎神明的人，十分受到尊敬。

松下幸之助的高超的电气技术、一丝不苟的工作作风和正直善良的人品很快赢得了公司领导和同事的赏识和信任。当时，公司承接的重要工程，几乎都要他参加，其中有滨寺公园开设海水浴场的巨大灯箱广告工程、芦边剧场电气改建工程等。

滨寺公园的项目给松下幸之助留下了深刻的印象。除了当时工程项目在技术上难度非常大之外，更主要的是海水浴场对大众生活的影响很大。随着工程一天天的进行，松下幸之助逐渐感受到大家对海水浴的兴趣逐渐加深，海水浴对人们生活、运动、健康、娱乐等方面的积极作用日益显现。由此，松下幸之助领会到：无论经营什么事业，都必须以大众的需求为前提，只有进一步地服务大众，满足大众的需要，得到大众的认可，经营才能获得成功。

松下幸之助到电灯公司正式上班之后，就从姐姐家搬了出去，和同事芦田一起在另一位同事金山先生家寄宿。芦田君是个上进的人，一边工作一边在关西商工读书，在与芦田君同住的日子里，松下幸之助受其影响很大。加上在工作中他发现要在电气这一行业站住脚，就要学习很多新知识，继而也萌发了继续读书的想法。

当关西商工学校夜校部招生的时候，松下幸之助便去报了名。松下幸之助凭着顽强不服输的精神在每天下班之后赶到很远的夜校学习，由于他只有小学四年级的文化水平，因此听起课来十分吃力，再加上夜校的讲课进度很快，因此松下幸之助只有比别人付出更多的努力。一年以后，松下幸之助顺利地拿到预科毕业证书。升入本科以后，松下幸之助选择了与工作相关的电机科，但是本科不比预科，课程难度大，尽管他想尽一切办法，仍然赶不上老师的进度。松下幸之助在学习和工作中耗费了大量的体力，本来就很弱的身体已无法承受，于是他退学了。

松下幸之助这段求学不成的历史，警示我们：在有条件、有时间的情况下，求学的年轻人要珍惜学习机会，循序渐进、系统地学习。同时，我们也看到，就是因为松下幸之助在这短暂的一年多时间内尽其所能掌握电气的理论知识，才为他日后的发展奠定了基础。

松下幸之助退学之后，一边调养身体一边工作，为了让自己有更多的时间休养，他开始在工作的具体程序和规范上动起心思来。

当时电气事业在日本刚刚起步，电工操作并没有什么具体规范，实际中有许多浪费人力物力的程序和工艺。细心的松下幸之助通过观察和不断思索，找到了一些操作简便的方法，并将自己的发现告诉手下的工人，大家试着照做，果然效率大增。

这样一来，松下幸之助在工人们中的地位更高了，连老板也多次表扬他。他手下的技工对他说："松下君，你以后不要干活了，只管想办法让大伙在工作中又省劲又干得快吧！拜托了！"谦虚的松下幸之助还是事先将一天的工作计划安排好，并尽量减少不必要的环节。就这样，松下幸之助在不知不觉中开始接触到日后从商的另一门学问——管理。通过在电灯公司中不断摸索经验，寻求更高效的工作方法，松下幸之助逐渐领略到管理的乐趣。在以后经商的日子里，他不管做什么事，都很注重管理，即如何高效利用有限的资源，这成为松下公司的制胜法宝。

1917年，松下幸之助被公司任命为检查员，这是令同行羡慕和求之不得的职业，他只需要检查工人的工作是否有问题。因为知道工人的操作水平，加上他细心肯干，因而十分轻松，得心应手。但正是这种轻闲的工作却促使松下幸之助离开公司自谋发展。

早在松下幸之助没有担任检查员的时候，他就发现市场上的插座在设计上有许多不足，因此他开始利用业余时间对插座进行改良。在花费很多心思之后，他终于完成了一个试验品，于是兴致勃勃地拿给主任看。

"主任，这是我改良的插座。"他逐一介绍插座的优点，但是主任看了之后好像很不满，说："你这个根本不行，还要多下功夫。"

信心满满的松下幸之助一听，好像挨了当头一棒，总是觉得主任没有眼光，直到后来他做好插座之后才发现自己当初的作品真的很差劲。

但是，松下幸之助没有气馁，一如既往地把精力投入到改良插座上。不久，他再次拿着自己改良过的插座找到主任：

“主任，您再看看我改良的插座。”

“嗯，真的改良了吗？”主任边问边反复地看插座，“不错，不过我要向公司汇报，并请专家鉴定一下。”

“公司会采用我改良的插座吧？”松下幸之助迫切地问。

“这个我不敢打包票，一切得听从公司的安排。”主任说。

几天后，主任将松下幸之助找到办公室对他说：“公司认为你的插座设计得很好，但是大家都习惯了旧插座，没有必要改用新的插座。”

“这么说，公司对改良的插座没兴趣？”松下幸之助不解地问道。

“松下君，请记住，我们是电灯公司，不是生产插座的公司，不要为插座操心，干好自己的本职工作，明白吗？”主任说，“再说，如果公司采用新型插座，那么旧的插座怎么办呢？库存的很多插座怎么办？”

“好的。”松下幸之助垂头丧气地答道。主任和公司的态度无疑给松下幸之助泼了一盆凉水，他走在回家的路上，心想：既然好东西公司不采用，为什么我不能自己干呢？回想起父亲对自己的期望，他的心底突然跳出一个想法：离开电灯公司，自己创业！前途正光明，才23岁的他也不禁被自己的大胆想法吓了一跳。

在和妻子井植梅之商量后的第二天，松下幸之助再次来到主任办公室，向主任提出辞职，主任大吃一惊：“松下君，你刚刚升为检查员，多少人羡慕你的位置呢！你那么年轻，前途无量啊！难道就为了你的改良插座？你可要三思啊！”

“是的，我想经营我设计的插座，谢谢您长时间的关照，请您批准我的请求。”松下幸之助平静地说。

其实主任也不想让松下幸之助这个人才流失，再三挽留，但是松下幸之助依然坚决地要离开公司，主任只好同意他辞职。就这样，松下幸之助离开了工作近7年的大阪电灯公司，开始了自己创业的征程。

改良后的插座比起旧插座是个不小的技术进步，这一点，松下幸之助深信不疑，他于1916年10月3日向日本标准局申请专利。1917年1月24日，经该局审核、鉴定，批准登记，颁给“实用新案等42129号”专利许可证。改良型的电灯插座获得了国家的认可，未来的松下电气公司，从一个小小的改良型电灯插座，开始了它进军世界电器市场的艰苦行程。

松下幸之助放弃了安安稳稳的小职员生活，开始创办自己的企业。但是，办企业谈何容易，刚辞职的松下幸之助面临着一堆棘手的问题。首先就是“三无”，一无资金，二无人员，三无厂房。

松下幸之助首先要解决的是资金问题。辞职之后，松下幸之助一次性领到离职金33.2日元，公积金42日元，再加上家里原有的20日元积蓄，一共只有95.2日元。在当时的日本，100日元连买一台机床都不可能，松下幸之助想要创办工厂，这点资本是绝对不够的。但是雄心勃勃的松下幸之助觉得钱不是问题，他可以节省开支。

人员方面也是捉襟见肘。妻子井植梅之当然是第一人选，他又叫来了井植梅之的弟弟井植岁男来帮忙。这位刚刚15岁的井植岁男就是日后三洋电机公司的创办人。松下幸之助在电灯公司干了近7年，但接触的都是工程方面的工作，而电灯插座是产品制造的工作，他只是个门外汉。于是他聘请了公司的两位同事，一位是在电业商会做工人的林伊三郎，另一位是当时仍在大阪电灯公司的森田延次郎。当松下幸之助向他们表明自己的计划，并希望他们来帮忙的时候，二人都十分爽快地答应了。当然，二人并不是向公司提出辞职，而是向原来的公司请了长假。

接下来要置办的厂房就是松下幸之助的住房。他家有两间房，把一间大的房间用来做厂房，剩下一间小的房间和妻子住。

就这样，一个勉勉强强的工厂算是置办完成了，松下幸之助创建的第一套班子就此形成。别看只有5个人，但他们是松下事业走向辉煌的关键力量！

正当万事俱备、只等开工的时刻，最棘手，也是最关键的一个难题出现了：

技术。松下幸之助的改良插座是用旧的插座外壳进行改良，现在自己制造插座，不得不制作胶木外壳，但这对于5个从未与制造搭过边的人来说，无疑是天书般的难题！

但是，这5个人都满怀着对未来事业的憧憬和使命感，并对技术革新都有很浓厚的兴趣，资金和人员的局限和压力，迫使他们亲自动手，4个男人，三大一小，在简易的工棚里开始了胶木外壳的试制工作。

松下幸之助5人最初猜测电灯插座的胶木外壳大概是用沥青、石棉、滑石粉一类东西按照一定的比例混合、加热，压制而成的。至于这三种原料如何配置、有什么比例却一点也不知道。在当时，这种胶木外壳的制造工艺厂家对此是保密的，泄露了就等于断了自己的财路，因此，松下幸之助几人多方打听也不得而知。松下幸之助甚至偷偷在生产类似产品的工厂外拣丢弃的胶木外壳，并拿回家分析，然后几个人在工棚反复实验。多天的实验毫无进展，大家都有些泄气。

看到大家这样，松下幸之助说："最近大家辛苦了！胶木外壳的制作工艺不懂没关系的，不懂有不懂的好处，大家都不要有思想包袱，只要大家齐心协力，不断试验，一定能够成功，拜托了！"大家一听，立刻又满腔热忱地投入到胶木外壳的实验当中。其实，松下幸之助比谁都着急，可是他不能向大家发火，只能在鼓舞大家之后默默地投身工作。

上天总是眷顾勤奋和勇于创新的人。就在他们努力十多天毫无进展之际，忽然听说原来在电灯公司的同事田中君会制造这种胶木器件，几张被熏得灰黑的脸上露出了兴奋。这位田中君比松下幸之助更早离开了电灯公司，先在一家烧制胶木制品的工厂做技工，掌握了制作方法之后他就出来自己建厂生产，不过由于经营得不太好，正准备另谋出路呢。

松下幸之助立刻放下手头的工作跑到田中君那里去请教。田中君得知松下幸之助也辞职创业后，两人惺惺相惜之情不言而喻。田中君在电灯公司时就很敬佩松下幸之助的为人，当他得知松下幸之助的难处之后，毫无保留地将自己掌握的胶木器件制作工艺告诉了他。

得到田中君的指点后，4个男人紧锣密鼓地开始制作插座外壳，没几天，他们终于烧制成功了外表看上去很不错的胶木外壳，装入铜片，接上电线，电灯亮了。成功了！松下幸之助终于造出了经过改良的电灯插座。

通过这件事，松下幸之助获益良多，这不单单是对一个并不复杂的胶木器件的烧制方法的理解，更是他对创业的切身体会。如果这次松下幸之助没有田中君毫无保留的指点，结果也许还很难说。所以办工厂、建企业，光有热情和百折不回的毅力远远不够，还得有技术和掌握技术的人才，只有具备了技术和人才，企业才能永葆青春。创业之初的松下幸之助获得了这样重要的启示，这一启示贯穿了松下幸之助日后几十年的经营历程。

松下幸之助创业之后的第一个难关总算过去了，但是，他并不能因此就松一口气，因为，紧接着又一个困难摆在了他们面前。

经过几个月的生产，第一批改良插座制造出来了。东西做出来了，就要卖出去，这样工厂才维持得下去。但是，松下幸之助他们一直忙于制造产品，却忽略了销售，甚至都没有考虑过东西做出来后怎样卖出去和怎样定价。松下幸之助对产品出来以后应该如何销售也没有什么具体的计划，产品要上哪儿去卖呢？怎么定价呢？松下幸之助等5人，技术是门外汉，销售也同样是门外汉。这时松下幸之助意识到，生产不是企业的唯一环节，只有把产品卖出去才能赚到钱，工厂才能继续运作下去。

松下幸之助赶紧将森田延次郎、林伊三郎、井植岁男找来商量对策，他说："目前，托大家的福，产品已经制作出来了，但是咱们也不认识电器批发商，行情也不懂，还有插座的价钱怎么定呢？"

森田延次郎说："我们原来在电力公司的时候，插座多少钱，我们参考着定价，怎么样？"

对于这个建议，林伊三郎和松下幸之助都认同，但是，松下幸之助说："森田君，你比较善于公关，你先带着样品找电器行的老板看看，把我们的定价告诉他们，请他们评价一下，然后咱们再做最后的决定。”

“好，就这么办。”大家一致同意了。接着，松下幸之助又给大家重新分工：让能说会道的森田延次郎负责销售，其余的人继续生产。

森田延次郎带着参考信息回来，松下幸之助和林伊三郎一起做出了他们的第一次定价。第二天，热心的森田延次郎开始了艰难的推销工作。每天，他都拿上几个样品，走街串户，不放过市内任何一家电器商店，向人家介绍这种新型插座的优点，还要演示给对方看，最后才是讲价钱。

森田延次郎推销的时候，松下幸之助感到了从未有过的紧张和茫然，他心底当然很希望插座畅销，可是他又很担心自己不愿意看到的结果出现，他坐也不是，站也不是，焦急地等待着森田延次郎回来。

森田延次郎终于回来了，看到他沮丧的神情，松下幸之助知道了结果。森田延次郎说：“真不好卖！还没有遇到这样费劲的事情。”

“他们是怎么说的？”松下幸之助急切地想知道具体情况。

“别提了，真不知道这些电器商怎么想的。有一家店在看了插座之后，不说买也不说不买，让我等了很久，最后让我下次再来。还有一家，拿着咱们的产品却净问些不相干的事情，什么你们是什么时候开始做电器的，除了插座还有别的东西没有，就是不说要买咱们的产品。另一家甚至这么说：我们不知道这种东西好不好卖，所以现在还无法订购。他难道不想想，他不卖咱们的产品，怎么知道好不好卖呢？真是气死我了。”

听到森田延次郎的这一席话，大家都有些灰心丧气。

松下幸之助看到大家这么灰心，说：“大家振作起来，森田君这才是第一天开始推销呢，谁知道后面会发生什么事，没准过几天大家都开始抢购我们的产品了呢。好了，现在咱们既然辛辛苦苦地做出来了，当然不能半途而废，必须接着推销。森田君，就多多辛苦您了。”

“松下君，你放心吧，我会尽力的。”森田延次郎说。松下幸之助的坚持又给了大家继续下去的勇气。

可是，奇迹并没有发生。虽然森田延次郎跑遍了大阪市的大街小巷，可十几天下来，才卖掉了一百多个插座，月底一结账，仅有二三十日元的收入，连本钱都没有捞回来。

这样一来，松下幸之助的小厂前景就很不乐观了。家里是堆积得越来越多的插座，而资金却像流水一样全部花光了，不要说买生产需要的原料，连给同事的最低工资松下也拿不出来了，几个人的生计都成了问题。

松下幸之助停止了生产，和内弟及两位同事一起出门推销，到了晚上，他们又一个个垂头丧气地回来。看着大家如此落寞的神情，松下幸之助痛苦到了极点，自言自语道：“难道这就是大家苦心经营4个月的结果吗？难道这就是我辞去公司职务的报偿吗？”

面对着起步艰难的松下，妻子井植梅之给予了他极大的安慰和支持：“松下君，你不要气馁啊。自古以来，能成就一番大事的人，都是经历了诸多磨难的。况且，现在你们只是没有找到销路，这并不能说明你就是失败的啊。我知道，现在家里的经济很困难，但是，你不能因此就亏待了你的朋友。不管怎样，他们都是在为松下君服务。”

松下幸之助听了这番话，心里甚是感动，他没想到自己的妻子如此地顾全大局，说：“梅之，谢谢你。”

“我这里还有一些能拿出去典当的东西，明天，你就先给他们发了工资吧。”

松下幸之助望着妻子，不知道说什么好。那天，他们商定，先典当一些细软，变换些钱来给两位朋友开工资，然后让他们另谋出路，求得他们谅解。

其实，面对没有资金，也没有薪水保证的窘境，合作者森田延次郎和林伊三郎也深感为难，就在松下幸之助和妻子商定的第二天，林伊三郎和森田延次郎抢先提起了告辞的话头。

森田延次郎面带难色，小心地开了口："松下君，厂子办成这样，我们未能尽心尽力，深感惭愧。现在生产停顿，也不能帮你推销出去产品，每天在这里无事可做，我们愈发感到不安……"

林伊三郎接着说："我们是朋友，按说应和你同甘共苦，即使不给工资也不应有什么怨言，可是我二人都有家室，必须要养家糊口……"

不等他们把话说完，松下幸之助打断了他们："我明白二位的意思了。厂子到这一地步，全是我的责任，与二位无关。本来，今天我就打算把典当来的钱发给你们，作为最后一个月的工资。现在，听到二位的话，我实在感到抱歉，我也希望自己不再耽误二位的前途，请二位另谋高就吧。"

"松下君，"听了这样的话，二人觉得十分愧疚，"说实话，我们是很愿意和松下君一起干下去的，但是无奈形势所迫，这次的分手是暂时的，我们希望一段时间之后，能够和松下君再次携手。"

松下幸之助目送两位朋友走远，心头忍不住袭来一阵凄凉，站在那里久久没动地方。就这样，松下公司最初的5人班组就只剩下了3个人了——妻子井植梅之、内弟井植岁男和他自己。

第四章　两个女人：大爱无边伴随终生

松下幸之助一生中，有两位女性给予他的影响最大。一位是“良母”——五代脚踏车店老板娘，一位是贤妻——井植梅之。

——佚名

在大阪船场街区，有着严格管教学徒的传统。老板们把经商的礼仪、规矩和经验等，通过工作中的口传心授，极为认真地传授给学徒，这正是大阪商人维护自己声誉的突出表现。也正是因为要求严格，学徒们哪里做得不好，不管年龄大小，老板都会毫不客气地给学徒一记清脆的耳光。

五代脚踏车店作为船场街区的名店，对学徒的管束更为严厉。每天很早的时候，五代老板就会吆喝大家起床，听到老板吆喝的小学徒必须马上起身，如果动作稍慢一些，就可能惹来老板的责骂：“你们这样慢吞吞的动作，还不如乌龟快呢！你们在这儿是干活的，不是偷懒睡觉的！快，动作快点！”

每当老板发脾气的时候，总会有个女人出来劝阻：“五代君，他们都是小孩子，动作自然慢一些，不要着急，好习惯也是逐渐养成的呀！”这个劝说五代老板的人就是车店的老板娘。

老板娘是一位善良、慈爱的女性，在日常生活和工作中给了学徒们母亲般的关爱和温暖。她三十几岁，体态丰腴，一头乌黑亮丽的头发，圆圆的脸，淡淡的眉毛，一双眼睛清澈明亮，总是漾出笑意。老板娘的衣着朴素，但很合体，看上去虽简朴但透露出优雅。她出身贫苦，读书不多，但举止、谈吐颇有大家风范，善良、聪明而有教养。在松下幸之助等众学徒的眼中，老板娘是天下最美丽的人。

五代夫妇二人没有孩子，因此把店里的学徒当成自己的孩子一样看待，学徒的饮食起居，都由老板娘一人照管，从早忙到晚。学徒们的衣物破了，老板娘就拿去缝补。每天除了帮忙店里的生意，还要上街买菜、做饭。每天开饭时，听到老板娘清脆、温暖的声音传来，学徒们都一扫工作的疲态，狼吞虎咽起来。

虽然老板五代普吉对学徒十分严厉，但是对学徒们关照有加，总是让学徒们先吃饭，自己看店，直到学徒们吃完，才跟老板娘进餐，而且吃的和学徒们都一样。五代夫妇二人给予学徒父母般的关心与呵护，也形成了有别于其他店铺的家族式的亲切感。

每逢松下幸之助需要出门办事的时候，老板娘总会帮他整理衣服，并仔细地教他怎样说话，怎样向对方道谢才有礼貌。老板娘的慈爱和呵护，教会了松下幸之助许多为人处世的道理，也使得异乡漂泊的小松下幸之助心里倍感温暖。

但是因为松下幸之助的年纪小、身材矮小，即便是使出全身的力气，在工作中也会比别的学徒慢一些，而且有时难免说错话，办错事，这时老板会毫不留情地赏给松下幸之助一记耳光。作为学徒的松下幸之助含着泪回答："明白了！"无论自己觉得多么委屈，都不能表现出来。每到这时，老板娘总会将他揽到怀里，安慰说："阿吉呀，别委屈啦！老板是为了你好，他希望你能够做得更好才会对你这么严厉，千万不要记恨在心，要改正啊！阿吉也是个小大人了，懂事勤劳才能做大事啊，是不是啊，阿吉！"

小松下幸之助蜷缩在老板娘的怀抱中，真想一辈子不出来，听了老板娘的劝慰，感觉好像妈妈就在身边一样，于是他暗暗下定决心今后一定要更加努力。就这样，在老板娘的关照和呵护下，松下幸之助的日子变得轻松了，遇到困难和受委屈时也不常常哭鼻子了。

小松下幸之助是不幸的，年仅9岁就离家独自营生，但他又是幸运的，他遇到了善良的五代夫妇，遇上了一位温柔、慈爱的女性——老板娘。她虽然不是松下幸之助的母亲，却给了他无微不至的母爱，让他在异乡求生不那么凄凉、悲苦。

一次，五代老板为了庆祝要在店前照一张集体照。幼小的松下幸之助十分期待，甚至照相的前一晚都没有睡好。到了照相那一天，松下幸之助穿上新衣服先去一家客户那儿办事，但是客户那天非常忙，导致松下幸之助未能按时回到店里。办完事，等松下幸之助跑着回到店里时，照相已经结束。看着满头大汗的松下幸之助，老板说："阿吉啊，我们想等你来的，但是因为照相师还有别的客人，下次再照吧！"还没等老板说完，倍感委屈的松下幸之助大哭起来。

老板娘走到松下幸之助面前，给他擦汗又擦掉泪水，心疼地说："阿吉，别哭！"然后拉着他的手走上街，一路上，松下幸之助任由老板娘拉着自己的小手跌跌撞撞地走在路上，抽泣着。老板娘带着松下幸之助来到照相馆，两人拍了一张合影。这件事给松下幸之助留下了深刻的印象，直到老年，他还不时拿出珍藏着的与老板娘的合影，不仅是因为这是他首次照相，更是为老板娘的慈爱所感动。

松下幸之助从小就有尿床的毛病，尽管他谨小慎微，每天下午从不喝水，但这次不知怎么的又尿床了。他这一夜没有睡好，不由得想起了远在异乡的妈妈，以前妈妈为了防止松下幸之助尿床，总是在半夜的时候将他叫醒，而且即使弄脏了床，妈妈也会收拾得干干净净。可现在他孤身一人，躺在冰冷潮湿的被窝里又能指望谁呢？松下幸之助为了不让大家发现，天没亮就起来，将被褥卷好等待老板喊他们起床。

也不知道等了多久，终于听到了老板的叫声，松下幸之助第一个从屋子里出来。正好碰到打水的老板娘，她吃了一惊，"阿吉今天起得好早啊！"松下幸之助只"唔"了一声，就赶紧跑出去干活，生怕别人知道他尿床了。

这一天，因为尿床没有睡好的他显得无精打采。好不容易到了睡觉的时候，他却不愿意钻进尿湿的被窝，可是又没有办法，只能无奈地躺了下去。“咦？被子怎么是干的啊！”松下幸之助心里“咯噔”了一下，仔细一看，盖的是一床新被褥，那自己的湿被褥呢？

“一定是老板娘看我起得太早，就检查了我的被子。”

“坏了，这可怎么办啊，尿床的事还是被人发现了。”松下幸之助此刻觉得好丢脸啊！

不过，还有一件事更让他犯难：“要是我今晚再尿床可怎么办啊？总不能天天让老板娘给我换新被子吧？这可怎么办啊？”于是他决定等上了厕所再睡，可是由于昨晚没有睡好，又劳作了一天，不一会儿，他就进入了甜甜的梦乡。

睡得迷迷糊糊的松下幸之助感觉有人在推自己起床，还给他披上了衣服，让他去撒尿。松下幸之助以为是在家中，不由得喊了一声“妈妈”，老板娘一听，说：“阿吉，你叫我什么？”没有子女的老板娘早已把松下幸之助当成自己的孩子，这一声“妈妈”叫得老板娘心头一喜。这一问，松下幸之助就完全清醒了，他不好意思地钻进被窝。老板娘拍了拍躲在被窝里的松下幸之助说：“阿吉啊，别不好意思，以后我会天天叫你起来撒尿的，直到你自己能起来为止，还有，被褥弄湿不要藏起来啊！”听了这番温暖的话语，松下幸之助的眼泪止不住地滚落，并使劲地点头。从此以后，老板娘天天夜里都会按时唤醒松下幸之助，这样过了几个月，直到他改掉尿床的毛病。

这位善良的老板娘给了年幼的松下幸之助以母爱，在为人处世方面给了他很好的引导，并把善良、正直等品格植入他的心田。这位就是影响松下幸之助生活、事业的两位女性之一的五代车店老板娘。而另一位就是他的贤妻——井植梅之小姐。

1913年，也就是松下幸之助转到电灯公司之后的第四年，母亲德子去世了。继大哥、二哥、大姐、父亲等相继过世之后，松下幸之助只剩下一位亲人——他唯一的胞姐，姐弟俩自然相依为命。从小就离开父母的松下幸之助，自然以姐姐的建议为最终意见，包括料理一切家务，当然也包括他的婚事。

一次，姐姐捎信来说：“平冈先生介绍一位小姐给你，听说人很好，你愿意的话就来看看。”松下幸之助答应姐姐去相亲，但当时他的收入除薪水之外，加上全勤补助和各种奖金，合起来才有20日元。扣掉七八日元的寄宿费，剩下十二三日元，而且当时流行一种社会风气——储蓄小钱的人，会被看成小人物，没出息。所以松下幸之助与同事一样把所有的钱都挥霍掉了。松下幸之助又不能穿着工作服去相亲，只得找了一件和服，可是没有羽织（正式礼服），于是拜托寄宿处的妇女，以5.2日元的代价做了一件羽织去相亲了。

在姐姐准备的相亲会上，那位小姐一直低头，也不敢正视松下幸之助，而松下幸之助也不好意思看那位小姐，这门亲事完全是姐姐决定的。送走那位小姐后，姐姐询问松下幸之助的意见，但是松下幸之助无法回答好与不好，姐姐说：“我看很好呢，决定好了。”松下幸之助相信姐姐的眼光：“井植梅之小姐很老实、健康、善理家务，当然，也不难看。”“既然是姐姐看中了的，我想自然是有道理的，我听姐姐的。”于是松下幸之助答应了这门亲事。

结婚需要一笔费用，至少六七十日元。当时松下幸之助的月俸是20日元，每月除了膳食费等日常开销外，只能剩下5日元。为了结束单身生活，他节衣缩食，在半年之内攒了30日元，又借了30日元，终于在1915年9月4日，和井植梅之结成连理。

和井植梅之结婚不久，一向身体不太好的松下幸之助又开始出现了出虚汗、发低烧的症状。不过，这次他不用顶着病痛去操劳。因为，他已经凭借着自己的才干被提拔为公司最年轻的检查员，这个职位的工作很轻松，检查员只要每天前往客户家，检查前一天技工完成的工作就可以了，一天查15到20户就行。

因为工作十分轻松，松下幸之助正好借此机会调养孱弱的身体。妻子井植梅之以丈夫微薄的收入维持着他们的家，同时还要四处寻医找药。持家有道的井植梅之让有些穷酸的日子过得充实而幸福。那个时候，松下幸之助经常对妻子说：

“梅之，真辛苦你啦！”听到这句话，贤惠的妻子每每总是莞尔一笑，并说：“松下君，又说客套话啦！”

有了井植梅之操持家务，松下幸之助在家得到了更好的休息。但他闲不住的性格又体现出来，他隐隐感觉到生活的压力，并不时回想起父亲的期望，心底突然萌生出自己开工厂的想法，但一想到自己在电灯公司干了7年，况且现在的职位也非常安稳，基本生活能够保障，如果开工厂失败，那又拿什么养家糊口呢？想到这些，他又将心底的想法放下，也没有对妻子说。

松下幸之助在工作中发现电灯插座在设计上存在很大的问题，于是趁着养病期间，他又开始研究改良电灯插座。他找来几个电灯插座，装了拆，拆了装，全心地投入进去，改良插座的草图堆得满屋都是。

井植梅之见他这么倾心地鼓捣插座，很是奇怪：“松下君，请好好养病，你这是在做什么呢？”

松下幸之助说：“梅之，你就不要管了，就算告诉你你也不会明白的。”

井植梅之说：“松下君，难不成你在搞什么发明啊？”

松下幸之助很是惊讶，竟然被妻子看穿，于是拉着妻子的手说：“梅之，你怎么知道的啊？”

井植梅之说：“那就是我说对啦，原先我在一个工程师家里做帮工，那位工程师就是一天到晚画呀画的，不过啊，我看人家可比你画得好多了。”

听到妻子这么说，松下幸之助反倒不好意思了，于是他将改良插座的想法告诉了妻子。

井植梅之说：“那太好了！我还担心你整天闷在家休息会觉得没意思，现在好了，请放心地进行改良工作吧，松下君，我支持你。”听了这样的话，松下幸之助觉得十分欣慰，更觉得妻子善解人意。

松下幸之助辛辛苦苦改良的插座却遭到电灯公司主任的拒绝，他很失望，跌跌撞撞地往家走。井植梅之一如往常地在家等待丈夫回家，并准备好了可口的饭菜。松下幸之助到家之后试着对妻子说："梅之，我今天让主任看了我改良的插座，他觉得不错，但是拒绝使用。我对改良的插座很有信心，如果推向市场肯定受欢迎。"

井植梅之直直地盯着松下幸之助说："那松下君的意思是，去做插座的生意？"

"对，既然公司不采用，我想辞去工作专心经营插座，这个插座的前景一定很好，你觉得怎样，梅之？"说完这句话，松下幸之助的心有些忐忑，他不知道妻子会怎么回答。

"松下君，你真的想好了？真的舍得放弃检查员的职位吗？"井植梅之问道。

"恩，不敢说全都想好了。"松下幸之助叹道，"我知道冒险，弄不好咱们的生活会很窘迫。但是，我不想一辈子做一个小职员，我想闯出自己的一番事业，如果是失败了，大不了再回到电灯公司；如果成功了，我就可以实现父亲对我的期望，咱们的生活也能够改善。而且不出去闯一闯，我是不会甘心的。"

"既然这样，就按照你想的去做吧。"井植梅之说，"男人不出去闯一闯，就不会有大作为。松下君，无论你今后做什么，我都会支持你，我相信你，松下君。"

听到梅之的话，松下幸之助十分欣慰，在自己彷徨的时候能够得到妻子的支持是多么令人感动啊，松下幸之助拉着妻子的手，"梅之，我答应你，我一定会做出一番事业的。"松下幸之助激动地说。

在妻子梅之的支持下，松下幸之助组建了5人的小工厂，开始了生产，但由于不懂技术，改良插座的胶木外壳烧制工作一直没有进展。

看着日渐消瘦的松下幸之助，毫无头绪的井植岁男、森田延次郎、林伊三郎也有些泄气，井植梅之只能默默地支持他们，每天尽量地做些有营养的饭菜，并在工厂做一些力所能及的活。

天无绝人之路，就在松下幸之助他们一筹莫展的时候，得知原来的电灯公司同事田中君掌握了胶木外壳的技术，松下幸之助亲自拜访他，并得到了他的帮助。于是，松下幸之助等人开足马力，进行生产，终于制作出第一个插座外壳。

“你们还真制作出来了呢，恭喜你啊，松下君！”井植梅之看着自己的丈夫说，语气中漾出自豪和欣慰。

但是紧接着问题又来了，改良插座生产出来之后却没有销路，无奈，两位朋友森田延次郎和林伊三郎也萌生退意。面对着起步艰难的松下幸之助，妻子井植梅之给予了他极大的安慰和支持：“松下君，你不要气馁啊。自古以来，能成就一番大事的人，都是经历了诸多磨难的。况且，现在只是没有找到销路，这并不能说明已经失败了啊。所以松下君，请振作起来！我知道现在经济窘迫，但是不能因此就亏待了你的朋友。”

松下幸之助听了妻子这番话，甚是感动，他没想到自己的妻子如此顾全大局，他激动地说：“梅之，谢谢你，我会振作的，我一定会成功的！”

“我这里还有一些能拿出去典当的东西，明天，给他们发了工资吧。”井植梅之轻声地说。

送走两位朋友友森田延次郎和林伊三郎之后，松下幸之助的工厂只剩下3个人：自己、妻子井植梅之和内弟井植岁男，但是他们没有放弃，终于得到一笔制作电风扇插座的订单。但是他们已经没有任何资金去购置材料和模具，此时，井植梅之拿出陪嫁的最后几件首饰并脱下手上的镯子交到松下幸之助手上，说：“松下君，拿去当了，请继续努力吧！”松下幸之助正是凭借着这笔资金，与妻子、内弟成功地赚到第一桶金，开始走向松下电器闻名世界之路。

多年以后，已经功成名就的松下幸之助偶然从住宅仓库里的一包旧文书中，发现一本年轻时典当衣物的账册，依据账面上的记载，从1917年4月13日到1918年8月，共有十几次他夫人将衣服、首饰等物送进当铺。这一本账册，把松下幸之助当时生活之困窘、事业之艰难，如实地记录下来。通过账册我们可以看到井植梅之对松下幸之助的全力支持。

在松下幸之助的一生中，井植梅之在生活上无微不至地照顾，使得他毫无后顾之忧；在事业上对他鼎力相助，让他不得不佩服妻子的眼光。松下幸之助与妻子相濡以沫，共同缔造松下电器，成就了经营之神的神话。

第二篇

松下幸之助

把握时局：100 日元发迹造出世界品牌

松下幸之助是平凡得不能再平凡的一个人，和我们普通人一样一步一步地走在那条名为“人生”的道路上，甚至处境比我们普通人还要艰难；但他又是神奇而伟大的，他非凡的经营才能和卓越的经营艺术令每一位企业家膜拜。100日元能干什么呢？100日元微不足道，但是在松下幸之助的手中，这100日元却是伟大人生的起点，他就是用这微乎其微的100日元创造了世界罕见的松下奇迹。

第五章　三人作坊：濒临破产绝处逢生

面对挫折，不要失望，要拿出勇气来！扎扎实实地坚持向既定的目标前进，自然会有办法出现的。一个人如果能够心无旁骛、专心致志，此时此刻，即可聆听到福音自九天而降。我劝大家保持精神的沉静和坚定，不可因一时的小挫折而丧失斗志。如此，世间就再没有什么事情是办不成的了。

——（日）松下幸之助

松下幸之助拿着仅有的不足百元的资金，利用自己的住宅，组成了驰名世界的松下帝国的最初5人班底——自己、妻子井植梅之、内弟井植岁男、朋友森田延次郎和林伊三郎。

5个人雄心勃勃地进行着最初的创业，在攻克了技术的难关后，却遇到销售阻滞，迫于无奈，朋友森田延次郎和林伊三郎选择了退出。这样，松下幸之助的小作坊就剩下了3个人：自己、妻子井植梅之和内弟井植岁男。

送走了森田延次郎和林伊三郎之后，松下幸之助的内弟井植岁男觉得很不平：“姐夫，你就让他们俩这么走了吗？”

“是啊，岁男，工厂的现状你也知道，我不能连累了他们啊。”松下幸之助叹道。

“姐夫，那你为什么不和他俩一样，也回到电灯公司上班呢？”井植岁男问。

“岁男，当初我既然选择了离开，就绝对不会轻易回去！”松下幸之助摸摸内弟的脑袋，“别人可以回电灯公司，而我肯定不会回去。我必须闯出一条道来，来证明我走得没有错，所以，岁男要和姐夫一起加油，渡过难关啊！”

之后，松下幸之助索性停止了生产，带上自己改良的插座去推销，并兼做市场调查。松下幸之助反思自己前一阶段失败的原因。产品卖不出去，说明这种新插座并不符合市场要求，可为什么呢？市场到底需要什么样的插座呢？通过和市场出售的插座比较了一番，松下幸之助开始明白了。原来，这种新型插座只能减少电工的劳动强度和时间，而与用户关系不大。所以，大家是不会放弃原本已经使用得很习惯的旧式插座的。

经历了这次失败，松下幸之助明白了，生产一项产品，要真正关注顾客的需求，以顾客的需求为导向，才不至于撞得头破血流。想明白这个道理，松下幸之助觉得多日笼罩在心头的阴霾裂开了一道缝，心里一下子敞亮了许多。

松下幸之助告诫自己无论如何也不能放弃，一定要坚持下去，自己一定会成功的。自己以前做学徒的时候，就是因为坚持才卖出了第一辆脚踏车。对于这项工作，松下幸之助内心深处还是觉得前途无量，尽管一开始就遇到了这么多的挫折，但是他一直没有失去信心。在和困难斗争的过程中，坚持、忍耐是松下幸之助制胜的秘诀。处于人生低谷的他，正是靠着这样的精神力量，在工厂即将倒闭的时候才能坦然处之，并相信只要自己努力就能取得成功。

依靠着这种击不败、打不垮的坚定信念，松下幸之助夫妻二人再加上内弟井植岁男，辛辛苦苦地继续努力着。每当他们快要揭不开锅的时候，妻子井植梅之就把家里能典当的东西一一送进当铺来维持生计。

成功之后的松下幸之助在给年轻人谈论这类问题时说：“面对挫折，不要失望，要拿出勇气来！扎扎实实地坚持向既定的目标前进，自然会有办法出现的。一个人如果能够心无旁骛、专心致志，此时此刻，即可聆听到福音自九天而降。我劝大家保持精神的沉静和坚定，不可因一时的小挫折而丧失斗志。如此，世间就再没有什么事情是办不成的了。”

经森田延次郎推销出去的一百余个产品零散地出现在一些电器商店的货架上，就是这些货架上的电灯插座也蕴藏着松下幸之助的商机，一家制造电风扇的川北公司在阿部商店见到这种东西，对插座外壳的合成材料颇感兴趣。就是这位川北公司的负责人，使松下幸之助绝处逢生。

一天，松下幸之助回到家里，还没来得及休息一下，井植梅之就忙对他说：“松下君，今天阿部电器商店来了一个伙计……”

空心街的阿部电器商店摆放着松下幸之助的改良插座。一听到这个名字，他不禁眼睛一亮：

“梅之，是来买咱的插座吗？”

“就知道你的插座。人家没买你的东西，倒给你送了一样东西过来。”井植梅之说着，递给丈夫一张纸。

松下幸之助接过来一看，很纳闷。原来，这是通过阿部电器商店转交过来的一份“川北电器制作所”订货单。订货单上写着“需要1 000个电风扇底盘，合成胶木制作，年底货款两清”。

这张订单可把松下幸之助弄糊涂了。之前，从未与川北电器制作所打过交道，就连阿部电器商店的老板还是在推销插座的过程中通过森田延次郎才认识的，二人之间也谈不上什么交情，怎么会有阿部电器商店转来的订单呢？而且最令松下幸之助摸不着头脑的是，川北电器制作所为什么向一个卖电灯插座的小工厂定制电风扇底盘呢？松下幸之助的疑问在他的头脑中飞快地运转，却没有找到答案。

“这恐怕是一个玩笑或者误会吧？”松下幸之助带着满心的疑惑，马上前往空心街阿部电器商店探个究竟。

松下幸之助到阿部电器商店的时候已经接近打烊的时间了，老板是个很和气的人，将他迎进房间，并热情地接待了他。松下幸之助向老板表明了自己此刻来的理由。老板一听，哈哈一笑，说："松下君，这是你赚钱的好机会啊。这个川北电器制作所的老板原来在德国西门子公司就职，现在该所正用德国的技术和部分器件生产电风扇。以前他们生产的电风扇都是用陶瓷制作底盘，成本高，笨重且容易破损，于是想到改用胶木。他为了找到一个可靠的加工商，几经调研，最后选定了你的工厂为他们加工电风扇底盘。松下君，你要珍惜这个机会大赚一笔呀！"

"阿部老板，我还是不明白，"松下幸之助听得还是一头雾水，"他们为什么会选中我呢？"

"松下君，你是个聪明人，难道你真的不明白？"阿部老板问道。

松下幸之助摇了摇头。

阿部老板看了他一眼，说："川北电器的老板知道松下工厂掌握了合成胶木的技术，贵厂的合成胶木适合川北电器的电风扇底座，而且知道你现在已经停止生产，如果把订单给你，你必会全力以赴，时间上不会延误。"看到松下幸之助认真地听自己的讲解，他又说道，"而且，他们认为你的工厂虽然规模小，但是主人办事认真，因此最后选择了制造电灯插座的贵工厂。"

松下幸之助恍然大悟，可是他又不解了："阿部老板，关于我和我的工厂，你们怎么知道得那么清楚？"

阿部老板笑而不答，好半天才说："给川北电器加工配件，多少小厂趋之若鹜，既然他们选择了你，松下君就不要错过这个好机会，努力生产吧！"

听到这儿，松下幸之助便不再多问。向阿部老板道谢、道别后，赶快往家走去，他要将这个扭转命运的好消息告诉妻子和内弟井植岁男。

川北电器在众多小厂中选择自己的工厂，并且对自己的工厂情况了解得一清二楚，这件事给刚刚走上经营之路的松下幸之助上了一堂课，日后松下幸之助在经营中十分注重了解合作伙伴的情况。

因为交货的时间比较紧，松下幸之助开始专心做电风扇底盘。电风扇底盘不用金属，只要有合成材料就行，所以不用投入多少成本，但是要有模具。捉襟见肘的松下幸之助这时已经没有什么资金了，井植梅之拿出最后几件首饰去典当。松下幸之助拿着这些资金去模具厂定制模具。在松下幸之助的监督和催促下，模具制作完成了。

随后，松下幸之助又采购了原材料，和妻子、内弟一起不分昼夜地制作样品。因为只有将样品做好，得到川北电器制作所的认可，才能签订最后的生产合同，真正开始生产。

几天后，松下幸之助把制作完成的样品拿到川北电器制作所。几天的不眠不休终于换来了认可，川北电器制作所当即通过了样品，并表示："就按照样品，请尽快开始做吧。请在年底前完成1 000个，如果好的话，可能需要至少4 000到5 000个，请松下君做好准备。"

松下幸之助终于在创业之后拿到了自己的第一个订单。这时的他既兴奋又紧张，在濒临倒闭的关头拿到这个大订单，简直是枯木逢春啊。

松下幸之助不敢怠慢，他回家之后叫上妻子和内弟井植岁男，开始夜以继日地赶工。松下家的小院顿时热火朝天，在不到20平方米的工棚里，摆下了煮锅和压型机，井植岁男烧火，井植梅之调料，松下幸之助压型。

松下幸之助家的院子里烟雾缭绕，沥青味呛得3人涕泪直流。但是谁都没有抱怨，也没有退缩，3人一心只想又快又好地完成订单。在3人的分工里面，松下幸之助的工作最辛苦，因为是手动压制产品，他必须把整个身子压上去，压型机才能制作出一个成品。这是个十足的体力活，但是身体单薄的松下幸之助作为3人中唯一的成年男子，只能责无旁贷地承担这项工作。不过，幸亏松下幸之助之前做过水泥搬运工，相对搬运水泥来说，这只能算是小儿科。

松下幸之助夫妇和内弟井植岁男3人每天做100个左右电风扇底盘，到年底，由松下幸之助瘦弱的手臂制作的1 000件货品终于如期完成并通过验收。年关之前，松下幸之助收到了第一批货款，扣除模具费和原材料等本钱，大约净赚了80

日元。这是松下幸之助创业以来的第一笔收入。拿到它之后，一家三口——松下夫妇、内弟井植岁男开心极了。

松下幸之助心想，这样不需要多大投资的加工业务，如果能长期干下去就好了。妻子梅之也在暗暗地祈祷，希望丈夫的工厂能拿到更多的电风扇底盘订单。这次他们终于如愿以偿，川北电器制作所经过试用，认为松下幸之助生产的合成材料的底盘，和电风扇的其他部分配合情况良好，他们同意继续和松下合作。

于是，松下幸之助接到了第二张2 000个底盘的订单，3人又开始努力工作。这一回因为省去了制造模具的费用，所以成本更加低廉，最终净赚300日元。这些资本的积累奠定了松下事业的基础。在拿到钱的第二天，松下幸之助先把妻子的陪嫁首饰从当铺里赎回，然后给井植岁男买了一件新衣裳，庆贺工厂渡过了难关。这些虽然不是什么特别的举动，却能看出松下幸之助是一个重视家庭和亲情的人。

在松下幸之助的自传里，回忆到这段创业艰难的往事时，他是这样写的：

经营事业，无论遭遇何种困难，在你忍苦去做的期间，你所计划的事业目标，即使不成功，而周围的情势也一定会慢慢发生变化。基于这一因素的改变，也许就有其他转机。正如一般人常说的：条条大道通罗马。或者，别人看到你坚忍不拔的精神，他们内心感动，引起共鸣，而会伸出援助之手。此时，纵使事与愿违，未能照着你最初的设想全部实现，也能登上另一光明之途，这是世间常有的现象。

事业有了起色的松下幸之助没有满足现状，开始为将来做打算。根据目前的情势看，他们会接到源源不断的电风扇底盘的订单。这样一来，为了保证按时优质地完成大批量的订货，厂房、人员和设备必须有相应的扩展和增加，搬家建厂已经势在必行。另一方面，自己的厂子只是依靠川北电器制作所一家，一旦他们转产，或者又有了更好的合作伙伴，工厂就可能再次陷入困境，所以，他认为，为了能够持续长久地发展下去，有必要动用积累的资金增加产品种类、扩大生产，创建独立的松下电器品牌，而不是只为他人忙碌。

松下幸之助时刻不忘自己的初衷是生产和销售电气器具，而不是为大工厂加工配件！“必须有自己的厂子和产品。”他的这个念头越来越强烈。正巧，大阪市大开街有一座楼房招租，松下幸之助看到广告后，毫不犹豫地把它租了下来。这是一座二层小楼，楼上可以住人，楼下可以用于生产。自此，松下幸之助带着妻子梅之和内弟岁男离开偏远的小房子，来到了大阪市内的繁华地带。

这时的松下幸之助可谓是春风得意，他在自己新居的大门外挂上一块牌子，上面写着“松下电器制作所”。而且，他也开始真正成为一名老板，第一次雇用了5名工人。

1918年3月7日，松下电器制作所正式开张剪彩。这一天，作为松下电器股份有限公司的成立纪念日，永远记载到了松下公司的历史上。

松下幸之助在大阪大开街挂牌营业，标志着松下电器结束了小作坊式生产时代，进入了正规工业化生产的新时期。松下幸之助满怀喜悦，信心满满，带领着自己的电器公司，凭借着一个小小的电灯插座，开始了他进军世界电器市场的艰苦行程。

第六章　由小到大：把握方向稳步发展

对领导者而言，最重要的就是确立目标。

——（日）松下幸之助

1918年3月7日，松下幸之助举家迁到了位于大开街的新址，并第一次挂出了“松下电器制作所”的牌子。这一天，在松下电器的历史上，是不寻常的一天，从这一天起，松下幸之助带领他的团队开始走向世界。

1932年5月5日，松下幸之助事业有成，向公司员工宣布事业使命的时候，确定3月7日这一天为松下创办事业及松下电器创立的纪念日。直到今天，这一天仍然是松下电器股份有限公司的成立纪念日。

松下幸之助把这一天作为创业纪念日是有自己的考虑的。在后来的回忆中，他解释说，当时的松下电器制作所经过千辛万苦的努力，到那一天已初具规模，实在值得纪念。作为一个企业家来说，创业不到一年即能有此成就，正式挂出自己的招牌，当然满怀喜悦，信心倍增，以此作为进一步发展的起点，理所当然。

在接受川北电器制作所的电风扇底盘订货以后，松下幸之助集中主要的生产力量来完成这一任务。但他同时也开始开发新的产品。

新产品除了原来的插座之外，主要是插头。最初的单用插头也属改良一类，原料是电灯的金属灯头，所以十分廉价，效能又有保证，投放市场以后，很受消费者的欢迎，几乎供不应求。这和过去的插座千求万乞也卖不出去的情形相比，真是一个天上，一个地下。

受到改良插头成功的刺激和鼓励，松下幸之助开始在工作之余研制新的产品。凭借他在大阪电灯公司7年的工作经验，不久，他发明了“双灯用插座”。这是在已有产品基础上的改造，进一步提高了其质量和实用性。经松下幸之助的改良，这种产品成为一种与旧货迥然不同的新品，非常适用，且品质优良。投入市场以后，竟然比普通插座更为畅销。

双灯用插座面世没多久，大阪的一家叫吉田商店的批发商来拜访松下幸之助，想做双灯用插座的总经销。

“松下君，我对贵厂制造的双灯用插座很有兴趣，很想与您进行合作，能不能让我做这种产品的总经销呢？”

对于吉田的提议，松下幸之助也表现出明显的兴趣，于是他请吉田谈谈经销的设想，吉田表示由自己负责大阪地区的销售，京都、东京、名古屋等则由关系商店来销售。

遇到这种情况时，松下幸之助显示了他在经商上的高明之处。他考虑到双灯用插座的销路会比较好，为增加产量，势必要扩大生产规模，添置生产设备，而自己的资金有限，于是他认为应该向吉田要求预付保证金。他解释说：“吉田君，承蒙厚爱，让您担当总经销是可以的。不过，我现在工厂的规模还不够大，恐怕来不及制造供应。如果你有意图合作开发这种大有前途的产品，我打算扩大规模，增添一些设备，以满足产销供应。因此，不管是当保证金也好，当货款也罢，总之我想请你先提供3 000日元。”

吉田认为松下幸之助的要求有道理，并欣然允诺，双方订立了合同。就这样，松下幸之助在产品还未出货以前，就拿到了一笔款子。这样的巧用别人的资金或力量发展自己的例子，在松下公司的发展历程中还有很多。可以说，这也是松下幸之助成功的秘诀之一。

产品畅销，向总经销商提出预付保证金的要求，并不为过。适时地看准并抓住这一机会，用别人的钱来购置扩大生产规模的设备，实在妙不可言。后来，在制造、销售自行车车灯的时候，松下幸之助也使用过大同小异的手法。他向干电池销售商提出请其免费提供1万只干电池的要求，回报是以自己的车灯附带销售20万只。

这要求既合情合理，又十分巧妙。结果，干电池商答应了这个要求，松下公司的车灯由此打开了销路，对方的附带销售也达到了40万只。

对于这种做法，松下幸之助称之为“感染别人与自己同行”。利益以及人格力量、诚心、美德等等，都是感染别人的媒介。一个人无论如何才华横溢、精力充沛，终究是有限的，要想成就惊天动地的伟大事业，必须唤起别人与自己同行，借助别人的力量、团结别人的力量，才能更好地达成自己的目标。

松下幸之助和吉田签订了双灯用插座的合约以后，立刻利用对方提供的3 000日元保证金购置了设备，随后进行安装、调试，很快投入生产。

大阪的吉田商店也同时向社会宣布“松下工厂的双灯用插座将由本店总经销”！经过松下幸之助的努力，双方深具信心的乐观情形果然出现了，在短短的一段时期内，产量、销量由1 000至3 000，由3 000至5 000，突飞猛进，形势相当好。

世事总是难料，无情的市场竞争打断了松下幸之助的欢喜之梦。松下公司的双灯用插座进入东京市场四五个月之后，东京的双灯用插座制造商为了对付松下产品的冲击，突然宣布降价销售。生产商宣布降价，这就会引起零售店、批发商的一连串反应。于是，东京的经销商来向吉田商量削价的问题，吉田自然只能找松下幸之助商量。

吉田不安，自有缘由。在当时的总经销合约上，写清有包销的数量，达不到数量就等于违约，因而他不能不伤脑筋。他向松下幸之助介绍了东京制造商降价的消息，又告诉松下幸之助各零售商的反应。面对突如其来的局面，松下幸之助一时间也拿不出什么好主意来。吉田十分沮丧，对代理也缺乏信心，于是向松下幸之助请求解除合同。

事情变化太快，松下幸之助一点思想上的准备都没有，再三考虑，也只能同意吉田的请求。他说："事已至此，谁都不能预料到。我同意吉田君解约的要求。虽然当初合约上约定有销售数量，但是因为别人降价抛售而造成的滞销局面，我也不能强迫你，以后我自己慢慢想办法销售吧。只是保证金暂时无法还上，请宽缓一下，我会逐月分期返还。"

吉田没有想到松下幸之助立刻答应了自己的请求，他十分感激地说："松下君，真是对不住了。至于那笔钱，我不着急，在您方便的时候再说也不迟。"就这样，总经销只进行了合约的一半，就终止了。

吉田走后，井植岁男愤愤不平地说："姐夫，你对他太客气了。当初定下合同，就是为了防止双方有什么损害生意的举动，现在世道不好了，吉田就单方面撕毁合同，这也太不公平了吧。"

"这你就不懂了，"松下幸之助给年少气盛的内弟解释，"如果我利用合同逼迫吉田，只能是两败俱伤。就算是把吉田逼得破产，对我们的双灯用插座又有什么好处？只不过是让东京的制造商们坐收渔利罢了。"

"姐夫，那我们现在该怎么办？现在工厂新添了设备和人员，所有人工都在全力生产，若是停产或减产，还可能使情形变得更糟。"井植岁男不甘心看着生意就这样遭受打击。

是啊，问题确实很棘手，这种情势下，松下不得不做出选择。

"那就靠咱们自己推销啦！"松下幸之助说，"既然现在的生产已经形成规模，就没有必要停下来。况且，咱们的产品品质过硬，而且大众对产品又有那么好的评价，不用怕，不会销不出去的。"

就这样，松下幸之助试探性地走上了独立销售的道路。

松下幸之助首先拜访了大阪市内所有经销松下产品的电器经销商，松下幸之助到了那里，先问了问他们从吉田那里批发双用灯插座的价格。他在心里大致估算了一下，各零售商要求降价的幅度，大体上与吉田所获得的毛利相等。也就是说，松下公司生产的双灯用插座出厂价不变，减去总经销这一环节，零售价是可以下调的。松下幸之助算出了其中的利弊之后，对各商家说："面对降价的压力，我已经和吉田解除了合约，这样一来，大家都不必从他那里进货；我可以用更低的价格直接给你们供货，不知你们觉得怎样？"

松下幸之助刚一表明自己的态度，立即获得经销商的一致赞同。因为从松下公司直接批发，对于经销店来说确实是两全其美，一方面能分得需求巨大的插座市场中的一杯羹，另一方面又增加了他们的盈利。甚至有的商店对松下幸之助说："松下君，这么好的东西，为什么要交给吉田一家批发呢？增加了中间环节，提高了价格，也降低了竞争力，这真是莫名其妙。应该是直接批发，我们早就想卖你的东西了。"

就这样，松下幸之助在大阪转了一圈，问题就轻松地解决了。大阪的销路打开以后，雄心勃勃的松下第一次前往东京，继续开拓那里的市场。

作为关东关西两大城市，东京和大阪有很大的不同。早在松下幸之助前往东京之前，他就听说了东京商人的一些事情。在东京，人们的门户之见很深，就像世界上所有大城市的人都比较高傲一样，东京人同样带着这种优越感，总是有点儿欺负外地人。在东京商人眼中，商品都是东京的好，外地商品则等而次之。所以，但凡东京之外制造的商品，要想打入东京市场是难上加难。

不过，松下幸之助没有被这些吓倒。他先转了一圈，一直观察东京商人。之后他发现，东京人还是有优点的，那就是他们重情义。东京商人的精明，在于算计之外能洞明商情，这也标志着他们独特的眼光。只要你能坦诚相见，东京商界还是能够接纳你的。而且相处熟了之后，这种情义会帮助你稳固自己的地盘，这种良好的合作关系会持久而稳定。当然，前提是，你提供的东西一定要是无可挑剔的。

掌握了通关秘诀之后，松下幸之助看到了在东京大展宏图的希望。他首先找到了由吉田总包销时在东京的业务关系店——川商店。川老板面带难色地说："松下君，实在是抱歉！竞争太激烈了，现在仓库中还有很多库存，恐怕目前很难再从您那里进货了。"

松下幸之助听到他这么说，连忙澄清："老板，您误会了，这次我不再通过总经销商给您进货了，我会直接批发给你们，我保证，您卖我的插座，肯定比别的销售商更赚钱。"

和其他老板一样，川老板很赞同这样的合作，于是痛快地答应了。松下幸之助在东京首战告捷。接着，松下幸之助带上货样，以诚恳的态度耐心化解商家的疑惑，调整产销双方的利益分配，渐渐地，他们也被松下幸之助的诚意和物美价廉的商品打动了。一位东京的零售商说："以往，都是东京的电器用品卖到外地去。外地的电器商人从来没有敢在东京卖东西的。松下君，你可是头一个到东京来推销的外地商人啊，了不起！"一席话说得松下幸之助心里暖乎乎的。

就这样，松下幸之助一扫自己的产品在东京的销售颓势，迅速在东京建立起了良好、稳固的销售关系。在回到大阪前，他又拿到了东京的不少订单。以后，松下幸之助每月都要去一趟东京，和商户联络感情和回收货款。

松下幸之助本人十分看重东京市场，在此地设立了常驻东京的营业所，以巩固并进一步发展关东地区的市场。为此，松下幸之助派遣内弟井植岁男担任东京营业所的营业主任，常年负责东京暨关东地区的销售业务。在松下幸之助看来，东京是松下产品通向全国的必经之地，如果自己的产品不能打进东京，那么在大阪干得再有声有色也是不会有太大出息的。

经过了这有惊无险的一役，松下幸之助再一次丰富了自己的商业经验。他认识到技术和销售能力在整个经营过程中缺一不可，而且二者要均衡发展，不能顾此失彼。

松下幸之助一直关注技术和工艺的改良和革新，技术和工艺必须达到一定的水平，如果没有这方面的实力，是不会造福自己的企业的。改良插座就是一个例子。如果技术、工艺达到了相当的水准，生产出的产品适应大众的需求，就能畅销，就能盈利。再看另一方面，有了做好产品的基础，这时就要保证工厂的制造能力，如果这方面欠缺的话，产品质量问题就会随之出现，那时，即便有再好的技术也是枉然。

生产有了保证，还要注重销售。假如销售跟不上去，这个企业仍是不成功的。而一个企业的产品销售如果只是依赖他人，也不能算成功，它必须建立在强有力的销售机制和队伍之上，这种产销一条龙的机制，才是企业立于不败之地的根本。老年时，松下幸之助回忆自己的创业之初，对这两点仍是深有感触。

自此，松下幸之助算是建立起了自己的生产和销售网络，有了这两条，松下电器才算是在商海中站稳了脚跟。

第一次世界大战后的经济萧条对松下电器的影响很大，但在松下幸之助高超的经营智慧的指挥下化险为夷。面对局势的不稳，松下幸之助并没有等待局势的变好，而是在不景气中出了新招——安装电话!

在当今社会，安装电话根本不算是什么事情，然而，在20世纪20年代的日本，则是一件十分重大的事情。据资料显示，此时日本的电话普及率是5%到6%，而且安装费用非常高，需1 000日元，相当于松下幸之助创业初期资金的10倍！此提议一出，立刻招致松下公司上下的不满，但松下幸之助在众人的叹息和质疑下，坚决地安装了电话。对此，松下幸之助有自己的考虑：公司有一部电话，能增加企业的信用，并能加强与东京、神户、京都等城市的联系，扩大信息渠道，加快商情的传递速度。虽然当时松下电器制作所的规模、实力与安装电话还有些不相称。

但是松下幸之助的见识和胆略超出常人，他在企业资金并不丰厚的情况下，毅然地安装了电话。

电话装好后，松下幸之助立即用明信片把此消息告诉各地的经销商，字里行间流露出无比喜悦的心情。在经济不景气的年代，经销商们处在买方市场的有利地位，对客户自然挑挑拣拣，不仅是对产品质量百里挑一，对合作伙伴的要求也十分高，生怕发了货款收不到货，或是企业倒闭造成货款两空。但他们无一例外地选择了松下幸之助作为合作伙伴，因为能在此时安装上电话的工厂，必然靠得住。

松下幸之助第一次接到从东京打来的订货电话时，欣喜万分，立刻对员工说：“你们知道吗？是用电话打来订货的呀！”随后，订货电话纷至沓来，谁都愿意得到老板的亲口承诺，并且速度快，员工也为老板的英明而欢呼。

老年的松下幸之助回想起第一次通过电话接到订货的事情，很是感慨：在那个时代装电话，初次听到电话铃声，的确能够激发起兴奋的心情。当时所得到的快慰，比起工商业已普遍发达的今天来，更为深刻和持久。

随着企业的不断发展、经营规模的日益扩大，松下幸之助成就事业的信心更强了。1921年的秋天，以改良型电灯插座和双灯用插座为主导产品的松下电器，在市场上小有名气，大量订单从各地飞来，不论怎么想办法，也满足不了订单数量了。必须再租一两幢房子，或干脆找一块空地盖个工厂。经过深思熟虑，大开路一段有一块属大阪市公产的空地，可以出租用于建厂，于是松下幸之助决定把它租下来盖一座正规的工厂。

说做就做，松下幸之助立刻寻找建筑商商讨建工厂一事。不久，建筑商送来了工厂的设计蓝图，不论是平面图还是实景图，都比松下幸之助当初想象的要富丽堂皇，这令他兴奋不已。于是他当即表示兴建工厂，但是，估价单的数额是7 000日元，再加上建完工厂后添置设备需要5 000日元，可是，松下幸之助手头只有4 500日元，经济不景气，向银行借钱也行不通。可就此打消念头，那就不是松下幸之助了。

松下幸之助拿着设计图想，一定要想办法建厂房，建工厂需要半年时间，这半年还可以赚一些钱补上去，但无论如何也无法赚到1万多日元，于是他对建筑商说：

“老实说，我手头没有那么多的资金，要不先建工厂，办公楼和从业人员宿舍等缓建，等工厂开工，有资金后再来补建。”

深谙建筑学和经济核算的建筑商却对松下幸之助的建议不敢苟同：“松下君，我完全可以理解贵厂的资金困难，但是先建工厂，后建业务楼和从业人员宿舍，成本会增加。一起开工的话，劳力和建筑材料可以综合利用，工程费也可以节省很多。”

松下幸之助听后表示考虑之后再谈。

送走建筑商后，松下幸之助陷入了沉思，本着不借外债的原则，又不损害建筑商的利益，松下幸之助在第二次与建筑商见面时提出了如下建议：

（1）按照建筑商拟好的计划，厂房、办公楼、业务楼和宿舍楼一起建设；

（2）预付建筑费4 500日元，余款分期偿还，以新建的工厂为担保。

建筑商对松下幸之助的经营早有耳闻，因此一口答应了松下幸之助的建议，二人商定1922年7月底竣工。

开工后，松下幸之助在照顾旧厂的同时，几乎每天都要去工地上转一圈，查看工程进度，向工人询问建筑上的学问，并以他有限的建筑知识监督工程质量。松下幸之助对这个工厂的期望，无法用言语来形容。

在松下幸之助和建筑商的共同努力下，新工厂如期完工，面积扩大了4倍，效率也提高了5到6倍。松下幸之助携着妻子井植梅之漫步新工厂的厂区，闻着还未散去的水泥、油漆味，欣喜之情溢于言表，慢慢地从这个厂房走到那个厂房。

松下幸之助在自传里有这样的记载：

我从11岁起到29岁，整整18年的时间，从给人做学徒，当店员，自己独立经营，费了多少心血和努力，好歹也算凭自己的努力建设起了一个像样子的工厂，回想过去的艰苦奋斗，没有白费，新厂的落成，快乐无法形容！以此厂为基础，一定要做出一番成绩给人看！

建成新厂，在我个人一生的事业上，是一座重要的里程碑。

自从经营新工厂以后，为了站在生产的第一线，松下幸之助每天骑自行车出去工作，天一黑了就得点蜡烛灯，常常会被风吹熄。尤其是风大的时候，点了又熄，跑一段又熄，熄了就得用火柴再点，实在麻烦得要命。

善于观察事物的松下幸之助想，如果有不会熄灭的灯就好了，大家骑自行车也就方便了。当时用于脚踏车夜间照明的灯有三种：电池灯、蜡烛灯和瓦斯灯。蜡烛灯亮度不够，容易被风吹熄，但价格便宜，使用的人最多；瓦斯灯，进口产品，结构复杂易损坏，价格昂贵，购买的人少；电池灯，耗电快，一般只能用两三个小时就要更换电池，不经济。松下幸之助意识到：只要新设计的车灯比蜡烛灯亮并且便宜，需求应该是很大的。

于是，松下幸之助下定决心制造一种明亮、耐用、方便又经济的脚踏车灯，以使人们从恼人的窘境中摆脱出来。他将目光放在了电池灯上，若使电池延长使用时间必须从两个方面加以改进：一是使用亮度足够又节能的灯泡；二是使用大容量的电池。设计工作自然落到松下幸之助自己的头上，不能拖延。他开始构图试作，每天都工作到很晚。脚踏车灯设计的要点是：绝对不能像目前的电池灯，两三小时就用光，一定要构造简单、不出故障、很耐用，至少能使用10小时以上，而且价钱要便宜。这话说来简单，做来相当困难。

1天、2天……3个月过去了。在这期间，松下幸之助做过几十个，甚至将近100个试验品。经过6个月的工夫，才做成第一个炮弹型的电池灯。

松下幸之助设计车灯的时候，恰巧有人推出了用电较少的“豆灯泡”，消耗的电量只有旧灯泡的五分之一，大家都叫它“五倍灯”，并且能够维持足够的亮度。松下幸之助立刻采用了新型的豆灯泡作为自己新产品的配件。于是松下幸之助把探照灯用的电池重新组合，装入炮弹形灯壳，试用效果果然不错，竟可以用30—50个小时。原来的脚踏车灯只能维持三四个小时，等于是完成了比其耐用10倍的革命性新产品。

实验的结果证明豆灯泡的效果很好，接下来的问题就是电池。松下幸之助认为，对待如同心脏般作用的干电池最需要慎重。电池当然不能使用市场上的标准品，当时市面上出售的电池，都是手电筒、探照灯使用的市场标准品，而新产品必须采用容量更大的电池。电池灯之所以会失败，除了灯的构造有问题之外，最大的因素在于干电池本身品质不良。因此，干电池的好坏决定新品灯的成败。那么，用什么牌的电池才好呢？当时在关西地区，一流的电池是朝日干电池，在东京是冈田干电池，其他还有四五家口碑不错的名牌。

朝日干电池当时是关西唯一的制造商，态度强硬，松下幸之助恐怕谈不成。东京一流的干电池，也跟朝日一样，生意很难谈成。不得已，松下幸之助只好从二流干电池厂商里，挑选一家最好的。松下幸之助在东京搜集了十多家干电池成品，耐心地加以比较研究，认为小寺工厂的制品最可靠，就跟小寺工厂开始交涉。小寺工厂也很乐意地答应了。于是松下幸之助画出草图，改变旧式电池灯的内部构造，使结构更加紧凑，配线更合理。他又用一段时间设计出与灯泡和电池配套的木质外壳，由于聚光节电需要，外观呈弧形，很像一只炮弹头。经过实验，这种炮弹头型脚踏车灯照明时间能达到30个小时。

一切就绪，最后是木质外壳的制作。这需要专业木器行的配合。松下幸之助找到如意的木器行后，立刻把做好的样品拿给木器行的人看，开始谈定做事宜。木器行第一次做这种生意，所以一再考虑，不肯爽快地答应。最后木器行提出条件：每月负责生产2 000只车灯外壳，松下电器要全部以现款结账。此时的松下幸之助对新产品充满信心和成功的把握，当即签约。

此后，高性能的电池和炮弹头型的木质外壳源源不断地输入新工厂，工人日夜赶制，很快生产出了一批又一批的炮弹头型脚踏车灯。

与此同时，松下幸之助亲自送货给大阪的电器批发商，向老板说明特点。松下幸之助心里期望对方说：这个很不错，可能会很畅销。

出乎意料的是，老板却说："听你的说明好像很不错，可是卖得出去吗？电池灯毛病很多，信用又很差，恐怕不大好卖，尤其是你用的是特殊电池，买不到备用品。如果路上电池用光，附近买不到，那就很不方便。这个东西，恐怕很有问题。”炮弹头型脚踏车灯构造特殊，而且耐用，实用价值高，价钱又便宜。怎么反而说有问题呢？松下幸之助心里很愤慨，于是说：“这不是现在市场上销售的那种电池灯，请看一下说明书，拜托了！”

松下幸之助一家又一家地跑，令他不解的是，大阪的每家商店不但都对产品不感兴趣，而且说的话都一样：“因为使用特殊电池，所以买的人不方便。买不到备用电池，恐怕就很难卖出去了。”

松下幸之助感到纳闷，怎么老板们都把优点说成缺点了呢？于是他派人到东京去调查市场情况，并打电话给井植岁男，令其放下手头一切工作全力销售新产品。

经过几天的漫长等待，结果东京与大阪一样，大家都说不好销，没有人愿意订购。松下幸之助为这个结果感到惊讶不已。松下幸之助很懊恼，为什么批发商都夸大缺点，而不肯看优点呢？把优点当作缺点来看，这是一种误解，批发商太看重标准型电池了。如果转向电器行以外的外行人，或脚踏车店，不会太顾虑电池问题，反倒会比较客观地看这个电池灯吧。也许走脚踏车店路线，去开拓销售网更好。

松下幸之助信心满满地走进脚踏车店进行推销，结果比电器商店的境遇更惨。他们对电池灯都不感兴趣，原因是以前卖过电池灯，因为品质太差，人们都不情愿买单，于是也就不卖了。面对此种困境，松下幸之助再一次陷入深深的思索当中，一个崭新的推销术在他的脑海中浮现出来，于是他召集了3个销售员，将自己的推销术告诉他们。

第二天在大阪的脚踏车店出现了这样的场面——每家脚踏车店都寄存着几只炮弹头型脚踏车灯，并由店主任意取出一只打开开关，推销员当场说明：我们保证每个车灯都可以连续照明30个小时，请记下灯光熄灭的时间，我下次来查看试验结果。如果照明时间与说明书不一样或有什么毛病，我们原物带回，不收分文。

在脚踏车店店主半信半疑的眼神中，炮弹头型脚踏车灯亮了一天，第二天，推销员到店里询问试验结果，车灯还在发光，并且亮度没有减弱。店主和顾客都露出吃惊的表情："你们的灯还亮着呢，真棒！"还有的店主说："昨天你送来的5只已经卖走2只，都是老顾客，请再送几只来，这是那2只的货款。"

就这样，炮弹头型脚踏车灯打开了市场，不出几天，传遍了大阪的各个商店，之前不看好新产品的店主也纷纷打电话来要求代理代销该产品。与此同时，井植岁男从东京打来电话：炮弹头型脚踏车灯在东京打开了市场，请迅速发货。

一时间，堆积如山的电池灯销售一空，松下幸之助在总结这一成功营销过程时，称这种厂家不经代理而直接插入零销商店的做法为"反向推销术"。他说："我就循相反的途径，原来销售顺序是制造商——批发商——零售商——顾客，现在变成顾客——零售商——批发商——制造商。"由此，新的营销方式诞生了。

松下事业蒸蒸日上，各地想要经销炮弹头型车灯的代理商纷至沓来。他开始建立各地的销售网络，整天忙于选择可靠的外地经销商之中。正在应接不暇之际，素昧平生的山本武信找上了门，他要求代理大阪府（大阪市的周边地区）的销售业务。

松下幸之助事先打听了一下山本武信的底细。原来，他是个主要做化妆品生意的商人。松下幸之助觉得很有意思："卖化妆品的怎么想到要做电器生意呢？完全不搭边啊。"

可是，山本武信的经历却引起了松下幸之助的注意。山本武信比松下幸之助年长五六岁，出身寒微，少年时在大阪的一家化妆品商店做学徒，后来凭着毅力和好学的精神，独力创建化妆品厂，同时也做批发贸易。山本武信的经历和松下幸之助十分相似。而且，他们的奋斗道路也很相像。山本武信曾经一度破产，但是他并没有因此消沉下去，终于凭借着过人的毅力和能力，东山再起，重新在商场中占据一席之地。现在的山本武信实力很强，事业的规模比松下幸之助要大得多。"此人真不简单。"松下幸之助心想。有这样一位让松下幸之助觉得不凡的商人，他觉得自己一定要会会他。

两人约定时间见了面。像松下幸之助预料的那样，山本武信果然不同凡响。

对于合作的计划，他一张口就让松下幸之助大吃一惊："松下君，我是诚心来找你合作的。我计划每月包销车灯1万只，3年包销36万只，而且全部货款前期一次付清。"

听到这样的提议，松下幸之助还真有些不敢相信自己的耳朵，这可是很大的一笔投资啊。看到松下幸之助惊讶的神情，山本武信继续说："松下君，请不用担心，我保证，您不会为任何损失担心，如果销售不出，由我山本全权负责。"

松下幸之助打量着这位与自己有着相似经历的商人，感到不可思议，以前从未见过像山本武信这样大口气的商人。松下幸之助陷入了沉思："如果真是照山本武信这么说的话，那就意味着松下厂一只车灯未出大门，就可以先得到45万日元巨款，而且最重要的是任何风险都由山本武信承担，他还是第一次见到如此冒险的经商手法。"

松下幸之助总觉得不安，可是他又想不出拒绝山本武信的理由，况且条件这么优厚。于是，他和山本武信签了约。

合约虽然是签了，可松下幸之助还是为山本武信担心，毕竟1万只车灯可不是个小数目，这么大的数量只在大阪府销售可不是那么容易的。如果销售不畅，滞销的产品就能把山本武信压死。除了担心，松下幸之助凭借商人的直觉，总觉得其中不是那么简单。山本武信究竟和他玩的是什么呢？琢磨了很久，松下幸之助也没有想出来一个所以然来，索性不再管他，业务已经够繁忙的了。不过，和山本武信签约以后，炮弹头型车灯的销售数量倒是明显上升了。

就在松下幸之助为自己炮弹头型车灯的火爆销售感到高兴之时，一些地方的代理商来找松下幸之助告状了："松下君，你出面管管那个山本武信吧！"

松下幸之助对他们的到来感到很奇怪，代理商看到松下幸之助这个样子，知道他一定还蒙在鼓里，就把最近的销售情况告诉了他："你和那个山本签约了之后，他不仅在大阪府进行销售，还不守规矩地将车灯卖给了一些批发商。那些批发商到处销售，哪里的生意好做，他们就到哪里去，范围远远超出了大阪府。让我们可怎么做生意啊！”

原来，这些人都是来自大阪府以外的经销商，在与山本武信的竞争中利益受到了损害。松下幸之助现在才明白了山本武信在这个合同里玩的花样，他超出了本来规定好的销售范围。

“松下君，这事你要是不管，那我们只好解除合同了，这样的话，你就得不到已经发货的货款了！”代理商们开始威胁松下幸之助。

“请大家不要着急，这事错不在你们，我肯定会找山本解决的，请大家放心。”面对经销商的威胁，松下幸之助必须亲自出马了，不能因为山本武信一个人就影响了整个炮弹头型车灯的销售。

松下幸之助立即找到了山本武信：“山本先生，外地的经销商向我反映您正在进行越界代理销售，他们对此很有意见，我希望您立即停止这种活动。我想，您是理解他们的苦衷的。”

“你说什么？越界代理？”听到松下幸之助这么说，脾气比较暴躁的山本武信竟冲他喊了起来，“我从来没有越界销售过！”

“可是，您把货批发给了那些批发商。”

“那些批发商把东西卖到哪里是他们的事，这我管不了，本来也不该我管，”山本武信还没等松下幸之助说完，就把话头抢了过来，“我这人一向遵守合同，一直都是老老实实在大阪府销售，从未越雷池半步。我只不过是把商品卖给了批发商，这是再正常不过的事情了。”

“山本先生，那么就请您约束一下批发商好了。”松下幸之助看山本武信这么推卸责任，只能这么说了。

“松下先生，您也是生意人，这种事情我怎么能控制呢？对不起，我想我无能为力，”山本武信又说，“松下君，请你翻一翻我们的合同，上面好像没有不准和哪些批发商做生意的条款吧。”

是啊，合同中的确没有这样的规定。松下幸之助没有话说了，谈话就这样不欢而散。

回来后，松下幸之助觉得很恼火：“这件事情明明就是山本在捣鬼，可我竟然还不能反驳他。”可是，事情不能就这样结束了，那些外地代理商一齐闹起来，肯定会让他吃不消。所以，他一定要想办法解决才行。应该怎样解决呢？松下幸之助陷入了沉思。

思来想去，松下幸之助决定召集代理商们开一个会，把问题交给大家，让他们共同对付山本武信。会议一开始，各地代理商就纷纷向山本武信发难，而山本武信只是坐在那里，好像根本就没有听大家说什么，一声不吭。

松下幸之助看到山本武信这个样子，只好点了山本武信的名：“山本先生，大家都说了各自的意见，请您也说说自己的想法吧。”

“既然大家都想让我说，那我就说好了。”一直沉默不语的山本武信站了起来，说，“首先，我认为我现在的做法没有错，因为在我与松下签订的合同中，并没有注明不能向批发商出售货物这一条。所以，松下想要限制我向批发商售货，我不能接受。如果非要我这么做的话，那我就只好退出炮弹头型车灯的销售了。”

松下幸之助听了，心里一惊，他没有想到山本武信会说出这样的话。他的目光正好与山本武信的碰到了一起，松下幸之助有些不自然。

这时，山本武信接着说：“不过，现在大阪府这种车灯的销售已经走上正轨，要是我退出销售，这对我来说也是一种极大的牺牲。考虑到大家的要求，为了保证车灯的销售顺利进行，现在，我只希望松下君能体谅我方的苦衷，同意终止合同，退还预付货款，并提供2万违约金。这样一来，我同在座诸位就再没有什么冲突了。”

山本武信的话，引起了会场一阵骚动，大家议论纷纷，一向不大考虑别人得失的商人们，觉得这也不失为一种解决问题的办法，有的人甚是表现出了同意山本武信的态度。

松下幸之助是个明白人，他听到山本武信这么说，知道山本是把这个烫手的山芋又还给了自己。他急忙表态："山本君，我并没有违约，这违约金从何谈起呢？"

山本武信笑笑，说："松下君强令我方停止向批发商销售货物，这难道不是违约么？我也知道，这是松下君在帮诸位代理商传达意见，可是，松下君是否有义务站出来为他们讲话呢？"

松下幸之助一时哑然，心想："山本，你这一手可真太狠了，居然给我设了一个圈套。"山本武信这么说，是把松下幸之助推到了一个两难的境地。松下幸之助既不能出面替山本武信讲话，这样会把自己放到和外地代理商的对立面上，但松下幸之助也不能同意山本武信的退出，因为这要承担退款和违约金，这可是一笔巨大的开支啊。

正在进退两难之际，坐在山本武信身边的一个和尚、他的顾问加藤法师说话了："如果松下君不同意我方退出销售，可否听我说一个两全之策？"

加藤法师法号大观，是山本武信的智囊，每当山本武信遇到一些问题和他人僵持不下的时候，他总能找到使双方均感满意又能做出妥协的办法。

大家听到一个和尚要插手生意场上的事，顿时安静了下来，想要听听他能对这个难题提出什么好建议。加腾法师说："请松下君考虑一下，能否把炮弹头型车灯的全国销售权都卖给山本君呢？"

"什么，全国销售权？"松下幸之助没想到，山本武信的助手的口气比山本还大，看来，山本武信这次是有备而来啊。

看到松下幸之助惊讶不已的神情，加藤慢条斯理地说："松下君，请听我说完。如果您能接受我的提议，这么一来，地方代理店就会成为我方的大主顾，松下电器又省去了销售的麻烦，专注制造优质的产品；我方呢，则以总经销的立场，尽最大努力去拓展业务，这个办法一石三鸟，不知松下君意下如何？"

没等松下幸之助反应过来，那些刚才还怒气冲冲的代理商们一下子变得喜形于色，有的人甚至还拍手叫好，这些眼中只有自己利益的商人们才不会在乎从谁的手里进货呢。

这个加藤先生确实厉害，他把原来那些外地来的销售商——那些松下幸之助原本的同盟军们，三言两语就拉到了山本武信这个阵营来了。

全国销售权，这是个大问题，每个企业都不会轻易指定自己畅销品的全国代理商。况且，这还是松下幸之助辛辛苦苦、耗费了近一年的心血才制作出来的产品，怎么能轻易拱手让人？就算自己的利益有所保证，可是，这也让自己沦为了别人的制造商，想到这里，松下幸之助心里很是不甘。

在那天的会上，松下幸之助没有给予销售商和山本一个明确的答复，他要求回去考虑，会议就这么散了。

回到家，松下幸之助为自己在今天会议上窝囊的表现感到十分恼火，这个结局是他事先万万没想到的。

“怪不得山本武信破产之后能东山再起，怪不得他能发展到这么雄厚的实力，不过，论手段他倒确实比我高明。照现在的情况看，山本在找我签约的时候就已经设计好了一个圈套，让我一步步上钩。”松下幸之助向妻子说起了今天的事情，每当松下幸之助感到郁闷的时候，他总会向妻子诉说，排解心头的苦闷。

“怎么这么说呢？山本君当时可是首付了全部货款啊。”井植梅之不解地问道。

“是啊，这正是他的高明之处。他早就想做炮弹头型车灯的全国总代理，知道难以如愿，便分做三步来接近目标。一开始就付清所有货款是引我上钩的第一步，剩下的，就全在他的掌握之中了。他向大阪之外的批发商卖货，肯定会引起那些地区经销商的不满，他就等着那些人找上我的门，我没有办法之后再找他，这样一来，他就能如愿提出他的要求了。而这时我已经收了他的货款，要是毁约还会有更大的损失，所以，不管我愿不愿意，现在只能把全国销售权给山本了，只有这样，才能解决问题。”

井植梅之听了丈夫的分析之后，觉得这次真的没办法挽回了，她也只能劝丈夫，说：“你不要太在意，其实，只要山本把销售做好了，最终受益的还是咱们啊。”

松下幸之助点点头，事已至此，虽说是拱手相让，有点儿窝囊，但从另一方面看，也是个教训。它告诫松下幸之助，以后可不能轻易占便宜，世上没有免费的午餐。“不吃一堑，不长一智”，松下幸之助这样安慰自己。

第二天，松下幸之助通知山本武信，他决定将炮弹头型车灯的全国总代理权交给他，山本武信如愿以偿。但是，山本武信确实为炮弹头型车灯的销售做出了不少努力，这对松下幸之助多少是个安慰。

炮弹头型电池灯的制作和销售，获得了意外的成功，而且产生了脚踏车灯界的革命。现在到日本乡下去，没有一个地方不在使用电池灯，还可当作手提灯，以前因点蜡烛而常常发生的火灾，现在几乎没有了。之所以能产生这么大的作用，完全是因为：虽然是简单的发明，却具有普及性的意义。

1924年，炮弹头型车灯依然热销；1925年，松下幸之助正式申请此种车灯的制造专利；1927年，他考虑为自己的电器制造厂的产品注册商标。在选择商标时，曾想出20多个名称，也征询了别人的意见，但都不是很满意。一天，松下幸之助看报纸的时候看到“National”（国民的），他的脑海中灵光一闪，就是它了！于是松下幸之助用“National”命名，注册了产品商标，炮弹头型车灯首先使用了这个商标。

今天，我们不难想象松下幸之助在选用这个商标时的雄心，他不仅要占领国内市场，而且要走向国际市场！

20世纪30年代初，日本经济萧条、冷清，日本政府为应对经济的不景气，采取紧缩政策，号召国民勒紧裤腰带渡过难关。政府部门以身作则，能减则减，并推行“减车行动”。

可是，大企业、工商大财团跟随政府实行紧缩政策，不但没能解决经济不景气的危机，反倒造成经济萧条，收支越来越不平衡，也促使失业率增高，导致社会的不稳定。

松下幸之助认为政府的“紧缩政策”，才是经济不景气的罪魁祸首。他对这种政策感到很遗憾。

松下幸之助很怀疑，萧条景象若持续下去，日本的产业能够有所进展吗？松下幸之助认为站在指导地位的人，应在此刻，分秒必争地为使日本繁荣而卖力才对。要达到繁荣的目的，应该“活动、再活动”。本来走路的地方，要改骑自行车；本来骑自行车的地方，要改开汽车，借此提高活动效率。东西用得越多越好，这样才能促进新旧产品的更新经济环，工业技术才会更加提升，才能消除不景气，实现繁荣日本的目标，国民才会有朝气、有干劲，国家才会富强。

然而，政府所采取的紧缩政策，却造成相反的结果。这对一向不懂学术理论的松下幸之助来说，实在是一件很难理解的事。当时他采取了相反的方法。

松下电器当时并没有自用汽车，当年的8月，有一位汽车推销员来劝松下幸之助买车，他说：

“现在日子这难过呀！政府实行紧缩政策，汽车根本卖不出去。政府机关，原来有3辆汽车的，现在要改为2辆，原来2辆的现在要改为1辆。政府所谓的节约，可害苦了我们！我们原来是卖新车的，库存很多新车，现在反倒要买政府的旧车，不买不行，哎！经济不景气，真令人头痛！”

松下幸之助对“减车行动”早有耳闻，但是没想到有这么严重，他说：

“这样下去不是办法呀，我没想到减车行动进行到如此境地，汽车行业首当其冲，我是生意人，能体会你的苦衷。”

“是呀！松下先生，您太能体谅人了！”推销员接着说，“不瞒您说，我们就快要破产了，松下先生在经济不景气的情况下生意还是那么好，所以求求您发发慈悲，就买一辆车吧！”

“这……”松下幸之助从来没想过要买汽车来代步。因为他认为自己的身份还不够买汽车。当时在大阪有汽车的公司，屈指可数，何况像他这种独资经营的小工厂呢？他做梦也没想过要买车子。

可是此刻，松下幸之助却突然心血来潮，想要买车。外国人苦心研究、制造了便利的汽车，输入到日本后，竟没有人使用，松下幸之助认为是十分可惜的事情。

当时美国连员工阶层的人都有车子，妇女们都能冠冕堂皇地开车，早晨公司职员夫妻一起开车上班，先生上班之后，太太开车到市场买菜。汽车非常普及，日本的官员是东奔西走的大人物，却要减少汽车，这不是开历史倒车吗？紧缩政策绝不可能带来繁荣。要使国家经济发展，工商企业突飞猛进，一定要“生产再生产，消费再消费”才行。想到这里，松下幸之助便下定决心要买汽车。在此不景气、商品过剩很多的时代，为什么要紧缩？社会的购买力还是很强的。

看到松下幸之助犹豫，销售人员说：

“松下先生，您是大阪数一数二的电器制造商，在这种不景气的时期，贵公司还能顺利发展，这在全国都是少见的呀！出于您公司的经营和声誉的需要，您还是应该买一辆呀！”

松下幸之助本来就想买车，经推销员这么一说，于是他说道：

“好吧，我买。我一直以为自己还不够资格买车，可是现在却认为，在此不景气时期，买汽车是对的。但是，我不富有，请您以最低价格卖给我。”

结果，对方也很干脆地说：“松下先生，太谢谢您了，定价15 000日元的汽车，打对折卖给您好了。”

的确是相当的便宜，可是松下幸之助说：“在这样不景气的时期，应该再便宜一点。”

经过讨价还价，最后松下幸之助以5 800日元的价钱买到了第一辆汽车。

临别时，推销员再三道谢。

松下幸之助说：“我应该谢谢你才是，不过如果有很多这样的客户，你的汽车行马上会摆脱困境的，也不必担心破产和失业了。在不景气的年月，购物是对社会的贡献，对吗？”

“松下先生，如果大家都像您这么想的话，我想不景气的现状会改变很多，再次谢谢您的关照！”推销员接着说。

第一次坐上汽车的松下幸之助大吃一惊，车子真豪华，坐起来真舒适！他把车子开到阪神公路兜风，突然觉得自己很威风、很伟大。

这种消费方式是一种良性消费，既减少了经济危机造成的市场萧条，自己又得到了实惠，花很少的钱买了豪华的汽车，难怪松下幸之助自豪呢！

当时，有一位朋友对松下幸之助说：“松下君，我最近想要盖房子。从去年开始，做了种种设计，也请人家做了预算。我手中的资金也充足，可是像现在这样不景气的时候，政府部门都以身作则，采取紧缩政策，一般国民也应响应节约才是。我盖新房子，怕被人批评为不体时艰，所以一直犹犹豫豫拿不定主意。”

松下幸之助把自己买汽车的事情告诉他：“你怎么会有这样的想法呢？在如此不景气的时候，像你这样的资产水平，更应该盖房子。连你这样的人都不盖的话，木工和泥水匠靠什么生活呢？他们会更埋怨不景气，他们会更穷，以致无法维持生计。最后他们会诅咒你们这些有钱人为什么不盖房子？你以为在这样的时代盖房子会被人批评吗？那批评者都是不明白事理的人，你大可置之不理。如果你真想为社会做点事，就算被批评，也应该有牺牲的精神，泰然自若地接受批评好了。一来你能供给很多人工作的机会，二来因为不景气，建筑材料等各方面都会很便宜，这是一举两得的事情。”

那个朋友听了松下幸之助的话，觉得十分有道理，决定不管别人的批评，一定要盖房子。

多年后，那位朋友仍感激道：“当年多亏听从了松下君的开导。”松下幸之助坚信这是有钱人处在不景气时应做的事。

我们可以看出，松下幸之助虽然没有接受过高等教育，但处事却有他自己的一套理论依据。他的理论依据简单实在，蕴涵深刻的道理，引人深思，值得人们借鉴。

1925年3月，日本开始进行无线电播音，这种新奇的玩意儿引起了松下幸之助的注意，猜想它必然有着强大的生命力。果然不到一年，大阪、名古屋相继成立广播局，开始播音。1926年日本广播协会（NHK）成立，此后，广播的内容更加充实，听众也相应增多，收音机的需求也越来越大。

于是松下幸之助开始调查收音机的市场状态，得到的信息如下：

（1）收音机是常常发生故障的机器，没有专门技术，就没有办法做收音机的生意。

（2）售后服务很麻烦。所以在零售店里，非卖很高的价钱不可。竞争相当激烈，要高价卖出不容易，生意不好做。

（3）有些电器行，因为收音机常常发生故障而被顾客骂，没有信用。后来零售店就干脆不卖收音机了。

（4）批发商本来以为卖收音机利润相当高，实际上，令人失望的是，退还的商品很多，反而非常麻烦。如果故障不那么多的话，收音机将是利润很高的商品。

（5）各制造商拼命地推出新型产品，一不小心，就会堆积一些卖不出去的过时品。这就好像是一场流行商品的战争，没有安全性，是一种容易赚钱，也容易亏本的生意。

（6）收音机是时代的宠儿，所以是非常具有发展性的。

经过调查，松下幸之助看到了无线广播的广阔前景和社会的需要，他决心要制造属于自己“National”品牌的收音机。不过，松下幸之助没有一点制造收音机方面的常识，员工也没有相关的经验，但是松下幸之助就是一个挑战不可能的商场阿修罗。他找到中尾哲二郎，任命他为收音机研究室主任，希望他带领技术人员全力攻关，在最短的时间内完成任务。

“我是学机电的呀，收音机我是门外汉呀！”中尾哲二郎惊恐地说道。

"电视机也好，收音机也罢，都是电器，还是有些相通的，很多业余的无线电爱好者都能装配收音机，你有研究室，同时还可以借鉴市场上已有的收音机做参考，人家的缺点我们要避免，不具备的性能我们也要有，关键是有信心！"

看着认真听的中尾哲二郎，松下幸之助接着说："各厂的技术人员随你挑选，组成收音机研究小组，我相信你一定会成功！中尾君，拜托了！"

受到松下幸之助如此的器重，中尾哲二郎暗暗发誓：一定要做出最好的收音机！

中尾哲二郎怎样拼命工作，其中的艰辛我们在这里就不细说了。

1931年，日本广播协会举办收音机比赛，松下幸之助把中尾哲二郎小组研制的"National"牌收音机拿去参加比赛，结果获得了第一名的好成绩。这是松下幸之助没有想到的，在同行们惊奇的眼光中，松下幸之助看到了"National"牌收音机的前景。

接下来就是销售问题，松下幸之助把这种性能优良的"National"牌收音机推向市场，在代销商宴会上他告诉大家：

"请各位仔细看看，这是我们制造的可使各位满意的收音机。在此前比赛中得到第一名的荣誉，可以说是目前最理想的收音机。这次生产方面保证不会出任何纰漏，请各位加倍努力销售。"

代销商对松下幸之助在短时间内生产出性能优良的收音机表示佩服，并表示愿意尽全力推广。

当松下幸之助把新产品的销售量和价格发表出来时，出乎意料的，代销商一齐表示反对，认为售价太高。

"松下君，这个价钱我们卖不出去。'National'牌收音机刚刚步入市场，在收音机界尚未得到大家的认可，新卖出的产品，一定得比别家便宜一成，你刚才所定的价格，比第一流制造商所制造的还要昂贵。我们站在代销商的立场是无法同意的。"

很多代理店都因价格太贵，而面露难色，不愿代销。

面对众多的代销商，松下幸之助寸步不让，他说：

“各位对于商品的品质和价值的关系、商品的生产成本，常常不愿意过问，这已经成为习惯。按照松下电器传统的方针，根据成本计算，加上合理的利润，如果卖得比别家便宜，将不敷成本。政府的紧缩政策造成商业界不景气，收音机界也跟着展开恶性竞争，造成赔本大甩卖，实在不是正当的好方法。维持这种价钱，怎么能得到发展呢？收音机需求量会越来越大。我们应该以更合理的方法大量生产，使得每个家庭都能买得起。同时要把收音机的品质，提高到没有故障的水准，这是我们制造商的使命。我们不能够加入恶性大减价的行列。今天我请各位离开批发商的立场，真正站在松下代理店的立场上来考虑，并且支持合理利润的售价，为普及收音机贡献力量。这样想，各位才是真正的松下电器代理店，松下电器也才能继续成长。请各位不要认为价格太贵，为了大家的共存与繁荣，为了业界的坚实发展，请各位务必赞成和帮忙。”

松下幸之助非常诚挚地提出了见解，希望得到大家的认同。

代销商们听完了松下幸之助的陈述后，不再坚持。得到这些代理店的帮助后，“National”牌收音机就以惊人的速度销售到市场的每一个角落。

“National”牌收音机一帆风顺地继续发展，后来月产量高达3万台，占全国总生产额的三成，高居第一位。“National”牌收音机的名声享誉全国。

经商做生意的最大目标就是盈利。作为杰出商人的松下幸之助十分了解这一原则，因而在其经营管理过程中也时时刻刻以此作为自己的经营准则。这样，松下幸之助在商界长盛不衰，不仅因为走对了电器之路，更在于他在生意上绝对的精明。有巧必夺，有利必争，自己不获利绝不干，甚至无端地要从对方身上抠下三分财利来，这都得益于松下幸之助对于生意来往原则的灵活掌握。

1927年，住友银行职员伊藤拜访了松下幸之助八次，请求松下幸之助与住友银行建立合作伙伴关系。松下幸之助原来的交易银行是十五银行，故而他每次都以奉行一行主义而婉拒。其实，松下幸之助并非只与十五银行有合作关系，与六十五银行也有业务往来；他也并不是不想与住友银行交易，住友银行的实力远大于十五银行和六十五银行，与住友银行交易会提高松下幸之助及其公司的信誉。然而，松下幸之助摸透了银行家们的心理：银行最乐意与信誉好的商家往来，而松下电器正处于蓬勃发展期，所以各家银行都想争取。松下幸之助要借机做一笔有利于自己的交易。

这时，住友银行的伊藤第九次造访松下，单刀直入："松下君，您并非严守一行主义，据我们所知，贵公司与六十五银行也有交易。"

"伊藤君，我输了，只好向你投降。"当别人揭出自己的底细时，松下幸之助很干脆地承认。然而，他话锋一转，"不过，要交易，我有个条件，两万日元以内的金额，你们能不能随时借给我周转？没有这种便利的话，跟你们交易就没什么用处，我还是照旧与老银行来往比较好。"

"住友银行一旦信任谁就会尽全力帮忙，但是在要借钱之前，必须先有存款实绩。"

企业在向银行借款之前，应先在该银行有存款，这是惯例，是银行所持的业务往来原则。这一点，松下幸之助不会不知道，但是他还是借机提出了"过分"的要求。

奇怪的是，经过几番交涉，住友银行居然同意了松下幸之助的要求。这是因为松下幸之助很及时地把握住了自己在商业交往中的优势，要知道此时的松下电器影响越来越大，银行在与松下幸之助打交道时，明显处于下风，而松下幸之助正是利用银行这种患得患失的心理取得了交易的成功。

1928年，随着松下事业的不断发展，新产品的开发，原有的厂房面积已经不够使用，于是建厂迫在眉睫，松下幸之助下定决心建立第四工厂。

按照松下幸之助的设想，第四工厂包括厂房、办事处等在内面积约为1 155平方米，经过估算，收购土地、建筑费用和设备购置费用合计20万日元，但是松下幸之助手中只有5万日元，只得向银行借贷。

松下幸之助拜访了住友银行的经理，并将详细的建筑计划书交给银行方面审核，虽然此前的合作建立了良好的信用，但此次涉及的资金过大，经理也不能做主。

“松下君，15万日元的建筑贷款，我本人同意，但是还要向银行高层请示，需要些时日。”住友银行经理说。

“一切就全拜托了！”松下幸之助应答后离去。

几天后，住友银行经理通知松下幸之助：15万日元的建筑贷款可以借出，但需要以新建工厂的土地和建筑作担保。

松下幸之助得知后，陷入了沉思。以不动产作担保是银行贷款的惯例，何况是这么大一笔款项，但是目前经济态势不好，此时以不动产向银行抵押，不明白事理的人会认为松下公司是不是资不抵债了？松下公司是否可靠呢？这样，也许会影响松下公司的发展，使公司在与方方面面打交道时处于不利的地位。

松下幸之助一方面对住友银行同意贷款表示感谢，另一方面提出不能接受用新厂作贷款担保。

住友银行的经理几经奔走，最后使住友银行接受了松下幸之助提出的从来没有过的贷款条件，向松下公司贷款15日万元，双方签订了协议书。

松下公司之所以发展如此之快，与掌舵人松下幸之助的经营策略密切相关。松下幸之助善于打破传统，创造出自己独特的营销思路与风格。在公司初创时，他没有遵照日本惯有的做法，用自己的名字作商标，而是选择“National”为商标，以表达他要将电器产品普及于大众的宏大理想。在产品销售方面，他也没有依靠日本最主要的制造商系列商店的配销系统，即独立的制造商代表网，而是创办了自己的配销网络，把公司的产品直接运送给零售商销售。而且，为了加强产销之间的紧密合作，松下幸之助还为零售商提供资金，以帮助其开展贸易。为了扩大市场销售，松下幸之助在日本第一个推行了分期付款制度，不仅使销售额大增，还进一步提升了公司在业界的地位，提高了公司的声誉。

第七章 变身军工：时局不稳艰难生产

非常时期就必须有非常的想法和行动，不要受外界价值观的干扰。

——（日）松下幸之助

1929年，经济危机在世界范围内爆发，给资本主义世界带来的破坏性极强。经济危机引发了政治危机，各国垄断资产阶级为了摆脱这场危机不断寻找出路，在转移国内视线的同时，也在试图对外转嫁这场危机带来的灾难性后果。

在此种情势下，日本政府采取了对内强化统治，对外积极扩张并转嫁危机的政策。企业的经营不仅是企业家个人的事情，它还与政府的方针政策有关，企业的发展需要政府提供一个和平安宁的社会环境。但如果政府为实现自己的野心、转嫁危机而发动侵略战争时，带给企业的生存环境就十分糟糕，企业若想继续发展下去，就必须认真思考战时的企业经营策略。身处其中的松下电器在战火中被迫转为军工生产，陷入罪恶的战争沼泽中，并沦为“财阀”。

随着1931年9月18日卢沟桥事变日本军队打响侵华的第一枪，诚如松下幸之助所言，“日本的产业界迅即抹上了战时的色彩”。

从“九一八”事变以来，受日本政府战时产业政策调整的影响，日本的民用工业逐渐受到了挤压，不久，大部分工业制造厂家就直接或间接地转向了军需生产。

1937年至1938年间，为适应全面侵华战争的需要，日本颁布“战时三法”，即《临时资金调整法》《关于进出口商品等临时措置的法律》和《国家总动员法》，旨在加强国家对经济的干预，使之走上战时轨道。其中，1938年3月24日通过的《国家总动员法》是日本战时国家主义统制立法的核心，它将科技、文教、新闻报道、工业、交通运输、金融贸易等都置于政府控制之下。其后又根据此法颁布了各种统制法令，将国民生活的各个方面纳入国家统制范围。

自此以后，工商企业主的经营逐渐失去了自由，而被绑到了战争的车轮上。政府根据需要不断安排民品生产企业转向军品的生产。

太平洋战争的爆发，使原本物资匮乏的日本的战争开支急剧增加，随后日本政府施行了一系列的战时经济政策，致使日本产业结构极度畸形。

松下电器在世界性的经济萧条中，没有退步，也没有停滞，反倒是在战争的夹缝中缓慢地发展。至1927年止，松下电器的业务还在扩展，利润仍有上升，但到了1929年底，松下电器也未能幸免，受到经济萧条的影响，一方面，产品销售额急剧下降，只有平时的一半；另一方面，仓库里堆积了越来越多的滞销产品，企业开始进入困境。

面对经济大萧条，日本企业界的普遍做法是裁员、减产，但由此引发更多的劳资纠纷，劳工运动风起云涌。面对困境，松下幸之助也在苦苦思索对策，为公司的稳定担心：我们的员工会闹事吗？堆积如山的产品怎么销售出去呢？施工中的新工厂会成为松下电器发展过程中的绊脚石吗……这些问题，像大山一样压在他的心头，使他寝食难安，本来就虚弱的他终于熬不住而病倒了。看过医生之后，松下幸之助接受医生的建议进行疗养，暂时将公司事务交由井植岁男等人管理。

尽管在疗养当中，松下幸之助还是被公司的事务所困扰，时刻忧心。一天，井植岁男和销售经理来到松下幸之助的疗养地看望他，一股不祥的预感瞬间笼罩了他的心。

“总经理，”还是井植岁男先开了口。看到他慌乱的神色，松下幸之助说：“岁男，别慌，有什么事，坐下慢慢说。”

“总经理，公司现在实在撑不下去了，销售天天在减少，库存天天在增加。我们想尽了一切办法，但还是毫无起色。再这样下去，公司恐怕难以支撑啊！”随后，井植岁男递上一份报告，上面全是红色的数字。

松下幸之助默默地看了一会儿报告，尽管公司的处境已在他的预料当中，但没有想到是如此的严重，沉默了几分钟后，他说：“我想先听听你们的意见。”

井植岁男说：“总经理，目前的这种状况必定会持续很长一段时间，经过大家的谈论，我们想将产量压缩一半，同时为了节约开支，裁员三分之一，这样的话，厂子或许能渡过难关。”

“但是，现在劳工运动闹得很凶，我们必须求得被裁员工的谅解，这也是不得已的事情，而且，工厂情况好转之后，再请他们回来效力。不知道总经理觉得这个办法如何？”销售经理补充道。

松下幸之助闭上眼睛一言不发，这一刻静得出奇，井植岁男和销售经理不知道松下幸之助的身体能否承受，一直不安地盯着他看。过了一会儿，松下幸之助睁开眼睛，坚决地说：“我同意你二人提议中的一部分，产量压缩一半，但是员工一个也不能裁，薪水也不能少，坚决不能！”

“总经理，这不行啊，如果这样，工厂就完了啊！”井植岁男和销售经理齐声说。

“我还没有说完，减产之后实行半日工作制，召开会议将工厂的情况如实告诉员工，求得他们的理解和配合，让全体员工和销售部门全体投入到销售工作中，减少库存，先渡过难关，再静观其变。”松下幸之助坚定地说。

“对呀！”井植岁男眼睛一亮，马上领悟了姐夫的用意，接着说道，“只要产品能卖出去，我们就可以拿到资金，厂子就能免于倒闭。”

“对，就是这个意思。”松下幸之助说道，“我们就是用这种办法，先渡过难关。至于半天工资的损失，从长远观点看，这仅是一时的损失，没有问题。最重要的是让员工树立以厂为家、共存共荣的观念。松下电器时下正在日益发展壮大，如果把精心挑选的员工辞掉，势必动摇松下经营的根本，裁员和减薪也许能解决一时的问题，但就长远来看，会给事业带来不可估量的损失。所以我坚持所有员工都必须照旧雇用，不得解雇一个。请二位转达我的意见，率领员工们好好干，大家同甘共苦，共渡难关。”

本来，井植岁男和销售经理二人也不是心甘情愿地做出裁员决定的，只是迫于形势不得已才出此下策。如今见老板不仅不裁员，而且减产不减员，言谈中显示出对扭转颓局的坚定信心，他们二人也就一扫来时的颓唐，顿时兴奋起来。井植岁男高兴地说：“姐夫，您放心吧。我们一定将您的意思转达给员工，完全遵照您的意思办事，请您安心养病，无须挂虑。”

“别忙，我还有话要讲。”松下幸之助又说，“关于销售，你们绝对不能降低售价，那样做会降低企业的信誉，贻害无穷。松下公司在日本是有影响力的企业，松下电器是质量最好的电器，不是破烂货。要采取诚心实意的促销办法，要给予客户周到完善的服务。”松下幸之助说到这儿，一阵猛咳，直咳得脸面通红，并连连摆手。

“我们明白了，请您放心，我们一定能做好。”井植岁男说。

井植岁男和销售经理赞同松下幸之助的意见，回到工厂后召开会议向全体员工传达了总经理的意思，松下幸之助这个带着冒险性质的举措换来了全厂上下的团结一致、同心协力，全体员工奋起努力，半日在工厂工作，半日四处推销，一时间，松下电器的员工，不管是高级主管，还是一线工人，都成了推销员。

“您好，我是松下电器的员工，这是我们制造的电熨斗，质量绝对可靠。”

“您好，我是松下电器的员工，您想要看看松下电器吗？”松下电器的员工全都走出去，挨家挨户向客户推销产品。

可是，面对不景气的经济，人们往往都会说：“现在这种形势，不是被解雇就是减薪，吃都吃不饱呢，哪里来的闲钱买什么电器啊！”

“其实，情况也不都是像您说的那样。您看，我们松下电器就既没有裁员，也没有减薪，上半天班照样拿全薪。”

“什么，世上哪有这样的好事啊？”听到这种说法，大家都不相信。

“是啊，事实就是这样。只要我们大家振作起来，大家都多买一些产品，就能刺激生产，失业、减薪这些不好的事就都不会发生了。”松下电器的员工能说出这样的话，不只是因为这一项政策，还在于松下幸之助平时就很重视对员工的教育。在他的不懈努力下，松下的大部分员工都有良好的素质，对老板的经营理念也有比较深切的了解，所以，当他们面对这样的疑问时，当然能说得人们心服口服。

虽然顾客被松下电器的员工说服了，可是真的是囊中羞涩，他们都会提出这样的要求：“能不能优惠一些呢？其他品牌的电器可都降价了呀！”

松下幸之助不愧是“经营之神”，他料到了顾客会提出这样的要求，在指示中就向大家说明松下电器不降价的原因，因此，员工在面对这样的要求时，也同样能说得头头是道：“我们的产品都是在成本和合理利润的基础上定价的，绝对货真价实，不含水分。不过，请您考虑一下我们的立场。我们现在如果降价抛售，您以一个满意的价格买回了东西，但是我们却不能收回成本，这样一来，生产就会受到影响，接下来就会像现在一样，裁员、减薪，陷入恶性循环。所以请您谅解，我们不能降价。不过，我们也想到了您的不便。所以，在您购买了我们的商品后，我们会提供优质的服务：上门调试、售后帮助检修，甚至可以免费更换小零件。您可以算算，这比您买降价商品省下的几个钱要划算得多呢。”顾客听到这样一番合情合理的话，大多都会被松下公司的员工说服。

经过全体员工的努力，松下电器的库存迅速减少。仓库里堆积如山的产品全部被销售出去。

不仅如此，松下工厂还要立即恢复全员生产，拼命赶工，以适应市场不断增长的对松下电器的需要。在这次世界上有史以来最大规模的经济危机中，松下电器创下了历史上的最高销售额，创造了一个奇迹。

然而，战争的乌云此刻也悄然笼罩在日本上空。日本作为法西斯同盟国投入了第二次世界大战，与此同时日本政府实行了一系列战时经济政策。对于日本政府发动的这场战争，作为日本人的松下幸之助也积极地投入了。他认为自己是国家的一员，而且自认为是合格乃至优良的一员，不能不加入，甚至不能不倾全力加入。

在当时的背景下，我们要求松下幸之助站起来反对政府是不可能的。

既然政府已经号召民转军，松下幸之助对于军需生产的回应还是相当及时的。1937年10月4日，松下幸之助就在例行的朝会上宣布了松下电器向军需工业转移的方针，并委派了相当重要的人选：“松下电器历来所经营之事业，均为一般民生工业。鉴于局势之紧急，无论如何，从现在起要向时局所必需的工业方面转变。我想，松下电器现在只有一条路可走，并且已委派井植岁男专务经事承担此一工作，我自己暂时到干电池公司来上班，亲自料理有关各项之重要业务。希望全体同仁认清今日之为何日，无论为私为公，都时时处处以不懈努力之精神，恪尽职守为祷！”

可见，松下幸之助对生产向军需工业转移是十分重视的，为了适应战争带来的市场需求的转变，他派出了最得力的助手，也是最亲信的干将井植岁男亲理此事，由此可见他对此事的重视程度。

从企业家的角度讲，从经营活动本身来说，这是无可非议而且十分正常的，能根据情势迅速地更改经营策略，是一种机敏和主动的表现。但对于松下幸之助来说，除了这种无奈之外，他的内心深处还是愿意积极主动地投入，这体现出他已不仅是一个有眼光的企业家，而且更具有民族狂想的色彩。

制定产业方针，派出专职领导以后，松下电器迅速投入了军需品的生产。

1938年初，松下电器股份有限公司下属的金属股份有限公司开始接受陆军省的订货，产品是机关枪子弹的简单金属部分。后来，松下电器的几个下属公司，奉陆海两军之命，制造了军用电池、军用无线电收发报机、大型警报器，以及电子管、电阻、电容器等电子元件。从此方面来说，松下电器对日本侵略战争的贡献是突出的。

松下幸之助在战争状态下的经营策略，有些是为了积极适应新局势，主动配合，有些则是被动策应，向军方要求和军需品生产方面转变。随着战争的进程，政府开始指定某些定点生产军品的企业。在松下电器的子公司中，到战争结束时，这样的指定厂家有数个，如：松下造船公司、松下航空工业公司、松下无线电通信机械制造公司、松下金属公司、松下干电池公司等。

松下电器不断接获军方的订单，生产范围逐步扩大，产品逐步由简到繁、由零件到整机，而且承接、改造了军方接收的许多工厂。“二战”期间松下电器公司有意无意对日本军方的支持，其作用是十分显著和巨大的。对于这场侵略性质的非正义战争的贡献，松下幸之助所做的一切是可悲的。

随着战争的进程，日本法西斯侵略的非正义战争逐渐陷入了困境，日军深感船舰的缺乏，遂计划建造木船。1942年，日本军方决定制造250吨—300吨级的木船，以应急需。这一任务，军方交给了松下电器公司。松下幸之助认为为国家效力是理所当然的事，所以就答应下来了。

松下幸之助在与军方确定木船标准之后，决定按照福特装配线作业的方式来造船，将造船工程分为八个程序，每一程序分工明确并限制时间。显然，当时大家都被所谓的国家利益和民族利益所驱动，劳动热情接近狂热，工作效率也相当高。

就这样，6个月之后，第一艘250吨级军用木船下水，因为是连续作业，实际上每隔1个月就有一艘木船下水，这样的效率引起轰动，政府要员、军界首脑等都来参观第一艘军用木船下水。

由于在造船上的突出业绩，日本军方看中了松下幸之助及其公司的实力，又向他提出了造飞机的要求。

对于制造飞机来说，和制造军用木船一样，松下幸之助毫无经验，松下电器公司也没有涉及这方面的零部件制造。然而，凭着一腔热血，松下幸之助还是答应下来了。

此时的日本军人，已经到了疯狂的地步。虽然赢得战争胜利的希望渺茫，但挣扎是必然的。

在接受日本军方交给的造飞机任务之后，松下幸之助于1944年出资3 000万日元，成立了“松下航空工业公司”，飞机引擎由三菱公司提供，飞机机身及相应配件、仪表等全部由松下公司负责。机身的主要材料是坚铝，但由于美国封锁了日本的海上贸易，日本的进出口遭到控制。无奈，松下幸之助召开公司高级会议进行商讨，会上有人提出用木材制作飞机，松下幸之助通过了这个提议，利用胶合材料的工艺，也能达到标准硬度，于是凭借着热情、执着和操作的精细，终于在1945年春天制造出第一架飞机。试飞的结果，达到了预期的标准。不过，此时战争的结果已经明朗，大家为木飞机上天高兴之余，不免黯然。

等到第三架飞机上天的时候，日本军国主义的丧钟已经敲响。

在日本军方的要求下，松下幸之助在民族主义、爱国主义和青年的血气方刚以及炫耀心理的支配下，先后承接了木船和飞机的制造业务，依靠着松下电器优良的技术、先进的管理和良好的员工素质，在两年时间内造出了50艘船和3架飞机。在既无技术又无设备而且时间紧迫的情况下，松下公司的成就是惊人的。

可是在这些机船尚未上天下海的时候，日本已经宣布无条件投降，这些东西瞬间成为一堆废品。

50艘木船和 3 架飞机投入的4 000万日元资金，都是以松下幸之助个人的名义贷款投入的，日本军方和政府无力支付，因此，这笔连本带利的账，要他一个人来偿还；而他造出的那些木船和飞机，不仅没有用在“为国效力”的战场上，而且也没有真正地上天下海，当然也就没有收到一分货款，那些督促他制造飞机木船的战争狂人们，不是葬身战场就是押上法庭，无人顾及此时的松下幸之助。

这样的局面，使松下幸之助遭到了极大的打击，损失可谓惨重。这一次的损失，可以说是松下幸之助有生以来最严重的一次损失，以致他在战后的几年中都感到振作乏力。

实际上，松下幸之助在此事的损失远非经济上的，所谓“振作乏力”，其中包含有相当比重的心理因素。也就是说，这次失败是松下幸之助在理念上、人格上的失败。这一点，松下在日后的检讨中坦承不讳。

在战争期间，松下幸之助以竭尽全力的、不计条件的投入，作为企业主报效国家，因此，对于政府的、军方的需求，有求必应、一概应允。松下幸之助后来认为，自己的公司只要做好以往的干电池、电容、电阻、无线通信设备、电话机等也就够了，不必再去勉强干那些力不从心的工作。

假使能够这样，就不至于失败，就不至于遭受那样巨大的损失。他在回忆中几次三番地说：“其实我并不需要做这两件事，虽然说是报效国家，但也不必冒险去做，因为自己当时已经有许多工作是在报效国家，我恍然大悟，不论做什么大事情，能报效国家和社会当然是对的。

“松下电器早已接到很多军需品的订单，实际上根本不必去做完全外行的木船与飞机，不做那些同样也能以无线电机、螺旋桨报效国家，况且还有许多其他军用电气器具的订单。”

现在我们来看松下幸之助的话语，我们可以看到，在这些反省和检讨中，松下幸之助屡屡强调的是“本来已经在报效国家，不必勉强再接任务”，这就表明，他认为“报效国家”是正确的，而错就错在不该去造船和飞机。

在20世纪50年代末的松下幸之助仍这样看问题，实在有些褊狭。实际上，松下幸之助的失败，其实并不在于“勉强接受任务”，而在于所谓“报效国家”。他的“报效国家”，实质上是一种狭隘的民族主义，而非国际主义。

松下幸之助在许多问题上都能站在“人类”的立场上思考，唯独在这个问题上，他只站在了“日本人”的立场上。

松下幸之助的这种思想和行为，与那些富有正义感和人类意识的反战的企业家来比较，不免黯然失色。

第八章　人力危机：放手内弟辅佐三洋

人无法单独生存，所以爱自己，更要爱别人，才能共存共荣。

——（日）松下幸之助

第二次世界大战之后，松下幸之助被定性为“财阀”，属于A级驱逐令，这一驱逐令发布之后，松下公司一时间陆续走掉了包括高级职员在内的11 500名员工。对此，松下幸之助十分难过，在经济大萧条的时候公司都没有裁员，现在走掉如此之多的员工，这其中有很多难得的人才，松下幸之助十分惋惜，心痛不已，可是目前自身都难保，又有什么资格强留别人跟自己受这样的罪呢？

公司可以走掉11 500名员工，然而最让他想不到、绝不可走的人竟然也提交了辞呈，他就是井植岁男！松下帝国创始之初的功臣井植岁男！不仅松下幸之助毫无招架之力，惊得张口结舌，此事传出，公众也议论纷纷，无法想通，于是谣言四起：“听说了吗？松下公司的元老井植岁男都提出了辞职，看来松下公司这回不行了。”“井植岁男离开松下公司，恐怕别有内情吧？”诸如此类，搞得松下幸之助非常狼狈。

“岁男，辞职的事跟你姐姐商量过吗？”事前没有任何征兆，松下幸之助沉默了半天，蹦出的竟是这样一句话。

“姐夫，我已经不是小孩子了。自己的事情能够做主，对不起，姐夫。”井植岁男站在总经理松下幸之助的办公桌前深鞠一躬。

“是啊！岁男，转眼27年过去了。你大概42岁了吧？”

“不，姐夫，我今年已经43岁了。”

松下幸之助叹了口气，说：“岁男啊，你让我好好想想，今天太累了。”

松下幸之助的的确确应该好好地想一想了，从辞去大阪电灯公司的职务开始，夫妻二人带上内弟井植岁男艰苦创业，倾尽全部身心倾注在发明——创造——销售上。如此不断循环，松下公司像滚雪球一般，由小变成今天这般规模，由生产小小的电灯插座起家到生产电池，甚至生产军用船舶、飞机。对于得力干将井植岁男，在他眼里总是小弟弟的样子，别人出了错，松下幸之助能平心静气地说，而井植岁男做错了事，他总要当众厉声斥责，因为岁男是自家人，所以对他的要求更高，也更加严厉。对于井植岁男的变化，松下幸之助猛然注意到：不知从什么时候开始，井植岁男明显地长高了，肩背厚实了，办事可靠了；而对于井植岁男头脑中想的什么，松下幸之助却从没有考虑过，或者说是无暇顾及。

现在有时间了，松下幸之助这个被占领军“驱逐”解除了职务的总经理有时间考虑了。他这才吃惊地发现：这27年来，井植岁男做了很多很多漂亮的事，最早在东京开办事务所，从零开始打开关东市场的销路；后又出任收音机公司经理和常务董事。凡是棘手而松下幸之助又无暇顾及的事务，总是井植岁男去处理，而且会办得十分漂亮，令人满意。毋庸置疑，井植岁男在辅弼松下幸之助的漫长岁月里，耳濡目染地从松下幸之助身上学到了不少经营的“金科玉律”，但也有不同于松下幸之助的风格。松下幸之助外露，井植岁男内敛、不善言辞，却能巧妙地推动事物向好的方向发展。“怪不得他深藏心底27年的想法，我竟一无所知。”松下幸之助心里想。

松下幸之助在一次“夕会”上曾经激动地谈起“埋骨松下”，这作为增强企业凝聚力的确起到了一定作用，松下幸之助也不忘提高从业人员的工薪和福利。可是松下幸之助没有想过：人各有志，对于愿意“埋骨”之士，尽可以多方提供

“埋骨”的便利和好处，而那些另有打算的，凭什么非要求他们“埋骨松下”呢？他们都没有义务！自己在处理这个问题时是不是冒出了家长制作风？井植岁男是帅才，总在自己身边，充其量不过是个“高级打工仔”，是委屈他了。

像井植岁男这样的能人以后一定会有所作为，松下幸之助思前想后，决定“放飞”爱将。

井植三兄弟，长兄井植岁男是1918年被大姐井植梅之招来大阪，与姐姐、姐夫共创松下电器制作所的。二弟井植佑郎、三弟井植薰，其后也陆续离开家乡来到大阪，在姐夫松下幸之助的工厂帮忙。三兄弟勤勉好学，与姐夫一样，也是幼年辍学，凭着一股韧劲，在姐夫的工厂里不仅掌握了机电知识，还从姐夫身上学到了经营和管理的方法。姐夫松下幸之助的成功必然会使3个年轻人产生效仿的愿望，但苦于一直没有很好的机会，又不好向姐夫开口，所以一直没有提出辞职。机会终于来了，“A级驱逐令”不仅免去了总经理的职务，一应高级职员、常务董事也要停止工作，这不正好是辞职的最佳时机吗？敏锐的三兄弟不会放过这一绝佳的机会。其时，井植佑郎任公司人事部部长，井植薰任常务董事兼制造部部长。后来井植三兄弟离开松下电器制造有限公司，在松下幸之助的协助下，共同创立了闻名世界的“三洋电机株式会社”。

同时，松下幸之助经过了一番认真的思考和反省后，找来井植岁男又进行了一次长谈。

“岁男啊，既然你下了决心要走，我同意。我和你姐姐到京都去看过樱花，人生也如此，如花的岁月是很短暂的。年过不惑，我不能拦你了。”

对于姐夫的理解，井植岁男感动得热泪盈眶。

“不过，你是姐夫的得力干将，松下公司离不开你呀！出去如有什么困难，干不下去了，请再回来。”

“是，总经理……姐夫。”井植岁男哽咽了。眼前这个人既是上司，又是姐夫，此刻的井植岁男不知说什么好。

“岁男，我还可以为你做点什么吗？对了，按照公司规定，你可以领到一笔离职金。另外，我向董事会提出建议，离职后一年内照发工薪。”

井植岁男仍站立不动，松下幸之助疑惑地看着他。

“总经理，我……”姐夫通情达理，为自己考虑得也很周到，井植岁男觉得自己不该提什么要求了，但长久酝酿于心的设想，还是一吐为快。井植岁男清了清喉咙，抬起眼睛终于说出：

“总经理，我想向您要一个人。”

“谁？”松下幸之助随之紧张起来。

“后藤清一。”

好厉害的井植岁男！松下幸之助想：向我不提办厂资金，却提出要人，这完全是我办公司的一套！全被他学去了。后藤清一是配电器厂厂长，是松下幸之助花了好大气力网罗来的技术人才。事业初创，没有技术力量是不行的，这是松下幸之助创业的经验。井植岁男创业之初，困难肯定很多，于是他同意了井植岁男的请求。

后藤清一后来出任三洋电机的副总裁，在他回忆起当年随井植岁男离开松下公司时，松下幸之助曾对他说：“后藤君，井植岁男希望你能帮他筹建新的公司，你去吧。不过，万一新的公司运作不顺利，不论什么时候，都欢迎你回鄙公司指导。”

1946年12月，井植岁男正式向公司提出辞呈并获得批准。第二年，二弟井植佑郎离开松下电器公司。1950年，三弟井植薰又提出辞呈。于是，三兄弟联手创业，成立了“三洋电机株式会社”。在这期间，松下幸之助把位于井植三兄弟家乡兵库县的一家工厂，无偿地划归“三洋”。在井植三兄弟创业的最初年代，在同行是冤家、亲兄弟明算账的市场经济中，松下幸之助能有如此魄力和大度的做法，实属罕见，在某种程度上可以说：是松下公司孕育出了三洋电机。

在日后的竞争中，三洋电机以其质优价廉的主导产品很快打入国内外市场，后来者居上，成为日本又一著名的电器制造企业。三洋电机在创立三年后，收音机产销量即达到15.8万台，市场占有率仅次于松下公司，居日本第二。

时隔多年，在三洋电机取得了辉煌的业绩后，曾有好事的记者采访松下幸之助。

“松下先生，众所周知三洋电机取得如此巨大的成绩，对松下公司已经构成了威胁，回想当初，您现在是否还认为是件好事？”

松下幸之助的回答机智而巧妙：“记者先生，（他注意到记者使用了三洋的录音机）你手上的录音机正是三洋牌的，这不是一件很好的事嘛！”

三洋电机在初创阶段干出了三件漂亮事，让松下幸之助赞叹不已。这三件事分别是：1952年三洋电机率先在市场推出了塑料外壳收音机，第二件事是1953年推出了日本首台涡流式洗衣机，第三件事是发明了“三洋冰箱门”。这三件事不仅显示了三洋电机的实力，也令三洋电机的产品迅速占领市场。

三洋电机的总裁办公室，电话铃声响起，接电话的是二弟井植佑郎，听筒里传来松下幸之助的声音，他不觉一阵紧张。“是我，姐夫，您还好吗？”坐在一旁的井植岁男和井植薰面面相觑，不知姐夫又要说些什么。公司推出塑料外壳收音机和涡流式洗衣机的时候，松下幸之助曾经向三兄弟发难，这也是一个普通人正常的心理。莫非这次在新型冰箱推向市场之际姐夫又要发难？井植岁男走近电话，也在一旁听着。

“佑郎，我看到了你们生产的新型电冰箱，好哇！祝贺你们！”听筒里传来的是真诚的祝贺。

“姐夫是专家，您看还有什么不妥的地方吗？”

“没有，没有不妥的地方，非常漂亮。我怎么没有想到，其实是简单的设计，一看就会，可是几十年了，谁也没有去做这件看似容易的事，你们真了不起呀！”

松下幸之助接着说：“近来我常常想，假如当年你们三兄弟不离开我的公司，也许做不出这么多成绩，想法总会受我的影响和制约，那就一辈子只能做电灯插头。你们三兄弟的前途无量啊！姐夫是老了。”

“没有，没有，姐夫的公司前程远大，是我们永远赶超的目标。”井植佑郎说。

“对了，你们三兄弟晚上都来我这里，你姐姐为了庆贺你们的成功准备了一桌菜，我这里还有瓶好清酒，我们庆祝一下。”

“并且，我还要申请买你们的冰箱设计专利呢！”

“哪里，哪里，多谢姐夫夸奖。”

放下电话，三兄弟齐声欢呼，不是为了“三洋冰箱”，而是因为得到了松下幸之助的认可。松下幸之助也是一个普通人，在三洋公司用优质的产品将松下公司的产品逼出市场时，虽然心里不舒服，甚至向井植三兄弟发难也是情有可原的，但他最终能够以企业家大度的胸怀，战胜自己一时的狭隘，的确是令人钦佩的。

松下幸之助此次的通话，既有兄弟之情，又有商场之义，既有姐夫对内弟取得成绩的由衷祝贺，又有作为同等地位公司总裁出于经营业务需要的郑重请求。松下幸之助逐渐适应了昔日的徒弟超过师傅的这一现实，遵循了在商言商、公平竞争、优胜劣汰这一简单而又常为人们忽略的真理。

第九章　回复民用：柳暗花明走向巅峰

顺应社会的潮流和事物的关系，才是企业得以发展的方式。

——（日）松下幸之助

松下电器公司能够在日本商业史上留下不朽的盛名，除了前期一系列电器商品在市场上站稳脚跟之外，还有就是它在第二次世界大战后飞速的发展，这一时期的发展使松下电器公司真正成了一家在全球范围内举足轻重的跨国企业。

但是，松下电器公司的起飞并不是那么顺利。经历了第二次世界大战的日本，作为战败国，经济自然受到了巨大创伤，并且受到了来自美国的监管，日本的大企业都受到了极大的限制。松下公司连同三菱、三井、住友等14家企业一起，被美国列为“财阀家族”，其所属企业被指定为战争“赔偿工厂”。这样一来，这些公司的资产被冻结，所有资金的借入，动产和不动产的卖出，以及更新设备等等，都须事前获得批准。对于企业来说，这些措施无疑都是致命的。在这之后的松下幸之助甚至重新开始了借债度日的生活。

第二次世界大战以日本的全面失败而告终。战败后的第二天，即1945年8月16日，在其他人还沉浸在战败的哀痛中不能自拔的时候，松下幸之助却以崭新的姿态出现，他比平日更早上班，到厂即立刻发布命令：

“战争虽然失败了，但日本需要从现在开始立刻重建，公司也要迅速迈开战后发展的第一步。我希望大家迅速投入工作，务必尽快拿出产品，这是我们的责任！”

松下幸之助行事向来雷厉风行，在向公司管理人员布置任务以后，经过两三天的商讨和研究，8月20日，他就向全体员工发表了公司重建计划：

“目前，我们面临20世纪最为剧烈的变革时期，我松下电器公司必须迅速恢复生产，勇敢地迈出重建日本的第一步。我认为，松下电器一天也不能处在毫无方针的状态下，这样会使员工不安。我们固然无法预知未来的命运，但不论发生任何变动，物质缺乏的情况一定会发生。为了使松下电器重新振作起来，我们别无他法。工业是国家复兴的基础，在此我可以说大家都将是日本工业复兴的开路先锋，同时也欢迎失业的和将要失业的人们来这里工作，大家精诚团结，携手合作，发扬松下电器的传统精神，为日本的重建多做贡献！”

战后的日本，人们的精神普遍受到了前所未有的打击，表现出了强烈的失落感，生产和生活极度颓废。

在此种状况下，日本实业界受打击而不能迅速恢复生产，生活物资又极度匮乏，这当然是有眼光、有气魄的实业家发挥才能的大好时机。松下幸之助对此的把握是精明和适时的。松下幸之助的成功要素之一，便是他每每能于时局变革的开始即掉转风帆，迎头赶上。与此同时，他又具有经营者的责任感和使命感，这就使其所作所为能坚持商道，精心地生产，公平地买卖，殷勤地服务。

“二战”末期的松下电器公司情形并不乐观，当时号称下属工厂有60家，员工合计20 000人，但这些一大部分是因制造军需产品而成立，并非适合民用产品生产。好在松下电器的基础很好，在战争期间坚持优质民品生产，保住了这一方面的设备和技术；战时生产高精军需品，又积累了新的技术和生产经验；空袭中又侥幸留存下来不少生产设备；离去的人才又复归来，资金则可以信用大量贷款。

由于在不幸中有这些有益因素的支持，没有用多少时间，松下电器就恢复了民品生产。战败当年的10月，工厂做好全面开工准备；11月，即开始生产销售收音机、电炉等；次年年初，松下电器已有如下产品供应市场：收音机、留声机、扩音器、音量调谐器、电阻器、干电池、探照灯、小型照明灯、沥青绝缘材料、电极、马达、电灶、熨斗、电热器、电风扇、电灯泡、保险丝、自行车零件等等。

这些商品在战后不久陆续面世，由此可见，松下电器公司的动作是何其迅速。

但是，由于日本是战败国，其工业生产受到以美国为首的盟军指挥部的限制。其中的一项，就是半强迫地限制日本工业的发展，以防其国力膨胀，再燃战火。松下电器当然不能例外，很快就接到了这样的限制命令。

对此，松下幸之助没有沉默。他立刻要求属下干部，向有关方面提出强烈抗议。经过再三努力，终于取得了一定的效果。不久，有关方面核准松下电器生产收音机，随后，其他产品的生产也陆续核准。然而，就在松下电器陆续恢复生产以后不久，新的限制又来了，而且更加繁多、更加严厉。

这种情形使松下幸之助倍感伤心，他希望尽早发展自身企业的计划受到了很大影响。松下幸之助是一个精明的企业家。战后的情势，使他看到了人们对民品的需求，且感到作为一个实业家，有必要为社会大众迅速、及时地提供这一方面的帮助。正因如此，松下电器才能经过艰难奋斗，在战后的业界迅速崛起，终于成为日本顶级巨型公司。

同时，松下幸之助也明确地意识到，此时的日本已不复当年，许多方面必须改革，才能适应新的局面。比如，战后初期，由于盟军占领军为美国，所以政府的许多举措必然带有美国色彩，而且承担联合国指派任务的盟军司令部，也必然以自己的方式对日本政府施加影响。实际的情形也正是如此。盟军司令部在东京建立以后，迅速发布了一些战后处理和民主化的政策，其中的许多内容和措施，与日本的现实和传统多有龃龉。

作为大和民族的一员，松下幸之助或许不愿意看到日本的这种“动摇根本的震撼”，不过，他还是意识到了大势所趋，意识到了未来的走势。因此，他能够对联军的新政策、新精神做出积极的反应，也能主动地采取措施以适应战后的局面，尤其是民主化的进程。在全面调整军转民的生产机制以外，松下幸之助还在思想观念、工作作风以及规章制度等方面做出了调整。

1945年11月3日，松下发表了新的经营方针，这个方针涉及经营的软件和硬件两个方面，可以说是松下适应新局势的比较全面的纲领。这个方针的文字不多，内容却相当丰富。

（1）战后的世界，将是自由竞争、适者生存的时代。欲使公司成为竞争的胜利者，全体员工必须发挥勤劳的美德。为此当先使每人生活安宁，故实行“高薪资、高效率”的理想制度。

（2）为了达致此一理想，拟将“步一会”恢复至战前状态，作为全体员工的福利机构，追求全体员工的经营实利。

（3）各单位工作均应详加分工，进一步专门化，使各位担任业务、生产、经营的人都成为世界上的专才、权威。如此分工组合，即可奠定我们大企业的根本。

（4）美国采取适才适所的用人方针，重视才干，因此才有相当高的效率。我们必须效法此方针，重视实力，简化资历。

（5）日本复兴相当艰巨，各位务必努力经营，才能获得丰裕生活，也才能为社会提供丰富充足的物质产品。深愿全体员工同心协力，为实现使命而奋斗到底。

从上述5项内容中我们可以看到，松下幸之助的这个经营方针，有许多方面很有特色，也颇为科学合理。

首先是效率与薪资的关系。一般的企业经营或其他行业，薪资和效率的顺序总是先效率后薪资，只有在高效产出的基础上，才能提高薪资。松下幸之助反其道而行之，主要是针对战后日本。百废待兴，民生凋敝，许多人吃不饱、穿不暖，工作效率当然十分低下。松下幸之助断然决定先谋求解决员工的生活问题，使他们不虞温饱，从而积极地投入生产，提高效率，摆脱恶性循环。从主观上来说，松下幸之助并不认为这种顺序悖理，反倒觉得薪资和效率二者的关系本应如此。他也意识到这种先高薪资以换取高效率的做法可能是冒险之举，就是说高薪资未必能换来高效率。

松下幸之助认为，如果出现了高薪低效的情况，那就是管理或人的思想出现了问题，而不是这种方式的毛病。而松下公司在管理和人员素质上有着别人所不能及的优长之处，所以，松下幸之助敢于做出这样的选择。后来的结果表明，高薪资、高效率制度颇为成功。

在制定高薪资、高效率制度的同时，松下幸之助还推出了一系列有关福利待遇方面的规定，其中最主要的有：

废止职员、工员的区别制。此前松下电器的员工有职员和工员两种，职员是主管干部和业务人员，工员则是一线的工人，二者名义上有区别，待遇上也有区别，而且工员又分数等，进厂者要从见习工人到三等工人、二等工人、一等工人，如此攀升上去。这种区别，封建意味十分浓厚，和现代民主化制度颇不吻合，故予废止。

实行全体员工薪津制。一是全体员工按职务和效益获取工资，二是给予相应的津贴。

实行8小时工作制。此前如同别家公司自定工时一样，松下电器亦自定工时为每日9小时，这与国外的工时比较起来要长，故松下及时予以调整，改成每日8小时。

如果说以上的制度比较现实的话，松下的另外一些改造和革新就不仅仅是解决眼下的问题了。在这些方面，松下幸之助的眼光是超前的，着眼的是未来的发展。

在1945年11月的经营方针发表会上，松下幸之助强调专精分工；在1946年1月新的经营方针发表会上，松下幸之助进一步强调此点："经过专门化的各部门，可以只生产一种产品，但知识、技术、工艺、经营都要达到世界一流水平，产量也要达到世界总量的1%。"松下认为，只有这样，才能完成企业由小到大的转变，从而跻身世界最大企业之列。

松下幸之助的这种想法，多少源于对美国企业的了解，他的眼光已经看到了未来10年、20年的发展。专精分工，实质上是提高技术、工艺和生产规模，以形成集约化生产。与此相对，松下幸之助又在全公司推出“提高技术运动”，以生产“有灵魂的产品”。战前的松下电器产品，技术含量高，品质优秀，松下幸之助决心恢复，乃至超越战前的水平。为此，他号召全体员工都朝着这一方向努力。同时，新成立“产品检查所”，自任所长，以监督产品质量。

经过如上的革新改制以及迅速组织生产的快速反应，可以说松下电器已具备了战前的经营管理状态和生产营销能力，而且潜在能力更为强劲，可以放开手脚大干一番了。

任何事情要取得成功总不可能一帆风顺。正当松下幸之助信心十足、雄心勃勃地推进企业经营，力图贡献日本发展的时候，种种限制加在了他的身上，使他根本不能投入经营，甚至几乎毁了松下的事业。

1946年3月14日，盟军通过日本政府指定一批公司为限制性企业；同年6月3日，指定一批财阀，并予以分散财产的惩罚；7月起，分批指定一些工厂向战争受害国赔偿；8月11日，停止支付战争期间军方所购用军需品的补偿费；11月21日，指定一批政界、财经界人物不能再担任公职；12月7日，指定一批企业做特别处理。

非常不巧的是，盟军和政府的所有这些限制，几乎均和松下幸之助有关。首先是被指定为财阀，接着是指定为赔偿工厂、解除公职、整理股份、指定为限制公司、指定为特别处理公司，最后是集中排除法。

财阀的认定，主要以资产和家族历史为依据。松下电器在战时有关系的公司67家，其中30多家都有松下幸之助的投资，而且有不少生产军需品的工厂。盟军把他和三井、三菱、住友等比较，列于同等，以此认定松下幸之助为财阀，并列为财阀家族，限制其发展。

对于这种认定，松下幸之助很不服。他认为认定的两方面依据均不充分。首先，自己拥有股份的公司虽说多达30家，但其规模合起来还不如别家财阀的一家子公司大。其次，自己是从本人这代才白手起家创业，达到了现在的规模，并非得自前代的遗产，而且历史仅有20来年，和大财阀的数代传承根本不同。松下公司在平时只生产民用物品，是应军方的要求才生产军品的，而且也因此蒙受了巨大的损失。

据此，松下幸之助认为对自己的财阀指定是完全错误的，必须予以纠正。

为了推翻这一认定，松下幸之助做了大量的工作，为拿出足够的资料以说明事实，松下幸之助命人做了充分的准备，仅说明书一项，就达5 000页，全部用英文写成。他在此后的4年中，来往于大阪和东京之间，向有关部门陈述理由、出示证据，但100多次的交涉并未带来什么好消息。

由于松下幸之助拒不承认自己是财阀，而且不断提出抗议、要求纠正，所以他并未因财阀的指定而辞去公司总经理的职务，而是坚持在任上工作，以示对错误指定的抗议，显示出绝不让步的姿态。

1946年11月，就在指定财阀后不久，盟军又发出了“驱逐公职令”，即解除所有战时生产军需品的工厂或公司经理人员的职务。官方发表的驱逐公职名单上，松下幸之助亦赫然在列，而且松下系统子公司中所有担任常事经事职务以上的人，均受到解职，并不准上诉抗议。

当时的驱逐分A、B两级，A级是无条件驱逐，B级是调查后驱逐。被指定为财阀的松下幸之助当然位列A等。这一次的命令，对在战争期间造过飞机、战船的松下幸之助来说，可说是恰如其分，没有理由抗议。在此情况下，松下幸之助准备辞职。

但是，事情往往在一瞬间又会出现转机。恰在此时，盟军一位负责经济的官员来松下电器调查。为了恢复日本的经济，盟军正按照他们的计划和步骤着手工作。官员就是因为要建日本机电工业，着手调查日本公司才来到松下公司的。

参观了工厂，听取了汇报，这位美军官员对松下电器的管理很感兴趣，对松下幸之助的经营思想和管理水平颇为赞赏：“松下先生，你的经营观念相当卓越，堪与美国大公司的经营理念相媲美。对于像阁下这样的人遭到驱逐，我深表同情。”松下幸之助听完此话，觉得有些荒唐，既已驱逐，同情又有何用？但他还是向对方提出解除驱逐的要求。

“既然阁下如此同情，何不解除驱逐令呢？”

“这个恐怕不行。”那人答。

“为什么不行呢？”“阁下有所不知。我们任务不同，各负其责。”那人耐心地解释说，“对于阁下公司的重建，我有指导的义务，是否要驱逐公职，由其他部门负责，并非我们的权限。因此，对阁下的所作所为，以及才干与贡献和平的思想，我都可以为你建议，但决定权不在我这里。这一点，还希望你能了解。”这样的回答已令松下幸之助出乎意外，对方能够如此，松下幸之助已经感到相当的满足，结果如何，只能听天由命了。不知是工会的呼吁起了作用，还是那位美国官员的建议奏了效，不久后的一天，盟军突然发出命令，将松下电器由A级降至B级，算是由“死刑”改判为“死缓”。

4个月以后，驱逐令最终解除，松下电器的其他人员均亦如此。松下幸之助又一次争取到了命运的青睐。

然而，加诸松下电器的限制还有四项。

1946年12月，松下电器被指定为“限制公司”，限制其发展，并要求旗下的30余个子公司分离独立。次年7月，日本又根据盟军的方针，提出了“排除经济集中法案”，松下电器公司亦受到此种处分。这就是说，不仅松下公司的子公司要分离独立，就连松下电器本身也要解体了。根据这种形势，松下幸之助一边安排各子公司、制造厂、营业所的独立经营体制，金融关系上也做了交割，一边积极计划解散事宜。

1948年2月，松下电器将解散的最终计划向有关机构申报。就在此时，美国对日本的经济政策发生了转变，由最初的严格限制、解散涉事企业，变为促进复兴与自立。先前的许多决定也随之失效，松下幸之助及其公司又一次渡过了生存的难关。早在创业之初的时候，松下幸之助就在自己的工厂里主动组织了劳工组织“步一会”。这个组织和工会近似，稍有不同的是，它不仅是维护工人利益的组织，更是促使全体员工（也包括老板）步调一致、共同发展的组织。

第二次世界大战后不久，松下电器刚刚迈开重建、振兴的步伐，松下幸之助的一系列举措之中就有恢复“步一会”一项，而且加重这个组织为工人谋福利的特色，使它和工会更趋接近。此后不久，盟军司令部发出了企业成立工会的通令，以作为日本战后民主化进程的内容之一。为响应此一号召，一时间，各企业纷纷成立工会，松下电器的工人不甘落后，带头创办，遂于1946年1月30日正式成立松下电器公司工会，“步一会”随即解散。这个庞大的企业工会共有会员15 000名，42个支部，理事长是朝日见瑞。工会成立的那天，松下幸之助来到了工会成立会场，到会的员工大约有15 000名，几乎全体员工均到会，会场显得有些拥挤。

当时的日本，许多企业的劳资矛盾达到白热化，水火不相容。哪一个公司的老板胆敢去参加工会的集会，那集会极有可能变成对老板的批判会、斗争会。松下幸之助莅会，没有被轰走，而且还被请上台发表贺词，已经是很高的礼遇了。

那天晚上，一位熟人对松下幸之助说：“松下君，你真了不起，公司成立工会，还没有见过哪一位经事长肯来参加会议。因为这个时候经事长来了，员工们一定会借机大肆发挥权利，来者肯定要受到无情的攻击，可你来了，真让人佩服之至！”“这也没有什么可以佩服的。自己公司的员工组织工会，即将进入新的伟大时代，身为经事长的人怎么能置身事外呢？所以我就来了，并不值得惊异。”尽管松下幸之助嘴上这样说，心里却为时势、世事的如此变化而感慨。

他想到公司以前的情况，当自己进入车间的时候，班长就会喊“立正”，全体员工起立致敬；如今，就连自己要致贺词，也得先经过表决同意，真是变化太大了。

时代变化了，新工会也不是往日的“步一会”了。松下电器工会的理事长朝日见瑞是位“老工会会员”，曾是劳工组织“同盟总会”的成员，对于工会业务相当熟稔。故此，工会一成立，各项业务迅即推展开来。不久，工会即通过决议，提出了三条纲领和八项要求，诸如“争取团体交涉权”“参加公司经营”“加倍支付薪资与津贴”“撤销资格限制制度”等等，其势头异常凶猛。

而就在此时，盟军的“驱逐公职令”发布，松下幸之助亦在被解职之列。工会得悉此事，以理事长朝日见瑞为首的大部分会员都不愿松下幸之助被解职，他们不顾少数人反对，迅速掀起了保护松下幸之助职位的运动，多方奔走，不遗余力。全体15 000名员工中的大部分员工都在相关的请愿书上签了字，部分员工家属亦签了字。工会干部携此文件，赴东京面交有关政府领导，慷慨陈词，与此同时，松下电器全国各代理店的店主们也加入这一行列中来，发起同样的运动，向当局请愿。

“二战”给松下幸之助造成的确实是灾难。但是，松下幸之助不相信流年不利，不相信厄运。在20世纪40年代的后半期，他一直在抗争。

由于公职驱逐令的解除，他得以继续留任松下电器总经理，领导松下电器的恢复和发展。

从当时工业界的情况来看，松下电器是恢复生产最为积极的，也是最有成效的。但是，政策和形势并未给松下幸之助提供一个很好的机会。他想生产，可种种限制令下来，许多事情随即限入停顿；他融到了资金，生产出了产品，本拟以一个合理的价格出售以盈利、积累、发展，可政府却颁布了限价法令；他想秉商人之道，正当地生产、经营，但业界的恶劣情形却牵制了他的行动。

然而，无论遇到怎样的困难，松下幸之助有两点是始终未变的：一是绝不就此躺下去不再起来，绝不退缩、绝不停步；二是绝不同流合污。当时，由于产品的缺乏，许多制造商不顾信义，粗制滥造，生产劣质产品，糊弄顾客，而且黑市交易也相当严重。对此，松下幸之助极端反感，坚决抵制。

为了使企业尽快走出低谷，重现松下电器的辉煌，松下幸之助进行了一系列的企业改革。具体包括生产、组织、人事和销售等方面。

在诸多改制革新中，最突出的还是在销售方面。1949年2月到10月，松下幸之助亲自由北海道至九州，遍访全国各地的代理商、经销店，恢复战前的联盟店制度，并建立“国际共荣会”。经过这一次业务和感情的联络，联盟店又都恢复了活力。

与此同时，松下幸之助还积极建立属于松下电器公司本身的销售体制和网络。他在全国各地均设立营业所，下辖以县为单位的办事处。此外，还推出了在后来松下电器的销售体制中占相当地位的销售公司制。

1949年8月，松下幸之助先与高知县的代理店合资设立“高知国际产品销售股份有限公司”，负责该县全部松下电器国际牌（即前文的National牌）商品的批发业务。利用这种销售公司卖国际牌产品，确保了销售额和利润。后来，这种销售公司在其他地区相继建立，至1959年覆盖了各个县市。

由此，松下电器销售业务中的两大支柱：联盟店（实质上有连锁店的意义）、销售公司（专卖店）成功地建立起来了。

一系列的积极举措，逐渐盘活了松下电器的销售，还带动了生产。

1949年4月，此前实行的半日休工恢复为全日上班，种种良好的迹象显露出来。松下幸之助感到：黎明前的黑暗即将过去，曙光即将到来。

对待经济的不景气，应该有积极的态度。不景气正好给人提供了转身的机会，使你能从平时无暇抽身的境地中抽出身来，着以新装，换以新貌。不景气恐怕是所有经营者都不愿意看到的。但是，不景气照样不期而至，不因为人为的不喜而稍缓其步伐或隐退其身形。面对经济不景气，有的经营者自动退却了，有的经营者却被压垮了，有的经营者挺住了，还有一些经营者巧妙地前进了。

松下幸之助的松下电器公司，在面对不景气时属于最后一种，“一枝独秀”，表现骄人。

松下公司为什么能如此呢？不仅有观念的原因，更有转身的诀窍。

首先，松下幸之助不以为不景气全然的坏。也许这是无可奈何的想法，但当此之时，必须有这样的观念才行。松下幸之助最后甚至说不景气“并不坏”“很有趣”，不景气是“发挥演技的一场戏”，等等。这些话语，使得松下幸之助蔑视不景气、在不景气中跃跃欲试的情景，活灵活现。

不景气也许“很有趣”，但并非“不坏”。松下幸之助说不景气不坏，不过是说“更新”，是说“坏事可以变成好事”。松下幸之助指出：“一般说来，不景气的时候，大家都会互相切磋思考，多方检讨反省。”

因此，不景气过后，比以前进步的地方更多。

从这点来看，不景气可以说是一种不断更新发展的过程。如何使坏事变成好事呢?

松下幸之助有以下的主张和实践：不景气时，正好可以思考、反省、检讨、研究。这是坐而思，也是有益的。对于不景气的来头、克服不景气的方案，等等，都可以思索。松下幸之助说，这一思索，可能好计划、好主意就源源而出。

不景气时，正好趁停业而大肆整顿。许多人对付不景气的法子是停产减员。松下幸之助以为，停产是无可奈何的事情，减员则大可不必。如果担心浪费人力，那就找些事情来做：

平时忽略的技术培训搞起来，平时怠慢的顾客格外照顾一下，该检修的机器彻底检修一下……

使松下幸之助摆脱困境的真正原因，不是同胞的请愿，也不是美国经济专家的建议，而是美国政客出于全球战略利益考虑的对日政策。

就在公司一筹莫展之际，发生了一件震惊世界的大事：1950年9月，美军在仁川登陆，涉入朝鲜战争。

松下幸之助的再次起飞，一方面是得益于朝鲜战争爆发，这促成了日本经济的繁荣；另一方面还是靠松下幸之助自己，他带着“重新开业的心情”，从头做起的信念，以及特有的谦虚务实的经营态度，带领处于低谷的松下公司再次崛起。1950年，战后的日本经济逐渐开始走上重建的轨道。

日本经济的真正重建是始于1950年，松下电器也一样，此前的5年中，企业应有的活动被占领军的“财阀指定”等所限制。在逐步取消各种限制之后的1950年7月17日，松下电器公司召开了“紧急经营方针发表会”，可以说，这是一次“经营重建声明”。公司干部齐聚一堂，纷纷表示了重建公司的决心。

现摘录松下幸之助当时发言的内容：

我等产业人生于此世，理应通过复兴产业实现我国的重建。根据最近动向分析，可知我们正面临逐渐恢复的机遇。今日我带着“如此定可重建”的自信而来。从世界整体的立场来看，若论能够凭借力量和活动真正建设和平的国家，坦率来说不就是日本吗？无论从思想、道德，还是能力方面来说，只要能够受到正确引导，日本就具有为世界和平做贡献的素质。

我等国民所拥有的力量和精神就是明证。如此想来，我等必须培养实力，完成繁荣世界的使命。此实力将通过各自所承担的现实职务及工作而养成。

回顾松下电器，在战后5年，面临过各种问题。即使处于逆境之中，大家亦倾注心血、竭尽全力、坚定不移，今日方得初见曙光。然而我自己于这5年之中亦不能说完全致力于工作之中，唯我本心愿尽力做好社长工作。我可断言自己兢兢业业，然则若问努力之时是否充满喜悦则未敢言。皆因认真思考重建经营之时往往受到诸多限制，我的善意难以被诚心接受。而现在我已认识到新的使命，念及日本真正之重建时，心中生出励志工作的喜悦，涌起日日夜夜专心经商之愿。

朝鲜战争为松下公司带来了无限生机，偿还巨额债务后又买下“胜利唱片公司”的所有股份，“小夜曲”得以继续播放。

如果我们把彼时的松下公司，比作一艘被美军扣押在大阪湾的破船，那么美国新的对日政策，则是砍断了缆绳，恢复了船长的指挥权；而朝鲜战争，则是为这行将沉底的破船做了整修，并补给了油水。

以美军为首的16个国家组成的联合国军大批涌入朝鲜半岛。日本与朝鲜一水之隔，自然成为美军的后方基地和军需补给仓库。短时间内美国向日本大量订购军需品和日用品，这如一剂强心针，使奄奄一息的日本经济焕发了生机，并迅速出现了繁荣景象。据日本经济界人士估计，当时全国库存积压产品总值达1 000亿到1 500亿日元，朝鲜战争爆发后，大批滞销物品迅速销售一空。松下公司在此种大环境中，库存亦很快倾销一空，公司运营情况有了显著改善。战争爆发前，松下公司的月销售额仅几千万日元，现在却接到美军千亿日元的订单，订货品种从干电池、灯泡到通信器材应有尽有，完全不顾其中不少是4年前受到限制的“军需”制品。

松下幸之助虽然对政治一窍不通，却有一个优秀商人的敏感神经。对于如此迅速转变的局势，松下幸之助洞若观火，认为时机不可错过，他一定要抓住这天赐良机，大干一场，一展宏图。在一次公司干部恳谈会上，松下幸之助详细地阐述了自己今后的经营方针并征询与会每一个人的意见。他在恳谈会结束时以激动的心情说道：

“蒙各位先生关心公司的前途，由第二次世界大战停战至今，大家心怀忧虑，隐忍负重，我个人深表感激。现在时机已经来临，从此不再受任何限制，我们可以自由活动，去做想要做的事。过去的事，就让它成为过去吧！今后我们要积极工作，专心从事公司业务的拓展！”

“二战”后松下公司累积的赤字，很快弥平，盈余呈迅速增长之势。曾一度搁浅的松下之船，又扬起风帆前进了。

朝鲜战争不仅使松下电器起死回生，偿清了“二战”后欠下的巨额债务，而且因战争发了大财的松下公司的收支状况越来越好，企业利润呈稳定上升趋势。朝鲜战争也促成了整个日本的经济繁荣，银行业在此情势下也推波助澜，积极借贷、融通资金，更加速了日本经济的发展。

1953年初的一天，兴业银行常务董事小野在与松下幸之助商议借贷之后，闲谈中提到了胜利唱片公司的困难，问松下能否帮助解决。

关于胜利唱片公司，松下了解得不多。

1927年，美国广播唱片公司（RCA）所属胜利唱片公司在日本投资设厂。以后，陆续有日本投资者加入，成了美、日合资的日本胜利唱片公司。发展到“二战”前与另一家著名的日本哥伦比亚唱片公司并列，成为日本留声机和唱片制作业的最著名厂商。其制品不仅在日本国内无人匹敌，且产品行销覆盖了中国、印度和整个东南亚。当时这些国家和地区的富有家庭或是文化素质较高的家庭，十有六七拥有这两家公司制造的留声机，特别是胜利唱片。这10年可以说是日本胜利唱片公司的黄金时代，也是美、日两国资本合作的“蜜月”，盈利自然是相当丰厚的。

然而随着“二战”的临近，好景不长，美日关系出现了紧张的迹象，美国广播唱片公司撤出了全部资本，其股份全部由日本东芝公司吃进，经营也由合资转为日本独资。“二战”当中，日本胜利唱片公司与其他所有公司一样，被迫转为军需品生产。然后是负债、空袭和占领军的制裁，使得这一家曾经兴旺的唱片公司债台高筑，资不抵债，濒于破产的边缘。

战争摧垮了日本胜利唱片公司，可是战争结束之后，人们不仅需要电冰箱、电风扇，不久后还会需要留声机，听唱片，日本胜利唱片公司一定能重振雄风。松下幸之助这样想。

松下幸之助力排众议，决心买下日本胜利唱片公司的全部股份。

在如何清偿胜利唱片公司的5亿日元债务和购买该公司的专项贷款上，松下幸之助派出了最得力的干将——野村吉三郎和百濑结。

野村吉三郎虽然不懂相关业务，可他知人善任。胜利唱片公司不乏技术专家，现时缺少的是使其协调、发挥合力的管理者，野村吉三郎当之无愧。况且他又有外交才干，公司也需要有一个善于对外拓展业务，在国内外又有声望的掌舵人。

相比之下百濑结不善言辞，特别是在众人面前甚至表现木讷，但他头脑清楚，善于从纷乱之中理出头绪，而且有一股不达目的死不罢休的实干精神。百濑结是松下幸之助从住友银行挖过来的，他毕业于东京尚可大学，松下幸之助是在与住友银行谈判融通资金时认识他的，二人相见恨晚，经与住友银行多次磋商，百濑结方到松下公司担任部门副经理一职。

野村吉三郎主外兼调兵遣将，百濑结主内兼管公司财务，分别出任经理和副经理，松下幸之助任董事长。

百濑结走马上任后，首先就是做员工的工作。企业要走出困境，员工的精神面貌要改善。百濑结巡查各个部门，与所有职位、所有阶层的员工进行谈话，使每个员工树立信心，恢复昔日的荣誉感。不长时间里，公司上下树立了与百濑结一致的信念：日本的唱片制作，舍我其谁？在与员工进行深入交流之后，百濑结又想出“贡献文化，服务社会，胜利标志，天下共仰！”的标语。他解释说：“松下旗下几十家公司奉献给大众的都是精良的物质产品，唯有胜利公司是以出产精神制品——唱片服务于社会，以传播文化艺术为社会做出自己的奉献。”他又陆续制定出简洁易记、激动人心的口号，如胜利在于技术、声音之胜利等，并阐释达到终极目标与脚踏实地之间的关系：只有从日常技术上严把产品质量关，才能实现“胜利”的理想等等。这些标语、口号书写于办公室各处，张贴在厂房上下，员工处在这样的氛围中，日久天长，渐渐内化为每个人的行为准则和思维方式。

其次，他依据市场调查，调整了产品结构。除保留小部分设备继续生产胶木唱片外，大部分人员、设备转入研究、开发、生产电子琴这种新产品。同时在资金上也给予倾斜，以购置生产新产品的新设备，并加强了推销部门的力量，使新产品尽快地流入全日本市场。

第三，开源还需节流。百濑结在购置研究设备或机具上，一挥笔就批下几百万日元，可谓毫不犹豫，但这并不是不假思索，他认为这是生产性开支，花一分钱，可以收回十分钱。而对公司的服务性设施，如办公楼装修，能俭则俭。他的想法是：以有限的资金尽量用于能够赚钱的设备上，办公桌旧一点有什么要紧？对于采购员，他经常嘱咐，有时还亲自参与研究："拿来商店商品目录价格表及性能说明书，大家认真研究一番，看看相同性能、质量的商品中，有没有更便宜的货。"

在经过一段时间的摸索和整顿后，日本胜利唱片公司的运营进入正轨。松下幸之助时隔四五个月再进入公司，眼见员工紧张有序地操作机器，耳听机器发出有节奏的鸣响，透出一股蓬勃向上的朝气。

在如此运作一段时间之后，银行界起家的百濑结已经成竹在胸，终于拿出日本胜利唱片公司的还债方案。方案主要内容是以营业收入归还实际债务，期限定为10年。方案公布之后，以兴业银行为首的债权人几乎全部判定百濑结的方案不现实，过于冒失。如此庞大的债务，5亿日元的旧债和重振胜利唱片公司所贷的新债，怎么可能在十年时间内还清呢？百濑君大概是离开银行时间长了，业务荒疏了吧！

没想到日本胜利唱片公司在野村吉三郎和百濑结的经营下，全公司上下一心，一年以后即出现转机。1954年底，不仅扭亏为盈，百濑结还咬紧牙关抽出部分盈利为股东分了红利。消息传出，人心稳定，胜利唱片公司在社会上的声望和信誉日高，产品销售和资金融通全无障碍。借此有利形势，胜利唱片公司加强经营，终于在1957年6月，提前5年零9个月，以惊人的速度奇迹般地偿清了全部新、旧债务。日本胜利唱片公司正如松下幸之助所预料的那样，甩掉了粘在身上的烂泥，重新闪露出金子般炫目的光辉。

第十章　进军海外：审时度势逐鹿天下

做生意，要有洞察先机、先发制人的能力，因为这是真刀真枪的决斗，只许赢，不许输。

——（日）松下幸之助

20世纪50年代初，为了了解海外市场、技术和经营的情况，松下幸之助连续两次赴美欧考察。1951年1月，松下幸之助及其公司吹响了向海外进军的号角，雄心勃勃的松下幸之助已经将目光锁定在全球。1月18日，松下幸之助有生以来第一次坐飞机前往美国参观、考察，迈出了松下电器走向世界的第一步。

松下幸之助此行的目的有二：一是考察日本产品在美国市场的销售前景；二是考察美国各大公司的盈利情况。

松下幸之助在美国考察的短短3个月收获颇多。关于美国公司的盈利，令松下幸之助印象最深的有两个：一个是美国的高薪高责。通用电气公司生产的标准型收音机在商场里的售价为24美元，制造收音机的工人每小时工资为1.5美元。工人每天工作8个小时可以赚12美元，这样一来，工人只要工作两天就可以买自己公司生产的收音机了。但在日本，松下电器生产的收音机售价约为9 000日元，工人的平均工资为每月6 000日元，也就是说，日本工人要工作1个半月才能买一台收音机，这简直就是天壤之别。更高的薪资使身负重任的人更能认清并更好地完成自己的责任，而新员工也能体会到通过自己的努力能够获得高薪，从而对工作更加热情和勤奋。

另外一个就是美国的装配作业。松下幸之助很早就把福特汽车“装配线作业法”应用于自己的工厂，但亲自来到福特汽车城，给他的震撼不亚于“二战”后的凄苦带来的震撼。美国的装配线流水作业分工极为细致，精细到每个人只完成一两个工序，如此反复、简单的操作，势必使工人的熟练程度提高，既能保证产品质量，又能减少能耗。细致专业的分工大大提高了工作效率，降低了生产成本。

美国的繁华也令松下幸之助惊叹不已。纽约的繁华对于当时的日本人来说近乎奢侈。高楼林立，昼夜灯火辉煌，适时日本因为电力不足，东京每天晚上7点以后要停电一小时。仅仅是电力方面就令亲身体验的松下幸之助震惊。松下幸之助以前一直留着板寸的发型，到美国后觉得自己的发型土气就留了长发并梳了个整整齐齐的小分头回了国。看到美国的繁荣，松下幸之助暗自下定决心：“日本一定要像美国一样繁荣！”他回国后就召集公司员工说：“让我们在日本也创造出那样的辉煌吧！”

另外，在考察中，松下幸之助发现，美国市场上很多商品卖的不是品质，而是设计。美国的电器产品的价格十分昂贵，如电熨斗、电冰箱等，但购买后拆开一看内部机件没有什么特别，使用寿命也不比一般产品长，但是它的外形设计和颜色很漂亮，操作简单、方便，因此比同类产品价格高出很多。松下幸之助将美国注重产品外形设计的思想带回企业，立即应用，迅速成立了设计部门，以改变“一流的质量、末流的设计”的落后现状。松下幸之助认识到，如果不改变产品设计，日本产品永远只能是低价卖出的普通货，要占领世界市场，特别是出口到欧美国家是不可能的。

1951年10月，松下幸之助再度出国考察，此次考察由专务董事高桥荒太郎和女婿松下正治陪同。三人除了参观美国企业，还准备参观欧洲主要的工商企业，另外一个目的就是寻求一个合适的技术合作伙伴，使松下公司的电子技术达到前所未有的新水平，成为世界一流的电器制造企业。

从北美到欧洲，松下幸之助一行参观了不同国家的十几个电器产业，并对不同国家的产品从造型设计、性能到原理逐一进行分析，最终松下幸之助选择了荷兰飞利浦公司。

荷兰与日本有许多相似之处，国土狭窄，资源缺乏，国内市场有限。尽管如此，飞利浦公司仍从最初的一家小灯泡厂，经过60年的发展，迅速成长起来，其产品门类齐全，包括日光灯、工程照明及家用电器、无线电收扩音机在内的上千种产品，在48个国家有直接经营的公司，其产品80%用于出口，质量享誉世界。而日本要实现经济繁荣，学习美国不如学习荷兰，为了节省原材料和能源，也要走产品设计细致、精密之路，为了提高效率、降低成本，也必须学习荷兰的严格管理和经营理念。

经过审慎的比较，松下幸之助选择了荷兰飞利浦公司作为自己的合作伙伴。

这是松下公司首次与国际一流企业合作。此次合作可谓艰苦卓绝、来之不易，荷兰飞利浦公司倚仗着自己的雄厚实力和先进技术，向松下公司提出了种种苛刻的要求。经过了松下幸之助等人群策群力、执着真诚的努力，松下公司最终实现了与飞利浦公司的合作。

一开始，对于松下公司提出的合作申请，荷兰飞利浦公司的态度十分谨慎。在他们眼里，松下公司只不过是一个不起眼的小公司，居然提出合作请求，骄傲的荷兰人怎样会把自己的高科技技术随便交给一个毫无名气的公司呢？

面对松下幸之助的一再请求，荷兰飞利浦公司派出了一个3人小组前往日本对松下公司进行考察。飞利浦公司来松下公司考察，那么松下公司的经营等内部信息尚对日本国内同行保密，但将毫无保留地展现给荷兰飞利浦公司，经验丰富的松下幸之助怎么会不明白这个道理，但是为了达成合作、提高松下公司的实力，有所牺牲是必要的！经过了1个多月的实地考察，3人小组带着整整3大箱资料、文件和报告返回阿姆斯特丹，也带走了松下幸之助一颗不安的心。

过了1个月，3人小组又返回大阪，并带回公司的意见：同意与松下公司合作，并呈上了飞利浦公司的合作意向书。

（1）第一期合作项目为电灯泡、电子管和日光灯，视合作情况继续扩大合作项目。

（2）与松下公司合资建设新公司，创办费55万美元，飞利浦公司参与股份30%，新公司交给松下公司经营。

（3）合作期间，松下公司向飞利浦公司支付技术指导费，费用占销售额的6%。

经过一番认真的研究之后，松下幸之助认为合作意向书的前两项可以接受，但是索取占销售额6%的技术指导费过高。飞利浦公司拥有世界领先的电子技术，收取一定的技术指导费是应该的，关键不在于有没有技术指导费，而在于费用的高低，松下幸之助将自己的意见向高桥荒太郎等公司高层提出，得到了公司上层的一致同意。

于是，松下公司向飞利浦公司的3人小组提出降低技术指导费要求，3人小组表示降低指导费需向公司总部报告并进行研究。双方商定下次的会商时间和地点。

送走飞利浦公司3人小组，松下幸之助陷入了苦苦的思索当中，降低飞利浦公司技术指导费的方法有两种：一是通过谈判说服对方主动下调，二是松下公司以其他名目收取费用进行冲抵。对于第一种只能进行充分的准备工作，但第二种松下幸之助日思夜想也难以有好的方法，松下幸之助拿着飞利浦公司的合作意向书在房间内踱来踱去，又坐下反复地看意向书，突然灵光一闪：既然合资的新公司由松下公司来经营，经营也是一种资本，那么松下公司也可以适当地收取“经营指导费”。这是一种大胆的想法，是基于对松下公司经营的自信，也体现了他在商言商的高超智慧。

松下幸之助想到了谈判的好方案，于是立即找来高桥荒太郎，二人进行了一次长谈：

“高桥君，你的任务是千方百计地促使合作成功，关于经营指导费的方案，对方可能会提出种种反驳意见，你要充分进行准备，尽量做出合理的解释和说明。”

“是，董事长。”高桥荒太郎说。

随后，松下幸之助将谈判过程中哪些地方可以妥协，哪些地方必须寸步不让告诉了高桥荒太郎，最后松下幸之助拍着高桥荒太郎的肩膀说：“与飞利浦公司合作我们势在必得，但是公司的利益也要维护，高桥君，你要在谈判中好好发挥，公司拜托你了！”

“是！董事长放心，我定不辱使命！”高桥荒太郎坚定地说。

1952年7月，高桥荒太郎作为松下电器的全权代表与飞利浦公司在荷兰海牙进行合作洽谈。在谈判中，高桥荒太郎首先提出：

“贵公司索要的技术指导费是销售额的6%，而日美合资的公司，美方一般是3%，这之间相差3个百分点，贵方是否考虑适当降低些？”

“技术和技术是不一样的，价值自然有高低，我们公司的技术是一流的。”

“贵公司技术一流我们承认，但技术的差距是否有这么大？为了合作成功，恳请贵公司衡量与美国技术的差距，也让我对公司有所交代。”

经过一番唇枪舌战，最后飞利浦公司同意将技术指导费降到4.5%，但是高桥荒太郎的“经营指导费方案”却遭到坚决反对。

“新公司在日本设立，技术由贵方提供，而指导监督经营活动由谁来做呢？是松下公司。所以，我们可以付给你们技术指导费，但是我们也必须要收取经营指导费。”

听到高桥荒太郎这样说，对方态度也强硬起来：

“经营指导费？从来没听过，也从来没这么做过。”

“对你们来说可能是没有先例，但是我方认为，我们这样要求是合情合理的。”高桥荒太郎坚定地说，双方的意见交锋变得相当激烈。

谈判陷入了沉默，还是高桥荒太郎打破了沉寂：

“双方合作建设合资公司，其经营是由松下电器负责的，飞利浦只是负责提供技术。贵公司的雄厚实力，不用我说大家也知道。可是不论有多么先进的技术，如果经营不善，都无用武之地。更何况，在如今的企业界，经营也是高超的专门技术，它在一个企业中的地位是决定性的，能左右企业的命运。我想贵公司通过调查已经知道，我们公司的经营技术水平在业界是得到一致认可的，评价很高。至于销售，我们也信心百倍。如果你们认为我们的经营是免费的，那我们就很难接受。我们的经营和你们的技术一样，应该获得相同的认可。鉴于如此，我们也有向贵公司索取经营指导费的权利。”

高桥荒太郎的话令飞利浦公司深感震惊。他们还从来没有见过哪一个要和他们合作的公司表现出这么强硬的态度。但是，面对着日本人理由充分的正当要求，飞利浦公司开始改变自己的态度。

结果，经过多轮谈判，在高桥荒太郎的坚韧顽强、诚意和热情的感动之下，飞利浦公司终于做出了妥协，获得了4.5%的技术指导费，而且也同意支付给松下公司3%的经营指导费。

事后，飞利浦公司感叹道：“从来没有遇到过像松下公司这样强硬的谈判对手。”

1952年10月3日，松下幸之助亲自到荷兰阿姆斯特丹出席合作协议书的签字仪式，公司定名为松下电子工业股份有限公司，有效期15年。从1954年开始生产电灯泡、荧光灯、真空管、显像管、半导体管等电子管以及半导体。松下电器的相关事业部门使用这些电子管和半导体，从而将收音机、电视机等所有种类的松下电器的品质提高到了世界水平。1967年合同到期后，经过双方协商，合同又延期10年。

在过去15年间，双方的专利费（技术指导费和经营指导费）已经分别改为3%和2%，在修改合同时又都改定为2.5%，这是后话了。

10月6日，荷兰女王接见了松下幸之助并为他授勋。

松下公司同飞利浦公司的技术合作，对于战后松下公司的发展，是最有决定性的一个转折点。从此，松下公司凭借着从飞利浦公司那里得到的强大技术支持，加快了向全世界拓展的步伐。

第十一章　两度卸任：急流勇退任人唯贤

企业如果有一百个人的时候，自己走在前面；当企业有一千个人的时候，自己走在中间；当企业有一万个人的时候，自己走在后面；当企业有十万个人的时候，自己在后面双手合十为企业祈祷就行了。

——（日）松下幸之助

1961年1月15日，在松下公司一年一度的经营方针发表会召开之前，松下幸之助紧急召集公司的高级干部，“不好意思，突然把大家叫来。今天我准备辞去社长的职务，担任会长。我会在马上召开的经营方针发表会上宣布这件事。”众人大惊，面面相觑，但由于事发突然，他们一时间也说不出什么意见。看到大家的反应，松下幸之助接着说：“那就这样决定了。”

在经营方针发表会上，高桥荒太郎宣读了年度计划，并对各部门经理提出的问题一一解答。按照惯例，松下幸之助会在会议结束前进行一番鼓舞人心的讲话，这些讲话事前不做准备，都是他的临场发挥。站在发表会的讲台上，松下幸之助首先对5年计划所取得的超过预期的成果表示喜悦和对员工表示感谢：原计划800亿日元的营业额最后达到了1 500亿日元，贸易额突破了100亿日元。这对松下电器，对日本的产业界来说都具有重大意义。随之他对经营的各个方面进行了反思，鼓励全体员工团结一心、继续努力。

下面这段话是2个小时的经营方针发表会的结束语：

现在松下电器需要的是顽强的精神力量，希望我们每个人都拥有这种力量。倾注热情来开发产业和建设先进国家，不仅能够促进松下电器的发展，还能有力地推动全日本的繁荣。所有产业人士将因此而感到无限喜悦。我希望诸位能够在这种喜悦之中感受到自己的特色并为之自豪。

热烈的掌声过后，松下幸之助并没有离开的意思，仿佛要宣布什么事情，而主持人也没有宣布散会，会场中只有少数人知道：松下公司即将开启新的篇章。

望着台下众人不解的神情，松下幸之助缓缓地说出下面的话：

谢谢诸位，下面我宣布一件事：从今天起，我将辞去松下电器公司社长一职，仍保留董事会会长的职务。

会场先是一片寂静，静得可怕，紧接着是一阵骚动，松下公司的员工不习惯没有松下幸之助的公司，也无法接受没有松下幸之助的公司，更无法接受松下幸之助的离去。

台下议论纷纷，一致请求松下幸之助留任。

感谢诸位对我的信任，承蒙诸位的厚爱和鼎力支持，公司才能有今天的辉煌业绩。57年前，我9岁的时候，到大阪去当学徒。自那时开始直至今日，我一直在努力工作。去年11月27日我满66岁，已经工作了50多年。仔细想想，一直以来得到了诸位的协助，我真的非常感谢大家。至于今后如何，我想，毕竟我的年龄已经到了一个坎儿。我一直在考虑找一个适当的时机辞去社长职务。最早是在我虚岁50的时候，想要辞去社长职务，但当时正值战争期间，军方下达任务，也就没能辞职。战后5年间，经济活动和我自己都受到束缚，公司本身也面临解体的危机，所以我那时无法辞职，而只能继续投身公司的重建。然而到现在10年又已过去，看到了今日的盛况，我感到无限欣慰。

像松下电器这样一个大公司，社长的一言一行十分重要，随着事业的发展，今后公司的规模还会扩大，而多年来公司形成了依赖我个人的倾向，这样容易形成独裁经营的危险。比如说，各事业部门依章程须自主经营，但实际上往往是我一个人说了算。我早就发现这一弊病，因为时机不成熟，姑且维持现状，但并不是长久之计。现在，公司景象日新月异，新人辈出，我想我应该趁此时机卸任。

思前想后，我决定辞去社长职务而作为会长继续关注公司今后的经营。对我个人来说，在有生之年专注经营松下电器的精神是不变的，但我也清楚地知道，自己的体力已经不允许我这样做了，我的经营方针丝毫未变，作为产业人的使命感也一如既往。我希望，以我辞职为契机，从明天开始松下电器以新的阵容获得进一步的飞跃。我相信这一定会实现，我深信我的辞职对公司发展是极为有利的，而不是有害的。最后，希望大家继续支持新任社长的工作，一如既往，共创大业。拜托了！

台下掌声响起，很多人热泪盈眶。

隐退之后的松下幸之助和妻子井植梅之过着平静、安宁的生活，只有公司召开董事会的时候，他才去大阪，其余时间就在住处读书、赏花和听禅等。

然而，天有不测风云，这种隐退的生活并没有持续多久。1964年公司业务又起波澜，形势又把古稀之年的松下幸之助拉回了松下公司。

重返公司的松下幸之助斗志昂扬，在深入了解公司业务出现委靡的原因后对症下药，大刀阔斧地进行改革，使公司重新焕发生机。

1973年，松下幸之助在松下公司的会议大厅召开记者招待会，大厅内挤满了来自世界各地的记者，闪光灯不断闪烁，松下幸之助在他人的搀扶下步入会场，走上讲台。

“诸位记者先生，感谢大家多年来对鄙公司的关照！”松下幸之助缓慢地说，大厅顿时静了下来，只有摄像机沙沙运行的声音。

“今天我要向大家宣布一件事，在宣布之前，我先讲讲我自己，我今年正好80岁（虚岁）了，创业55年来，该做的事都做了。现在，连我都拍着自己的脑袋说：干得还不错嘛！”

是的，松下幸之助可以这样说，在他的带领下，松下公司取得了骄人的成绩。1968年公司的销售额为4 671亿日元，银行存款突破1 000亿日元。另外根据《日本经济新闻》的报道，在日本年销售增长率最高的六大企业分别是松下电器、丰田汽车、资生堂、鹿岛建设、三洋电机、松下电工。根据通产省的资料显示，松下电器的“National”牌产品占日本国内市场的比率分别是：电视机，19.1%；收音机，20.6%；洗衣机，18.1%；吸尘器，22.9%；干电池，31.3%；录音机，25.2%；电冰箱，23.2%。

1970年，万国博览会在大阪召开，其中的松下馆吸引了七百多万观众。

1971年，松下幸之助荣获日本庆应大学授予的荣誉博士学位。

回顾近年来松下电器在经济上的巨大成就和社会上的广泛影响，松下幸之助可以当之无愧地说：“做得不错！”

“我希望让年轻人接替我的职位，好让企业永远充满活力，所以决定辞去会长一职，由松下正治接任，我就转为公司的最高顾问。”

有记者提问：“松下先生，在日本，顾问是个闲职，顾问的意见董事会可以听也可以不听，是吧？”

“这正是我的本意，我希望新的董事会把我当作顾问对待，不要以我的意见为主，不然我不是白白退下来了？”

“松下先生，您改职位为顾问是想转变为幕后策划？”

面对这个并非善意的问题，松下幸之助答道：“其实我在1961年任会长的时候对公司的事情都不怎么过问，这些年，公司不是挺好的嘛！”

“请问松下先生，您退休后准备干什么呢？”

“退休以后要做的事情很多，要写回忆录，还要继续从事PHP研究。”

面对记者接连不断的提问，松下幸之助对答如流，让人觉得他是坚决地退出，放手让新人经营公司的态度。

松下幸之助在公司兴盛之巅，急流勇退，先于1961年辞去公司社长之职，又于1973年辞去会长职务，将权力完全交出，自己退居幕后颐养天年。

虽然松下幸之助将权力交出，但他没有停止思考和社会活动。恰恰相反，他对公司和社会事务更加关注，在公司的高层人事任免上，松下幸之助虽然秉着“家族事业家族传”的思想，力图使松下家族的事业过渡到第三代松下正幸，但他老而不糊涂，在松下正治任期满了之后并没有直接让松下正幸接替，而是选择了与自己经营理念不甚相同的山下俊彦和谷井昭雄先后担任社长。正是这两位继任者将松下公司的事业稳步做大做强，也为松下家族第三代松下正幸的接任打下了良好的基础。

另一方面，松下幸之助在辞去会长职务的同时，为“社会福利基金”捐赠了50亿日元。1979年，他访问中国，并向中国提出了中日合资建立电子企业的设想。1980年，松下幸之助设立了“松下政经塾”，致力于培养面向未来的新型人才。1983年，松下幸之助又担任了国际科学技术财团会长和21世纪协会会长。1988年，松下幸之助向国际科学技术财团赠送松下电器株式会社股份1 000万股。大量捐赠、慈善、公益活动，几乎花费了这位老人的所有时间和大部分财力；对于企业经营、国家管理和社会发展的思考，成为他这一时期著述的主题。

在自己事业如日中天之时，他却甘愿从一线上退下来，一心扶持松下电器的继承人，胸怀之宽广，目光之远大，不愧为日本企业界的经营之神。

第十二章　热海会议：重掌权力扭转乾坤

不论处在任何状况，都要有发现光明之路的能力，有视祸为福的坚毅决心。

——（日）松下幸之助

松下幸之助卸任社长职位之后，在别墅过着幽静的生活，每天喝着夫人井植梅之奉上的茶，读书，但这种隐退的生活并没有给他带来多久的安宁。

1964年下半年，松下电器公司出现了营业规模萎缩的状况，究其原因是“二战”后日本的经济已经达到顶峰，经济快速发展的势头急剧下落，盛极而衰。日本企业的投资缺少必要的控制，产品供大于求，销售停滞。在这种环境下，松下公司也避免不了库存积压、销售停滞的厄运。松下幸之助以老弱之躯重新披挂上阵，回到了他成名立业的松下电器。

1964年7月，松下电器公司在伊豆的热海新富士屋饭店召开了松下电器全国销售公司及代理商社长恳谈会，商量应对办法。松下幸之助退居会长职位后，基本上不参加类似的会议，此次亲临是为了加深对市场的了解。

与会者的发言使松下幸之助震惊：有一家销售公司的资本不过500万日元，亏损却达1.5亿日元，亏损是资本的整整30倍，已经是负债经营。这家公司的信用已经为零，但依然从松下电器提货，然而他们的社长并不高兴，他愤慨地说：“根本不赚钱！”

社长们一个接一个地说："我父母那一代就开始销售松下产品，可是我们现在非但不赚钱，还一直亏损。松下先生，您说该怎么办呢？"

"竞争激烈，我们也不赚钱。每天的支票堆积如山，总有几张无法兑现。"

松下幸之助意识到社长们反映的都是"不赚钱""实在没办法"等问题，于是问道："在座的可有谁在赚钱？请举手。"与会者当中有30多人举起了手，剩下的170多人都为赤字所苦。

看到还有在不景气中盈利的公司，松下幸之助心里稍许有些安慰，"今天，我来到这里是想要帮助大家，找出渡过难关的药方。请大家畅所欲言，不要顾忌。如果松下电器有需要改进之处，我会立刻改正。希望大家都能说出实情。"

听到松下幸之助这么说，刚才还有所顾虑、欲言又止的人也开始踊跃发言。亏损达1.5亿日元的销售商步步逼问："这么多亏损该怎么办？我们公司一直照着松下公司说的做，投入全部资金和精力来卖松下公司的产品，但是不赚钱。这难道不是您的责任吗？"

由于诉苦的社长太多，会议开了3天，此时对松下电器的抱怨声仍然没有停止，松下幸之助凭直觉意识到："热海会议"所反映的问题，标志着松下公司遇到了战后第二次大危机。他在自传中记载了当天的讲话，在此节选了其中几段：

从前天开始，诸位已经讲了各种各样的困难，我也从公司的立场出发对诸位做了各种各样的答复。坦率地说，我认为诸位也有不对的地方。今天在场的各公司中，至少有30多家一直在盈利。因此，我不认为松下电器陈述的理由站不住脚。前两天大家已经充分交换了意见，我也就不再继续说理了。仔细想想，说到底还是松下电器不好。我们对诸位照顾不周。现在的确是不景气，但一定会有渡过难关的方法。找不到这种方法是松下电器的错。实在是万分抱歉。

我想到松下电器在刚刚起步的时候，曾经与诸位产生过共鸣，开始有生意往来，得到诸位那样的关爱和帮助，今天却走到了这一步，实在是说不过去。

松下电器能有今天实在是拜诸位所赐。我没有任何理由可以抱怨。都是由于我在观察、判断和思考时忘记了自己曾在各位那里受过的恩惠，才造成了现在的困难局面，也暴露出自己的弱点。

在这里，我对大家发誓，今后我们会真心改正。

松下幸之助坦诚的发言令现场的火药味消失殆尽。他是个雷厉风行的人，召开完“热海会议”不久，8月1日，松下幸之助宣布：自己顶替正在疗养中的安川洋君，以会长的身份代理营业部部长，站到销售第一线，着手进行销售改革。

松下幸之助重新站到销售第一线，督促员工，直接出面理顺关系，使产销之间重新恢复融洽的关系，对安定秩序起到了至关重要的作用。他上任后的一个月，虽然营销额没有恢复正常水平，但是已经遏制住下滑的趋势。在此期间，松下幸之助逐渐摸清了情况，提出改变销售颓势的应急办法，就是——改革分期付款制度。

分期付款制度曾是松下公司行之有效的推销手段，代销店、代营店从松下电器公司购进商品，以每月分期付款的方式出售给顾客，再以每月分期结算的方式将销货款返还松下公司。在经济景气的情况下，这种手段十分可行，但是在产品供大于求、市场疲软的情况下，却是导致代销店、代营店亏损的直接原因。一方面是交了货款从松下公司购回电器，另一方面是卖不出去的产品积压或者卖出去却不能及时收回顾客的货款。分期付款制度将经营风险全部压在代销店和代营店身上，难怪“热海会议”上各大社长抱怨颇多。

松下幸之助掌握了代销店和代营店亏损的直接原因后，对症下药，拨专款筹建“分期付款销售股份有限公司”。代销店、代营店还是以分期付款的方式从松下公司购进商品，但由新公司以现金从代销店、代营店手中买下顾客的债券，并直接向顾客收回货款。这样一来代销店、代营店只管销售不管收账，其资金周转问题迎刃而解。但此举却遭到商品流通中中、上环节的不满，谁都不愿接手随时可能出现的坏账，鉴于此，松下幸之助亲自拜访总批发商、总代理，拜托其合作，为谋公司大计做出局部牺牲。

就这样，经过半年多的努力，据1965年11月的统计结果显示，销售额开始稳定回升。在危急时刻，松下幸之助挺身而出，以其不畏艰险、不惧压力的斗志和高超的经营智慧成功化解了“二战”后松下公司第二次大的经营危机。

第三篇 松下幸之助

经营管理：70 载企业生涯打造经营之神

松下幸之助自1918年创业始兢兢业业70载，这70年并非一帆风顺，他以良好的心态、惊人的毅力、高超的智慧化解了“九九八十一难”。松下幸之助通过企业为国家、为顾客服务的公司文化来经营自己的企业，不仅创造了理想的人生，而且赢得了世界声誉，被誉为日本的“经营之神”。

第十三章　非凡经营：卓越智慧企业楷模

松下公司最大的资本就是经营力！

——（日）松下幸之助

松下幸之助认为：优先考虑对方利益，不仅是为对方着想，更是为了自己，结果是双方都能得到利益。在松下幸之助的经营活动中，一直贯彻共存共容的原则。

企业的经营活动，必须能带动整个社会的繁荣。如果只有自己的企业得到发展，却不能促进社会成长，这样的企业终究是不能长久的。企业与社会必须一起繁荣，共存共荣，否则必不能得到真正的发展，这是自然的法则。

企业为了扩展它的事业活动，就要靠和它有往来的企业或人。如买方、卖方、消费者以及提供资金的股东或银行，甚至于地区、社会大众等，彼此以各种形态保持关系。如果牺牲有关系的一方来图谋自己企业的发展，就是一件不可原谅的事，最后必会导致自我毁灭。因此经常考虑和有交易往来的对方共存共荣，可以说是企业维持长久发展的唯一道路。

例如，为了答应消费者减价的要求，就必须请供应原料的厂商降低价格，但是碰到这种情况，绝不能只要求对方降价，而要考虑到降价后，对方是否仍能经营。换句话说，必须考虑是否能够确保对方的适当利润。基于共存共荣的理想，就必须充分考虑对方的立场和利益。

与同业共存共荣是最困难的，同业之间免不了竞争，而且竞争极为激烈，常常形成恶性竞争，这种恶性竞争很可能将一位合格的经营者击倒，使同业之间产生纷扰，最后带给社会很大的弊害。同业之间不能确保相互的适当利益时，往往会造成税金减少，国家社会也蒙受很大的损失，所以说恶性竞争是有百害而无一利的。

纵使小企业有时候被卷入恶性竞争，但只要居领导地位的大型企业，毅然地贯彻公平竞争的原则，同业内当不致陷于混乱。这就好比在国际社会舞台上，小国之间恶性竞争，引发战争，但如果大国不卷入这场是非，而以公正的立场居中调停，战争就不会扩大，不久后自然会平静下去。如果居于领导地位的企业，率先引发恶性竞争，就像世界大战一样，必将带给企业界很大的混乱，使企业蒙受极度伤害，同时也影响到企业本身的信用。

能考虑到这些问题，松下幸之助确实很不简单，但是经常注意去实践同业者之间的共存共荣，是很重要的。规模越大的企业，对这个问题所负的责任也越大。

自古以来，生意场上的买家和卖家，很少能和睦持久的。他们往往如仇似敌，充满敌意地讨价还价、挑拣货品、成交交割。松下幸之助认为，这是不正常的，起码现代的经营者是不能这样的。

卖家站在自己的立场上销售，当然是无可厚非的。但是做生意的时候，更应该站在顾客的立场上，变卖家为买家，替顾客当掌柜、当管家。顾客的管家当然愿意买进物美价廉的货品，那么，卖家就应该如此来为顾客挑选货品。这种真诚的服务，没有不让顾客满意的。这种做法，许多人看起来是傻，但它却是真正的大智若愚，比只顾一时蝇头小利的行为，不知要高明多少倍。现代商厦的所谓导购，如果能出自真心服务买家，也会起到这样的效果。

松下幸之助曾谈及一桩和他的这种观念吻合的笑话。主人公是一家大钱庄的退休职工安田善次郎。退休后，安田开了一家小店铺卖鲣鱼干，每当顾客来买，他总是挑选上品给顾客，因为反正顾客挑选也是挑好的。对此，松下幸之助评价说："销售时若能做顾客的掌柜，替顾客挑选好物品，那么这家商店或公司一定会繁荣的。"

松下幸之助说安田的商店会繁荣，这可能吗？把上品都挑给了顾客，别的怎么办？有人就会提出这样的疑问了。其实，道理很简单，那就是卖家在当买家进货的时候，也能为顾客当掌柜。经办采购的人，或是从厂家，或是从批销商那里进货时，无论品种、质量、数量、价格，都要首先考虑到顾客，不能因为价廉而采购质次的货品，不能因为回扣而采进积压的货品。这样采进的货品，自然都有优良的品质、合理的价格，怎么会怕顾客尽挑上品呢？

买卖人总是要赚钱的，不赚钱就没有必要做买卖了。但是，赚钱要建立在合理的信念之上，尤其要从大处着眼。松下幸之助关于采购的一段话，对纠正现代商界的一些"时俗"不无作用：

"经办采购的人，往往会为了公司的利益，贪图便宜而一味地要求减价。这虽然是人之常情，但我却不以为这是正常的现象。因为只有双方满意、共同受益的买卖，才是合理的，才能持续。因而，应该以顾客采买货品的态度，一方面坚持公道的买卖原则，一方面也要为顾客着想，而注重货物的品质。"

松下幸之助的经营理念中有一条最基本的原则：即使没有顾客光临，也要准时开店服务，因为做生意不只是为了赚钱。

对于企业生产和售出的产品，松下幸之助有一个贴切而生动的比喻：售货如同嫁女儿。

到了结婚时，有许多父母就得把女儿嫁出去。眼看着从小费尽心血养育的可爱女儿，已经成年而将开始自立，在他们的内心，必然有不愿女儿离开的寂寞感和有缘得到新姻亲的喜悦以及愿她永远幸福之类的感触。

女儿出嫁之后，父母就会随时关心她婚后的生活是否美满。他们担心：对方的家人是否都喜欢她？她是否精神饱满地做事？

对买卖来说也是一样。每天所经手的商品，就像自己多年来费尽心血养育的女儿。顾客购置商品，就等于娶走自己的女儿。因此商店与顾客之间，就成了姻亲。

如果能这样想，那么自然就会关心顾客的需要，会重视商品是否合顾客的心意。如此必然会对出售商品的质量倍加关心，例如就会想到："顾客使用后是否觉得满意？""到底有没有发生故障？"甚至是"我既然到了这附近，干脆就去看看他们吧"。

松下幸之助的"售货如同嫁女儿"的比喻有三层意思：要像嫁女儿那样严肃、隆重地卖货给顾客；成交以后，与顾客的关系便是姻亲关系，要保持礼尚往来；要像看望出嫁女儿一样，经常关心商品售后的使用情况，使其更受顾客的喜欢。

这三层要义，用现代商业社会的术语来表达，就是做好"售前售后"的服务工作——这在许多企业都能做到，但能做得像松下电器公司那样彻底、完全，令人满意的却不多。

另外，松下幸之助认为：不管是多好的商品，若缺乏完整的服务，就无法使顾客满意，也因此会失掉商品本身的信誉。

"服务"不论对于生产者还是销售者，都应该优先考虑。换句话说，若有五件工作都能提供十分(最高级别)的服务，那自然很好。但是如果没有这个能力，只能提供有限的服务，那就应该好好做。若没这样做，对客户来说，就是没有尽到身为生产者和销售者的责任。

因此，企业在扩张业务的同时，应该有肩负这种责任的自觉。常常问：自己生意做大的同时，服务的范围是否扩大了。如果有能力扩张业务，但在服务方面仍没有信心，那就先不要扩充，免得到最后在服务方面无法面面俱到，遭到客户的不满，而走向失败之途。

总之，"服务"是任何一种买卖都不可缺少的。不管在任何场合，都应在服务的范围内做买卖。唯有这种经营姿态，才能带来企业的蓬勃发展。

销售就是服务，服务就得以质为重，而不该由量取胜。这些都是经营者必须明白的。

松下幸之助被尊称为日本企业界的“经营之神”，他一生中有许多经营管理方面的小故事，由此可见其经营之道。

一次，松下电器公司招聘一批基层管理人员，采取笔试与面试相结合的方法。计划招聘10人，报考的却有几百人。经过一周的考试和面试之后，通过电子计算机计分，选出了10位佼佼者。当松下幸之助一一过目录取者时，发现一位成绩特别出色、面试时给人留下深刻印象的年轻人未在10人之列。这位青年叫神田三郎。于是松下幸之助叫人复查考试情况，结果发现神田三郎成绩名列第二，因电子计算机出了故障，把分数和名次排错了，导致神田三郎落选。松下幸之助立即吩咐纠正错误，给神田三郎发录用通知书。第二天公司派人转告松下幸之助先生一个惊人的消息：神田三郎因没有被录取而跳楼自杀。录用通知书送到时，他已死了。

听到这一消息，松下幸之助沉默了好长时间。一位助手在旁自言自语：“多可惜，这么一位有才干的青年，我们没有录取他。”

“不，”松下幸之助摇摇头说，“幸亏我们公司没有录用他，意志如此不坚强的人是干不成大事的。”

松下幸之助认为，坚强的意志是事业取得成功的重要保证。他曾给自己的部下讲述越王勾践卧薪尝胆的故事，并以此来激励他们克服困难。松下幸之助说：“当我们决定完成一项事业时，就要坚定信念，绝不能以‘没办法’为停止的借口。身为一个领导者，虽然不一定要学习古人卧薪尝胆的刻苦方式，但每天仍要不忘激励自己，始终如一，这才是成功的重要因素。”

被誉为“经营之神”的松下幸之助是中国企业家的学习对象。其经营哲学是：“首先要细心倾听他人的意见。”在中国企业家还不知道好企业究竟是什么样时，他的经营思想和方法深深地启蒙了早期的中国企业家们。

张瑞敏及其海尔集团就是典型。张瑞敏说，早在20世纪80年代初，国内能找到的只有松下幸之助的书，在质量管理方面借鉴的都是松下的东西。张瑞敏开始热衷于松下幸之助的管理哲学。“我们必须从过去的以量取胜转变为以质取胜，在管理上下功夫才是海尔获得成功的出路。”

1985年，海尔从德国引进了世界一流的冰箱生产线。一年后，有用户反映海尔冰箱存在质量问题。海尔公司在给用户换货后，对全厂冰箱进行了检查，发现库存中有76台冰箱存在各种问题。时任厂长的张瑞敏决定将这些冰箱当众砸毁，并提出“有缺陷的产品就是不合格产品”的观点，在社会上引起极大的震动。

砸冰箱砸醒了海尔人的质量意识，砸出了海尔人“要么不干，要干就要争第一”的精神。在1988年的全国冰箱评比中，海尔冰箱以最高分获得中国电冰箱史上的第一枚金牌。在海尔的发展中，质量始终是海尔品牌的根本。

1994年，张瑞敏在生产班组管理上首次提出“日事日毕、日清日结、日结日高”，后来被称为“OEC管理法”，这借鉴了松下“日事日毕、日清日结”的管理模式；在渠道建设方面，海尔率先在国内家电业搞专卖店也与松下公司类似；海尔强调服务取胜，推行“真诚到永远、24小时服务”等服务理念和措施来提高服务品质，这同样深受松下“服务第一，销售第二，顾客至上”的经营观影响。所以业内人士评价，无论是管理形式，还是经营理念，海尔与日本企业走得最近。

第十四章　创步一会：协调劳资增进团结

职位越高，工作越苦，职位和辛劳是成正比的。

——（日）松下幸之助

第一次世界大战结束，大约经过了一年多的经济膨胀和过热之后，日本的经济开始进入了战后的萧条、不景气时期。

经济的不景气给社会带来的影响是十分巨大和深刻的，物价暴涨，劳工普遍感到生活困难，大规模的劳工运动在全国爆发。遭受生活沉重压力的劳工，受西方工业社会的影响，也想通过工会运动来维护自身的权益，现在看来这都是理所当然的，但当时很多资方不能理解。在早期的日本工会运动中，劳资矛盾和冲突频频发生，甚至有时演变成暴力行为。

经济危机对松下电器制作所的影响不大，主要是容易出现劳资纠纷。

战后百业凋零，但与松下电器制作所直接有关的电气事业却一枝独秀。第一次世界大战期间兴起的工业动力改用电力，战后仍然在不断扩大，各行各业都需要安装电机。用普通老百姓的话说："已经使用过了电灯，就再也不可能退回使用煤油灯的时代了！"

当时的松下电器制作规模日益扩大，到1919年初，松下电器制作所已经今非昔比了，它已经由最初的那家只有5名工人的小作坊发展成为一家拥有超过20

名员工的颇有一点规模的公司了。虽说不缺乏工源，但面对有些不稳定的劳工现状，松下幸之助还是感到有必要慎重地对待劳工问题。

虽然松下电器制作所的员工都是从建厂开始效力至今，但是松下幸之助感觉自己手下的凝聚力还是不够强，如何才能让这个集体变得更加团结呢？他觉得应该建立一套行之有效的办法解决员工问题。

基于这种考虑，松下幸之助建立了内部劳工组织“步一会”，这是一种新的企业用工制度。建立这个组织的目的在于团结全体员工，使所有员工团结一致、亲爱友好，共同促进工厂生产和销售的繁荣，提高员工的生活水平。这个组织的性质近似于工会，是一个充满和善、亲睦的集体。

松下幸之助产生了类似工会的构想，但是一直没有想好这个组织的名称，这让他很费脑筋。松下幸之助认为，松下电器不只是为了赚钱，还要让松下的员工们多挣些钱，提高生活水平，过上幸福美满的生活。而且松下电器的员工应该把这个团体看作自己的家一样，不管做什么都同心同德，亲密无间，互相协助，彼此合作。在此之前，还没有一个劳工组织是基于这样的理念建立的。所以，松下幸之助决心要给它取一个独特的名称。可是，他想了许多名字，都不满意。他还向周围的人请教，甚至问遍了每一个员工，但是都没有给出让他满意的名字。

就在松下幸之助为这个组织的命名烦恼之际，以前曾在一起艰苦创业的森田延次郎来找他叙旧。聊着聊着，松下幸之助就说到了现在的烦恼。森田延次郎听了松下幸之助对这个组织的想法之后，说：“松下君，我倒是想到了一个，不知道你满意不满意？”

松下幸之助一听，忙说：“森田君，别卖关子了，快说说看。”

“不要尽往难处想嘛！你的组织不是强调统一步调嘛，那叫“步一会”好了。叫这个名字，有两层含义：一是全体员工步调一致、精诚团结、同心同德、上下合作，向未来的光明前景迈进；另一层含义，是要一步一个脚印，脚踏实地、稳扎稳打地向前推进事业。你觉得怎么样？”森田延次郎说得手舞足蹈，松下幸之助听后觉得豁然开朗，他立即同意了好友的这一提议。就这样，简单明确、寓意丰富的“步一会”就成为这个组织的名称。

1920年3月，松下电器制作所的“步一会”正式成立。从此，在“亲爱和睦、互助互济”精神的感召下，松下幸之助带领员工互相团结、精诚合作，不仅稳定了松下电器内部，更是极大地推动了松下事业的发展。“步一会”的成立，使得松下电器制作所的员工空前团结起来。

创立“步一会”的时候还没有类似章程的东西，直到1933年，松下幸之助为“步一会”制定了更为明确的章程，才彻底完成这种新的企业用工制度的改革。章程的主要内容如下：

“步一会”系1920年3月由松下电器制作所的全体从业员工组织成立。该会设立之目的，旨在使会员亲爱和睦、互助互济、增进福利，促进该会自身发展，并推动松下电器公司的业务发展。故离开松下电器公司即没有“步一会”的存在，松下电器的繁荣亦意味着“步一会”有扩展；同时，“步一会”的进步，亦标示松下电器的顺利和繁荣。无论是“步一会”还是松下电器的发展，都有赖全体员工的精诚努力、团结合作。“步一会”成立的意义即在于此。尚请会员自重自爱，协力互助，为达成共同的目标，坚强、诚恳地挺起胸膛，不断奋斗为祷！

说起松下幸之助成立“步一会”的直接动因，其实挺简单的，就是稳定员工队伍，使大家诚心合作、发展事业。但是，这个构想却为松下公司带来了意想不到的效果。在他的努力下，这件带有被动防御性质的事情变成了一项颇具建设意义的工程。自此，松下公司员工、老板和企业一损俱损、一荣共荣的传统，成为松下独特的管理理念。

我们知道，伴随着资本的出现而产生的劳资对立，从来没有消失过。整个资本世界如此，松下电器公司自然也不能免俗。不过，这种对立会因为经济关系上的差异而有不同强度、不同方式的表现，有时二者甚至还会有短时间的和睦相处。不管在哪里，企业家们都十分重视劳资关系的妥善处理，这对企业持续健康的发展非常重要。松下幸之助的过人之处，就在于他早在那个时候就对此有了深刻的理解，并采取了正确的措施。在他眼里，劳资双方就如一部车子的两个车轮。要让企业这部车子又快又稳地开下去，这两个车轮的大小和运动速度就必须是同一的，一个大，一个小，或是一个快，一个慢，这都不行。双方只有协调一致，车子才能跑得快、跑得好。“步一会”是开好松下电器这部车的稳定器，松下幸之助在工人运动风潮兴起的时候反其道而行，主动设立“步一会”，一改资方害怕劳工组织的态度，这是十分睿智的。

第十五章　模仿创造：借脑生财取之有道

一味地模仿他人，对自己不见得有好处，选择适合自己的企业的经营方式，才是上策。

——（日）松下幸之助

松下幸之助认为：如果对自己没有正确的认识，那么可能会出现“该做的不做，不该做的却去做”的错误。造成社会混乱的原因也就在此。以每人所肩负的社会义务来说，最重要的或许就是能够正确地认识自己。如果经营者不能正确地认识自己的能力，通常都会失败。也许看到隔壁的商店进行了改建或雇用了很多人手，而以为自己也应该模仿，这样做难免会遭受失败。

经营者应该把握的是适合企业的经营方法。别家企业以这种方法经营，而你宁可选择别的更适合自己的方式。正确地认识自己经营的能力，然后再采取适当的对策，是很重要的，而且是经营者应有的认识。有人看见他人做某种生意赚了些钱，就一窝蜂地跟进，结果引起过度竞争，因此倒闭的企业也不少。这种没有衡量自己能力，而盲目地模仿的做法，对大家都无益。因此，经营者应该好好地衡量自己的能力，借此去发现自己应有的做法。

就企业的经营来说，唯有先认清自己企业的实力，再根据此种判断合理地经营，才能使业务日益兴旺，且能以企业本身的实力对社会做出贡献。

松下幸之助是幸运的，也许当时他并没有意识到，就在他把自己的小厂迁入新址之际，恰恰是日本工商业空前繁荣发展之时。远在万里之外的欧洲，第一次世界大战交战正酣，各交战国无暇东顾，这为起步晚的日本发展资本主义经济提供了千载难逢的大好机会。松下电器制作所作为其中一个不起眼的小环节，也随着经济大潮迅速发展着。

松下幸之助深知：企业要想站住脚，被顾客认可，就必须有属于自己的产品和品牌。在接受川北电器的电风扇底盘订货以后，松下幸之助不分昼夜集中全部力量来完成这一任务，但他同时也在开发新的产品。

松下幸之助意识到开发新产品的重要意义后，无时无刻不在进行思索。以当时松下电器制作所的状态，开发新产品自然全靠松下幸之助自己。他本来就善于观察和思索，况且又是电灯公司的技术骨干，虽然之前的改良型电灯插座未能推向市场，却也积累了宝贵的经验。松下幸之助曾经吃过产品和顾客需求脱节的亏，这次他则敏锐地捕捉到了市场上的新动向，消费者的新宠——插头。

于是，松下幸之助先将精力放在了对单用插头的改良上。经过松下幸之助的琢磨，他以电灯的金属灯头为原料，做出了改良后的单用插头。因为造价十分低廉，而且效能很好，所以投放市场以后，很受消费者的欢迎，竟然还出现了供不应求的局面。这可真是“无心插柳柳成荫”，如此热烈的市场反应，大大超出了松下幸之助的意料。

东西好，自然就会有人主动找上门来，就在双灯用插座面世没多久，大阪一个叫吉田商店的批发商，找到了松下幸之助。他对松下幸之助说：

“松下君，我对你的双灯用插座很有兴趣，能不能让我做这种产品的总经销商呢？”

面对这样的建议，松下幸之助也表现出明显的兴趣。他想如果能委托给代销店，就能解决后顾之忧，埋头于生产了。他说：

“吉田君，我对您的提议很感兴趣，不过不知道您对经销方式有什么设想呢？”

听到松下幸之助这样说，吉田很高兴地说：

“松下君，这个嘛，我已经想好了。我想自己来负责整个大阪地区的批发，另外，我还想将商品推广到关东地区，至于那里的销售，我可以交给东京的关系商店去做。吉田商店要大量地销售产品，工厂就得大量生产出产品来满足需要。如果供货不足，就有可能给双方都带来麻烦。不知您意下如何？”

听到吉田这看似完美的销售计划之后，松下幸之助并没有马上表态，这显示了他在经商上的高明之处。他在想，现在这种新产品这么畅销，之后肯定会有更多的订单，那时自然就要增加产量，而这势必要扩大生产规模，添置生产设备，这样一来，就必须有充足的资金做保证。考虑到自己的资金有限，松下幸之助觉得应该要求吉田预付保证金，也就是采取“借鸡下蛋”的办法。

他说：“吉田君，我可以让你做总经销。不过，限于我厂现在的规模，恐怕来不及制造数量足够的产品。所以，我打算扩大规模，增添设备，以保证生产能满足供应。这样一来，我就要提出一个小小的要求，您当作是保证金也好，货款也罢，总之我想请你先付3 000日元。我将把这笔钱投入在购买设备上，这样的话，我就有足够的生产能力满足你的需要，我想这也会使我们的合作更加顺利。”

吉田没想到松下幸之助会在答应之前提出这样的要求，不过他考虑了一会儿，认为松下说得有理，也就同意了他的请求。于是，松下幸之助做成了第一笔自己品牌相关的生意。

松下幸之助在这笔交易中使用的方法，就是在产品还未出货以前，提前拿到一笔款子。这也成了松下幸之助经营的一个特点。

其实，产品畅销，向总经销商提出预付保证金，这并不是什么过分的要求。但是，松下幸之助的高明之处就在于他能适时地看准、抓住这一机会，用别人的钱来为自己购置扩大生产规模的设备。后来，在制造、销售自行车车灯的时候，松下幸之助也使用过大同小异的手法。对于这种做法，松下幸之助称作“感染别人与自己同行”。松下幸之助认为，不管是利益，还是人格力量、诚心、美德等等，都可以用作感染别人的媒介。因为历经风雨而坚持前行的松下幸之助知道，一个人无论多么才华横溢、精力充沛，他的能量也总归是有限的，要想成就惊天动地的伟大事业，必须唤起别人与自己同行，借助别人的力量，团结别人的力量，达到自己的目标。

第二天，松下幸之助和吉田就签订了双灯用插座的合约，同时，吉田也按照承诺付给了松下幸之助3 000日元保证金。松下幸之助立刻用这笔钱购置了设备，扩大了生产规模，摆出了大干一番的架势。吉田也确实说到做到，他作为总经销商，让松下生产的插座由此开始走出大阪，这也算是松下幸之助的事业在全国发展的一个前奏。

一个人的力量是有限的，因而要借助他人的力量；一个企业的技术也是有限的，因而要吸收其他企业的先进技术和成果，松下幸之助将此形象地比喻为“借脑生财”。

1952年，日本松下电器公司与荷兰飞利浦公司就有关技术合作问题进行商务谈判。飞利浦公司提出技术指导费为销售额的6%，经过艰苦的谈判，松下公司将技术指导费压低到4.5%，但飞利浦公司又提出新的要求作为技术指导费优惠的条件：专利技术转让费定为55万美元，并且必须以总额形式一次付清。

当时松下电器公司的资本总额不过5亿日元，而55万美元相当于2亿日元！这笔专利技术转让费对松下公司来说的确是相当沉重的负担。对方的要求、条件能否接受呢？妥协和退让值不值得做呢？松下幸之助感到极度的犹豫。合同文本是由飞利浦公司拟就的，其中订立的违约和处罚条款也都有利于飞利浦公司。松下幸之助在形势对己不利的情况下，考虑到如果做些妥协、退让，接受对方的条件和要求，付出这笔钱，对松下公司的发展，对日本电子工业的发展都是有利的，因为他接受了对方的条件和要求，利用对方的技术专利，为自己生财，这叫“借脑生财”。

松下幸之助为了保证技术合作项目的效益稳定，又对飞利浦公司做了深入细致的调查研究。在调查中，他发现飞利浦公司拥有一个包括3 000名研究人员的研究所。他们设备先进，人员精良，每天都在进行着世界最新技术和最新产品的开发研究。松下幸之助暗自思忖：如果创建一个同样规模、同等水平的研究所，要花上几十亿日元和几年的时间，而现在，以2亿日元为代价，便可以充分利用飞利浦公司研究所的人员和设备，可以达到“假人之手，从中渔利”的效果，这事何乐而不为呢？于是，松下幸之助毅然和菲利浦公司签订了合作合同。从此，飞利浦公司派出了技术骨干前去赴任，他们把技术、知识和管理经验传授给了松下公司。在双方合作期间，松下公司便利、迅速地获得了飞利浦公司最新的技术支持。双方的合作，为松下电器公司发展成为驰名全日本乃至全世界的公司打下了坚实的基础。

在松下电器公司与飞利浦公司的这场交易中，松下幸之助先生运用了“假人之手，从中渔利”的技巧。虽然他做出了妥协和让步，接受了飞利浦公司巨额的专利转让费和不公正的违约、处罚条款，但他的让步，换回的是公司发展的强大的助推力——飞利浦公司世界称雄的技术实力，使松下公司最终发展成了世界著名的电子工业公司。

1951年1月，松下幸之助首次访美时，购买了美国最新式的干电池制造机。但在第二次访美去一家干电池工厂参观时，他发现之前买的“最新式”机器在那家工厂中已经是最老的了。经过细致的调查他发现：原来，一般市场上销售的机器都是些普通玩意儿，一流生产商拥有的机器是自行设计的，秘不外传。因此一流生产商使用的机器比一般机器商所卖的要好很多倍。得知这个事实后，松下幸之助深感学习时没有自主意识而依赖他人的力量和金钱是弱者的表现，没有自己的思考和劳动得到的也不是真正的成果。于是松下幸之助想通过自己的研究设计，做一些真正出成果的工作，因此1953年，松下公司在大阪府门真市设立了新的中央研究所，开始了真正的技术革新。为了使基础研究能够应对即将到来的自动化时代，继续研究开发新机械设备和冶炼工具，中央研究所配备了专门的机械制造工厂。就这样，新设的综合性研究设施——中央研究所成为新电子化时代下松下公司发展的巨大推动力。

松下公司自行研制的电器制品不多，松下幸之助的本领是“拿来”之后的消化、经营及促销。松下幸之助是经营之神，不是发明大王，但他创造性的经营使他在商海中屡战屡胜。换句话说，松下公司善于扬长避短，后来居上，甚至连同行也不得不承认——经松下公司模仿的产品不是简单的仿造，而是消化后生产出的产品，比他们原来的产品性能好，尽管如此，他们还是难以抑制心中的不悦，挖苦松下公司是“模仿公司”。

松下公司的主营产品，从最早的电灯插头、炮弹头型电池灯，就已经有明显的模仿痕迹；到以后陆续生产的电池、真空管收音机、电熨斗，再到20世纪50年代生产的搅拌式洗衣机、黑白电视机、电冰箱、吸尘器，无一例外的，都是比较、借鉴和吸收了众多同行的优秀产品的特点并加以消化、吸收，再开发出自己的产品。

第十六章　自来水论：应运而生商界楷模

使物价越来越便宜，形成一个充足供应的世界，这就是生产者的使命。

——（日）松下幸之助

松下电器制作所创立于1918年3月7日，但是，松下幸之助却把公司的创业纪念日确定在1932年5月5日。原因只有一个，那就是在这一天他提出了著名的“自来水哲学”。

在松下幸之助看来，企业精神的重要性远远大于企业的实体。尽管松下电器已经运行了十几年，但是，在“自来水哲学”诞生前，它与其他企业一样是个普通的制造商。直到这一天，在松下幸之助脑海中长期盘旋、苦苦思索的问题——什么是企业的使命？终于有了答案：物美价廉和不虞匮乏的供应，是企业界共同追求的目标。

一个炎热的夏日，松下幸之助在大阪天王寺附近的一条街上走着。那一带的人家门前装有公用的自来水。这时有一个拉货车的人走过来，坐着抽了一支烟后，拧开水龙头，先含一口漱口，然后喝起自来水解渴。自来水并非不要钱，由天然的河水经过水厂加工之后，才能成为饮用水，所以要付水费。但现在这个人未征得所有人的同意，便擅自饮用有价之物，却没有人阻止他，也没有人责备他，或者说他偷窃了别人的物品。为什么？任何一种制品，大量生产近乎无限的时候，这种东西就像不要钱似的了。

松下幸之助认为：我的工厂生产的电冰箱、电风扇和洗衣机要是都像自来水一样大量供应，并且价格低廉，无疑将会增加人们的福祉。如果不止我一家企业，所有的企业生产的食品和衣料等民生必需品都像自来水似的，社会上就不会有贫困，不会有饥饿和寒冷了。

使物价日渐低廉虽然不容易，但它应是产业界共同追求的一个目标。只是这件事不能光靠日本来推行，必须靠全世界共同的力量，使物价降低，然后变成一个富足的世界——生产的使命就在这里。事实上自来水不是已经这样普遍而廉价了吗？这就是松下幸之助的自来水哲学。

所谓“自来水哲学”，是松下幸之助对企业使命的比喻。对于这一使命，最简单的表述就是消除世界贫困，使人类走向繁荣和富裕。松下幸之助说：“企业的使命究竟是什么？一连几天我思考这个问题直至深夜，终于有了答案。简单来说，就是消除世界贫困。比如说，水管里面的水固然有它的价值，然而人们喝路边的自来水不用付费，也不会受到责备，因为水资源相对丰富。企业的责任不正是让世界物资丰富以消除一切不方便吗？”“经营的最终目的不是利益，而是将寄托在我们肩上的大众的希望通过数字表现出来，承担我们对社会的义务。企业的责任是把大众需要的东西，变得像自来水一样便宜。”用松下幸之助的话来表达，经营就是从“无”当中制造“有”，通过生产活动带给所有人富足丰裕的生活。

从本质来看，“自来水哲学”就是通过工业生产手段，把原来只能供少数人享受的奢侈品变成普通人都能享受的廉价品。企业经营者的眼睛要盯住人们追求生活进步的欲望，而不是盯住顾客的钱袋。市场是靠物美价廉的产品创造出来的，而不是靠对经销商回扣打折算计出来的，更不是靠坑蒙拐骗欺哄顾客推销出来的。松下电器公司经营的基本方针是质量必须优先，价格必须低廉，服务必须周到。正是这种经营方针，使松下电器公司得到顾客的信赖，渡过了一个又一个难关，逐步走上壮大之路。

“自来水哲学”的诞生，本身就是松下公司此前经营经验的积累和升华。早在1927年，松下幸之助首次成立电热器部，计划生产电熨斗。当时全日本电熨斗每年销量不超过10万个，每个价格在4—5日元。松下幸之助则认为：“这么方便的东西，但因为价钱贵，很多想用的人都买不起。因此，只要降低价钱，就会有许多人去买。如果很多人要买，乍看起来月产1万个似乎多了，但实际上是能够卖出去的；先决条件是降低价格，让大家都能买得起。”于是他决定，以大量生产来降低价格，每月生产1万个，销售价格3.2日元，结果大获成功。这一案例，几乎就是美国福特T型车的日本翻版。所以，美国的媒体报道把松下幸之助和亨利·福特相提并论。对此，松下幸之助自己总结说：“生产大众化的产品时，不但要推出更优良的品质，售价也要便宜至少三成以上。”

自来水哲学在松下幸之助的年代具有巨大的威力，它势必会把松下公司带到规模化经营的道路上。家用电器在日本乃至全世界迅速普及，松下公司功不可没。美国的穷人也能开汽车，归功于当年的福特；当今的乞丐也能看电视，则归功于当年的松下幸之助。

这种自来水哲学，使松下公司的经营特别注重顾客导向，关注大众需求。松下公司在产品开发上以模仿为主，走短平快路线。一旦发现某个有前景的新产品，就会拿过来，做出比别人甚至比原发明者质量更高、价格更低的“新产品”。“模仿中的创新”使松下公司取得了经营上的成功。它的产品，一般都具有批量大、成本低、质量高、服务好四个特征，能够赢得较高的市场份额。但是，在真正的原创上就略逊一筹。引领产业先锋的原创型创新，会受到自来水哲学的限制。

松下公司研制计算机的例子，就是一个很好的说明。在计算机刚刚兴起时，松下公司也致力于计算机研发。到1964年，松下公司已经在计算机工业上投入了十几亿日元，包括松下在内的7个计算机公司出资2亿日元，成立了日本电子工业振兴会，共同进行计算机开发。但是，美国的大通曼哈顿银行副总裁在同松下幸之助聊天时说到，世界各国的计算机制造商都经营不善，美国也只有IBM（国际商业机器公司）一家在继续经营，连GE（美国通用电气公司）都力不从心，日本有7家厂商是不是太多了？松下幸之助果断决定，顶住舆论压力，放弃计算机研发。在松下幸之助眼里，果断舍弃成本过高的项目，是经营的明智之举。然而，这种舍弃有可能把未来的前景也一并放弃掉。进入21世纪后，松下公司在经营上出现种种问题，甚至一直不能摘掉“仿制大王”的帽子，与公司信奉的自来水哲学密切相关。

但是，要说自来水哲学已经过时，似乎还为时过早。尽管现在的松下公司已经有限度地改变了松下幸之助当年的经营策略，然而，自来水哲学中蕴涵的服务思想、顾客至上观念、推动社会走向繁荣和富裕的愿望并不过时。继承松下幸之助创立时的理念，改变松下幸之助过去的策略，这二者并不矛盾。我们要思考的，恰恰是理念和策略之间的关系。自来水哲学的深层价值，在于把企业使命最终定位于社会责任上。

第十七章　完善制度：管理健全策略经营

有正确的经营理念，始能活用人才、技术、资金、销售等各方面的制度。

——（日）松下幸之助

20世纪30年代，松下电器公司在面临世界性的经济大萧条的局势下通过“生产减半、绝不裁员”的举措成功渡过难关，随后顶住压力在门真街建设了厂房，此时的松下电器公司已经发展成为一个大企业。由此也可以看出松下幸之助对时局的把握和过人的谋略。

任何企业在规模较小时，企业领导能单枪匹马、有效地驾驭整个企业的大小事务，然而，随着企业扩大，员工增多，企业领导就会逐步感到力不从心，从而造成企业整体或局部处于失控状态。松下幸之助也在不断思索关于管理体制的问题，后来他做出惊人之举，大刀阔斧地推行“事业部制度”。

“事业部制度”将松下电器制造厂现有的分厂和所有的从业人员重新划分为三个部门：第一部为收音机部，任命井植岁男为部长；第二部为脚踏车车灯及干电池部，井植薰担任部长；第三部为配电器及电热器部，松下幸之助自己兼任部长。

松下幸之助认为：“事业部制度”这种分权管理方式，可以使公司的经营吸收小企业的长处，特别是灵活性。每一个部门的部长是独立的负责者，由他全权负责本部门产品的制造和销售；每一个部门采取独立核算，绝不允许以某部的盈利来弥补另一部门的亏损，也就是废止从前各部门相互间的盈亏之抵办法。各部门要负起责任，凭自己的努力和创造争取营业利润，并以此利润为公司的成长和壮大做出贡献。

此后，松下幸之助又将这种“事业部制度”写入了《松下公司史资料》第七卷中：“此种制度的本质，照现在的定论，就是由制造起松下电器硬件组织制度最突出的一项，就是事业部制度。这项制度实施于1932年，是松下电器长足发展的产物。”事业部制度的直接动因，是公司规模的扩大。松下幸之助创业伊始，摊子小，一切都由他自己一人操持，虽说辛苦，尚可应付。事业的发展导致事务纷繁，千头万绪，松下幸之助自己已经感受到了其中的繁杂。他想把事情分给别人负责，而他一贯的观念又是委任即要放权，于是就有了设立事业部的分权组织设想。他将公司分为三个部门：一是收音机部，二是脚踏车车灯及干电池部，三是配电器及电热器部。这一次的分设，销售部是隶属于第三事业部的，其他部则没有专门的销售机构，各部门的销售其实还是公司一手包揽的。松下幸之助觉得上述的分权制度还不够彻底，不能算是名副其实，因此效果也就差一些。基于这样的认识，1934年3月，公司又进行了进一步的改组。这一次，把原来第三部的电热器具制造独立为第四部门。更重要的是，在各部门都设了营业科，专门负责各部门的销售业务。由此，松下电器采用了相当长时间的组织制度就这样形成了。

这个制度的特点，就是从研究、开发至制造、销售、宣传，全部严格地实施公司内部各组织单位的全权责任制。这些事业部的部长，都以自己的名义设立户头，经济实行内部核算；当然工作也由自己全权决断。这样，每一个事业部实质上和一家独立机构相差无几。

松下幸之助当初分权而设立事业部，有两项基本用意，这其实也就是分权制度的作用。其一是事业经营责任划分清楚。分权以后，权力是各事业部的，经营绩效也是事业部的。这样，哪一个事业部情形如何，一目了然，再也不是过去各部门损益互补的情形了。这也就是现在所说的权责分明。其二是可以锻炼、培养经理人才。各部门自负其责，不能依赖公司，也不能依赖其他部门，一切都要靠自己，经营人员的才干必然得到培养和锻炼。这种制度，也确实为松下电器公司培养了不少经营人才。

不难看出，事业部制度有以下优点：

（1）不但能使企业得以顺利扩大，而且还能解决松下幸之助自己力不从心的问题。

（2）每一事业部都是一个责任中心，产品责任划分分明，盈亏明晰，便于考核。

（3）各事业部都具有小型企业之特点，产品较单一，致力于技术研究与产品开发，因此能培养出许多技术专才。

（4）由于各事业部部长全权负责盈亏，经营方式自然而然会出现强烈的消费者导向——非常重视并竭力满足消费者的需求。

（5）一个事业部盈利，绝不分利给另一亏损的事业部，每一个事业部都必须靠自己想办法盈利。因此，各事业部就不会抱有依赖思想，都会竭尽全力把自己放到整个电器同业中去竞争。

事业部这种分权组织的制度，在当时的日本是首创，就连企业管理比较先进的美国，1930年以前也只有杜邦、通用汽车公司等少数大企业才实行这种制度。显然，松下幸之助的这种做法，先人一步，令公司获益匪浅。以后，这种制度虽然有些微妙的变化，但大体还是如此，基本保持不变，形成松下电器的一大特色。

现在，集团化经营的优势十分明显，因此企业合并、重组的事情时有发生。集团的各组织单位如何运作，松下电器的事业部制度当可借鉴。

销售是连接产品和顾客的中间环节，是经营最关键的一环。没有强有力的销售，不说经销商，就是制造商也不能维持生意。因此，完善的销售制度是十分重要的。

松下电器不仅有独特的组织、人事制度和规范，而且对作为经营中最关键一环的销售，也有一套独特的制度。这套制度大多是松下电器在经营实践中摸索、总结出来的，有许多都是“日本第一”。

销售制度是建立在有关销售理念之上的。这一方面，松下幸之助有基本的三点：一是重视销售；二是把经销商当朋友；三是一切从顾客出发。基于这样的理念，松下电器确立了以下的销售制度：

（1）联盟店制度。这种制度，意在加强公司和经销商之间的联系。公司的经营人员经常走出去，向经销商请教、征求意见，各经销商之间也互相交流心得。这种制度，把松下电器的经营理念和诚意、信誉等都传达给了经销商，调动了经销商销售松下产品的积极性。

（2）国际牌销售产品同业公会。这其实是上述联盟店制度的延伸和合理化。松下幸之助为给国际牌产品建立一个强大的推销网，从1957年起，他经常召集大阪地区附近的联盟店开会，互相研究如何和睦相处，推销产品，进而组成了“国际牌产品协会”性质的商业组织，紧紧围绕松下电器最有名的国际牌产品来做文章，无异于松下电器自己开办了数千家专营店。现在的商店设某某专柜，其实就有这样的作用，只是和松下幸之助创办的这种协会差了几个等级。

（3）设立销售公司。以上都是关于零售的销售制度，这一项则是有关批发的。这种主要负责批发的销售公司，是松下电器和各地的经销商们联合设立的。虽说合作的方式不同，目的却都在于提高代理店的经营效率。如果经销商请求，松下电器还可以出资和他们共同设立这种机构。这样一来，不仅销售公司自己可以办零售店及时提供商品，同时也可以积极促成开设更多的零售店，或通过服务促进零售店的营业额。1950年8月，第一家国际牌产品销售公司在四国的高知县成立，以后每年都有几家这样的销售公司成立。

（4）分期付款制度。松下幸之助的经营理念是为顾客提供低价商品，这项制度是这种理念在销售上的极端体现。松下幸之助效法福特，采取低成本多销策略，在1951年收音机流行的时候实行了分期付款的办法。这种办法更加刺激了本来就热火朝天的收音机市场，为松下电器获取了丰厚的利益。这种办法，在当时的日本是空前的。其后，松下电器的许多家电产品也都是这样推销的。

松下电器的以上几种推销制度，现今已是商家广泛使用的法宝，但在当时却是首例。其中的一些，时至今日，许多商家尚未能很好地应用，比如协会制度。由此也可以看出，松下经营秘诀的当代意义仍然是不可忽视的。

经营的重要条件之一，就是调动人的积极性，使其充分发挥才干；而这不是靠热情和个别行为所能获得的，这需要一套严整的方针。

成功的老牌公司，都有一整套透明的制度和原则，以使上上下下有规有矩，遵照执行。人事作为企业重要的一个方面，当然也是如此。

松下电器公司的人事方针，最基本的有七条。1957年时，当时的人事主任高桥荒太郎曾经巡视全国34处部门予以宣讲，使该制度深入人心。

松下电器的这7条基本方针是：

（1）对松下电器的基本经营，必须有充分彻底的了解。

（2）必须认识到，好的经营的根本在于人。

（3）人事必须要有诚意和“大的情爱”才行。这就是说，人事方面无论做什么事情，都要以情义贯彻始终。因为在任何场合，诚意都能感动人。同时要有“大的情爱”，而不是谄媚迎合、小恩小惠的小情爱。有了大的情爱，就能够长远地关心人的进步和成长，该严格的时候严格，该批评的时候批评。

（4）不仅要用权力去驱使别人，而且要用理解和信赖，令人自动自发地工作。

（5）要培养人才，必须首先给他适当的目标和希望。有目标，有希望，才能充分调动人的积极性和创造力。因此，要经常给部属强烈的意愿，使他们有目标、有希望。

（6）必须给予权力，让员工负起责任来。责任和权力应该是相辅相成的。如果让部属和员工去做他不必负责的事情，就会使他的工作松散、拖延，甚至产生不良的后果。同样，如果只给责任而不赋予权力，结果也是如此。因此，必须给予员工与其承担的责任相当的权力，让他在责任和权力之内，放手去做，做出最有效的创造、发明来。当然，如果遇到关系大局的事情，要求下属向上司请示还是应该的。

（7）好的经营，必须使员工们真诚合作才行。培养人才，要依靠社会，更要依靠自己。因此，经营者要有长期连续的人才培养方针，以提高员工的能力，并使其获得人格的成长。

松下幸之助个人和松下电器的成长经历，使他更注重与学校教育相对的在职训练。这一点和他的人才思想结合，就产生了松下公司长期以来施行的完备的育才方针。这个方针，不仅适用于松下公司，对别的公司也是有启迪意义的。以下是这个方针的概要。

（1）培养人才的目的。贯彻经营基本方针；提高专门业务能力；培养经营管理能力；扩大视野和形成人格。

（2）实施方针。通过实践，培养实际工作能力。方法是以每个人的自我启发为基础，以上司的个别指导为核心，通过工作岗位的实践教育为主体。根据长期计划连续实施，不能有头无尾。

（3）工作组织。工作场所的主要干部，要对工作场所员工的人才教育负全面责任。各部门、工作场所的管理监督者，对自己管理范围内的员工全面负责。

（4）各工作场所所长下面，设一位担任研究的负责人，以便帮助所长及上司推行人才教育。

（5）各项职能部门设一位专门负责人，以便帮助所长和上司推行培养人才的工作。

（6）在人事部门，要执行以下培养人才的业务：就人才培养和各职能部门、事业场所取得联络和援助；培养及实施经营干部的进修计划；新进职员的培养计划和实施。

第十八章　朝会夕会：顺应同化团队精神

一种好习惯，会让一个企业青春永驻，长立于同行企业之林。

——（日）松下幸之助

“顺应同化”中的“顺应”，就是要员工顺从、遵守公司经长期实践形成的传统精神和行政纪律；“顺应同化”中的“同化”，就是要员工逐渐与所处部门环境融为一体，以形成强有力的整体。

顺应同化与个性发展是否矛盾呢？松下幸之助说：“个人的才智不论怎样卓越，也只不过是一只手提灯，照亮的范围有限，何况个人还不可避免会有缺点；但集合众智，让所有人提出建议，并归纳出最佳方案，付诸实践，必然会显示出整体经营的强大力量。”

那么员工怎样尽快地融入企业之中，成为一个地地道道的“松下人”呢？松下幸之助开出的药方是：对下多看，莫言谨记；对上请示，尤其是在开始做出成绩，受上司信赖以后，要时时提醒自己不可飘飘然。

松下幸之助说：“越是受到上司信赖的时候，越是应该带着自己的设想和判断去请示。不可自视过高，谦虚和谨慎的修养任何时候都是重要的。既然彼此都在参与经营，就应该有批判和接受批判的精神。这样，我们才能享受顺应同化的喜悦。”

这种对职工的顺应同化教育，在职工刚一进公司时就开始了。公司不惜拿出资金、时间，对职工进行岗前的教育培训，以使他们尽快地融入公司的氛围之中，使他们尽快地成为“松下人”。

在正式上岗后，这种教育又无时无刻不在进行，只不过形式有所变化。在公司、工厂的大门口悬挂巨幅写有松下精神、纲领的标语牌随处可见，试想，处在这样的氛围中，终年累月耳濡目染，团结奋斗的精神、共同创业的精神以及公司的集体荣誉感，怎么能不会根植于员工的心中，体现于员工步调一致的行动中呢？

为了更快地让职工成为“松下人”，崇尚儒学的松下幸之助将“吾日三省吾身”的思想运用于企业的经营管理当中，创立了“朝会”和“夕会”制度。朝会和夕会，就是每天在上班的开始5分钟和下班前的5分钟，以车间、班组或是科室为单位的员工聚会。在会上，班组长简要地布置一天的工作进度或激励员工达到某种要求，员工也可以发表感想，有时还要齐声高唱社歌，朗诵松下电器的“七大精神”和公司纲领。

朝会5分钟，夕会5分钟，占用的是上班时间。在现代工业化的生产中，10分钟可以产出千万的价值，即便如此，松下公司依然不改初衷。

朝会和夕会，缘于1919年松下幸之助在大开街建新厂以后的做法。当时，松下幸之助每天在工作开始时总要对员工训诫几句——他的雄辩的口才，富有鼓动性的、有条有理的说服能力，也是从那时逐渐培养起来的。1933年松下电器业务大发展，公司总部迁到门真街以后，朝会、夕会不仅没有因时移境迁而改变或废止，反而作为制度确定下来，以后再也没有变更过。

对于一个人来说，一种好习惯可以让一个人所向披靡，立于不败之地；同样，对于一个企业来说，一种好习惯也可以让一个企业青春永驻，长立于同行企业之林。如此看来，朝会和夕会就是这样的好习惯。

对于这种制度，当然有许多人不以为然。有些大学毕业生听说松下电器公司的这种规矩，就选择避而不来。许多新到松下公司的员工，参加朝会、夕会的时候也是非常心不甘、不情愿的。而且，这朝会的5分钟占用的是上班时间，直接影响到生产。即便如此，松下电器仍然坚持这种制度，原因何在？因为有些问题是需要经常提点和整顿的。朝会和夕会就是这样的机制。晨起之时而计划，夕寝之时而反省，必能日新月异。个人如此，公司又何尝不是这样？

松下幸之助认为，重要的事情即使反复说许多遍，听的人也会马上忘记。就算印象很深刻，大概过两三天，也会忘得一干二净。可是，说过话的那个人，却以为对方时刻牢记着他的话。等到对方不记得时，他便会认为对方是个莫名其妙的人。怎么办呢？最好的办法就是反复地说。重要的事情，希望对方记住的事情，要反复说、反复讲，说到、讲到纵使不想记也会记住的地步。

朗读松下电器的“七大精神”，松下幸之助解释说：“当然是为了提醒员工们在工作时应有什么态度，同时也是为了鞭策他自己而规定的。为了要达成松下电器公司的使命，绝不能松懈，更不可忘记企业精神。如果放任不管的话，便会逐渐淡忘。所以要有此规定，在每天开始工作时，讲给自己听，使自己心里有所警觉。”

在松下电器公司，还真有因为不举行朝会、没有朗读七大精神而迷失了松下基本经营方针的事情发生。那是一间生产马达的工厂，在战后重建时老是不能扭转亏损的局面。当时的顾问高桥荒太郎细致地调查了该公司的方方面面，才发现问题不在于那些细枝末节的事情，关键在从工厂干部到员工都忘记了松下幸之助提出的经营的基本方针，因为他们根本没有组织朝会和夕会。于是高桥荒太郎指导干部、员工重新认识松下幸之助的经营观念，并以此来检查各个环节，诸如质量、成本、服务等等，加以改善。此后不到半年，就使工厂起死回生，走上了正轨。

一个企业有什么样的结构，直接关系到它的命运。坏的制度足以延滞企业的进程；好的制度则足以因好的组合、结构而产生几何级数的跳跃，使1+1远大于2。

优秀的经营理念，需要一定的制度来保证；人员的使用也有赖于制度的规范。成功的松下电器，其组织制度当然也是有借鉴意义的。

第十九章　造物造人：以人为本企业之源

松下电器是培育人才的公司，并兼做电器产品。

——（日）松下幸之助

松下幸之助强调，松下公司的最大产品是人。好的企业，应该在出产品前先出人才，在制造产品前先培养人才，“造人先于造物”。松下公司是培养人才的公司，只是在培育人才的同时兼做电器而已。

“造人先于造物”，就是松下幸之助人才观的直接反映。他认为企业是由人组成的，必须强调发挥人才的作用。为此，松下幸之助为公司制定了一整套“精神法则”，包括松下七精神、松下公司信条和纲领等。所有这些精神法则，在松下幸之助眼里，不是要培育员工对公司的愚忠，而是要造就员工的自主性，使员工能够明明白白做人做事。

松下幸之助的基本经营方针是人才立业。在他看来没有合适的人，就无法实现企业的使命。松下幸之助要培养的人才，不仅要有技术，而且要有经营能力，比经营能力更重要的是价值观念和坚韧意志。

在人才培养方面，松下幸之助突出强调对价值观和人生观的培养。人才教育要先从企业使命观和经营理念的教育开始，只有让员工充分理解和认同所在企业的使命，才能使他们为实现这一使命而废寝忘食地去工作。当经营理念和使命在每个员工的心中生根发芽，与他们融为一体之后，就可以放手让他们在自己的责任和权限范围内独立自主地发挥创造力。松下幸之助提出了培养人才的方法。

（1）注重人格的培养。缺乏人格上的锻炼，就会在商业道上产生不好的影响。

（2）注重员工的精神教育和人才培养。对员工进行精神上和常识上的教导，是经营者的责任。

（3）训练员工的细心。日新月异的现代工作中，一点差错有可能带来毁灭性的后果，经营者必须重视这点。

（4）人才要配合适当。用人时，领导者要考虑员工之间的相互配合，这样才能发挥个人的聪明才智。

（5）不忽略员工的升迁。适时地提升员工，最能激励士气，也能带动其他员工进步。

（6）任用能力比自己强的人。员工在某些方面强过领导者，领导者才能有成功的希望。

（7）提供令员工发挥所长的环境。工作性质往往会影响个人能力的发挥，有人能胜任高于其能力的工作，有人则只能发挥其能力的一半，提供能让员工发挥所长的环境是提高员工工作效率的关键。

（8）培养员工的专业知识和正确的价值判断。没有足够的专业知识，无法胜任工作；没有正确的判断事物的价值观就等于乌合之众，无法促进公司的繁荣和发展。

（9）培养员工的竞争意识。员工要有竞争意识才能发挥自身的潜力。

（10）任用就要信任。对待要用之人，就要抱着宁可对方负我的心态，这样才能赢得对方的忠诚。

松下幸之助认为，有了正确的价值观和人生观，还需要提升人才的内在竞争力。为了使松下公司的员工得到良好的训练，松下幸之助在公司设立了“教育培训中心”，下属8个研修所和1所高等职业训练学校。其中，中央社员研修所主要培训主任、科长、部长等领导干部；制造技术研修所主要培训技术人员和技术工人；营业研修所主要培训销售人员和营业管理人员；海外研修所负责培训松下在国外的工作人员和国内的外贸人员；东京、奈良、宇都宫和北大孤4个地区社员研修所分别负责培训公司在该地区的工作人员；高等职业训练学校负责培训松下刚招收进来的高中毕业生和青年职员。

总之，松下公司的职工教育是从职工刚加入公司开始抓起的。凡新招收的职工，都要进行8个月的实习培训，才能分配到工作岗位上。

为了适应事业的发展，松下公司人事部门还规定了下列辅助办法：

第一，自己申请制度：干部工作一段时间后，可以自己主动向人事部门申请，要求调动和升迁，经考核合格，就可以提拔使用。

第二，社内招聘制度：在职位有空缺时，人事部门也可以向公司内部招聘适当人选，不一定非要在原来单位中论资排辈依次提拔干部。

第三，社内深造制度：技术人员可以自己申请，经公司批准，到公司办的学术或教育训练中心去学习专业知识。公司则根据事业发展需要，优先批准急需专业的人才去学习。

第四，海外留学制度：定期选派技术人员、管理人员到国外学习，除向欧美各国派遣留学生外，也向中国派遣留学生。在我国的北京大学、复旦大学都有松下公司派来的留学生。

由于松下公司把人才培养放在首位，有一套培养人、团结人、使用人的办法，所以在松下体制确立以来，培养了一支企业家、专家队伍。这是松下公司能够实现高效率管理的前提。

松下幸之助在人才选择上是有其独到的见解的，他对人才的选用标准可以用“适当”一词来形容，而不强调“最优秀”。他常说，100分人才固然好，但可遇而不可求，十分难得。用人就要善于用70分的人才，即70%原则。这种管理思想，是中国“中庸”思想的拓展，通过70%原则，在70%的层面上获得均衡，可以有效地处理用人中的问题。

70%原则是在松下公司创业之初形成的。当松下电器规模较小的时候，只能吸收那些三井、住友、三菱等大企业不要的人。而正是这些大公司看不上的“次级人才”，与松下幸之助一起创造了松下公司的辉煌。

更重要的是，松下幸之助认为，70分人才有其独特的优势。

（1）70分人才一般很容易融入团队。顶尖人才才高八斗，高高在上，做事情常常以自我为中心，看不起下面的人，听不进下面人的意见，于是常常不能很好地融入团队。而70分人才就不一样了，他们常常低头思考自己的不足，希望借助团队的力量使自己成长，使自己能够很好地完成主管安排的任务。所以他们能够很好地融入团队。

（2）他们有追逐顶尖者的动力。俗话说，“创业难，守业更难”，当顶尖人才正在独孤求败，全靠自我约束寻找前进的动力时，70分人才正在以顶尖者为目标，苦苦地追赶。他们往往有一种与顶尖者较一较劲儿的心理，这种明确的目标和心理就会产生出强大的动力，进而去达到顶峰。就像马拉松比赛一样，跑在第一位的选手前面漫漫长路，空无一人，于是他常常回头，看看后面的人在哪里。而第二位的选手就不一样了，他的眼睛死死地盯着第一名，而且还可以在第一名后面避一避风，看到时机成熟，便一下子超越他。

（3）他们心存感激，更加忠诚于公司。主管常常有这样的感觉，顶尖人才常常埋怨工作这也不合适，那也不合适，把他培养成一个高层主管，他似乎也并不特别感激你和公司，因为他会认为那是他应该得到的。而70分人才就不同，他们认为他们能够取得今天的成绩，与主管和公司对他们的培养和器重是分不开的。于是他们心存感激，更加忠诚于公司，这就是为什么有一个中型民营企业老板，他在招聘的时候放弃了一个名牌大学的毕业生，而选择了一个自考生。他说，我想要把他培养成公司的销售经理，这两个人都不错，但我认为把这个自考生培养出来，他会更加忠诚于我们公司。

既然是选拔70分人才，那么，在使用他们时，必须注意“量才使用”，善扬其长，力避其短。扬长，就是力图使所用之人发挥出他的最佳效能，为公司在商战中制胜出力；避短，则不会出现或极少出现因精明人变愚蠢而导致市场败绩。在现代经营中要做到用人扬长避短，领导者应具备远见卓识，有识人之能和用人之才，并注意坚持如下用人原则。

（1）量才使用的原则。即根据不同类型的人才和这些人拥有的长处、特长和能力、性格，将其放在恰当的位置上予以使用，让其在最能发挥作用的岗位上发挥其聪明才智，发现不适用者及时调迁。

（2）一视同仁的原则。凡进入公司的员工，都有可能成为人才。对这些员工的任用，不应分民族、人种、有无背景、有无犯罪前科等，只要有德有才，愿意干能干，就要大胆使用，在工作过程中考核评价其德能成绩，并对成绩显著者提拔重用。

（3）唯才是用的原则。在选人用人中，要注意全面考察评价，打破“论资排辈”“任人唯亲”的用人制度。不论是谁，不论资历，不论文凭，是人才就用，不是人才，即使是自己的亲人也不任用。尽快在公司内形成人才成长发育的良好环境。

（4）赏罚分明的原则。在用人过程中，赏罚公正，不为人情所动。如此才能整顿公司，振奋员工精神。

与其他公司不择手段地争取人才相比，松下电器公司采取了一种与道德并行不悖的人才招录办法。这套办法由松下幸之助亲自制定，包括下列主要原则：

（1）不去挖人家墙角。松下幸之助认为被挖来的人不一定全部是优秀的人，当然，可信赖的人的确不少，可是还是有些不可靠的，所以还是不做的好。

（2）人品最重要。如果碰到有要想从事新的工作的人，只要这个新人人品好，就可以让他去学习，不必非要用有经验的人。公司应招募适用的人才，经验过多的人不见得就合用。

（3）人才使用以适用为原则。人员的雇用，以适用公司的程度为好，程度过高不见得一定有用，因为有些人会说："这种烂公司真倒霉。"如果换成一个普通程度的人，他会感激地说"这个公司还蛮不错的"，尽心地为公司工作。

"适当"这两个字十分重要，适当的企业，招募适当的人，人才过于优秀，不见得就合用。只要人品好、肯苦干，技术和经验是可以学到的。

（4）使用人才的同时还要帮助人才。提拔年轻人时，不可只提升他的职位，还应该给予支持，帮他建立威信。不过，提拔人才时最重要的一点是，绝不可有私心，必须完全以这个人是否适合那份工作为依据。松下幸之助认为，树立了这种提拔风气，有利于青年的成长，会带动整个公司各个方面均衡进步。

松下幸之助的想法是这样的：事业是人为的，而人才则可遇而不可求，培养人才就是当务之急，如果不培养人才，事业成功也就没有希望。

松下幸之助对于育才、选才、用才，都有自己的一套方式方法。也正因为他的人才工作的成功，才使松下公司有今天这样的成就。那么，松下幸之助的人才标准是什么样的呢？人们从10个方面总结了松下幸之助的人才标准。

（1）不忘初衷而虚心学习的人。公司壮大以后，最忌讳的是员工，尤其是管理人员的自大。所谓初衷，也就是松下公司的经营理念，即创造优质廉价的产品以满足社会，造福社会。只有员工不忘初衷，保持谦虚，才能实现公司的使命。松下幸之助指出，处于领导岗位的人，尤其不可没有谦虚之心。经常不忘初衷，又能谦虚学习的人，才是企业所需要的人。

（2）不墨守成规、经常有新观念的人。松下公司允许每一个人在遵循基本方针的基础上，充分发挥自己的聪明才智，使每一个人都能充分发挥各自的才能。同时，也要求上司能让部下自由行事，将每一个人的才能发挥至极限。松下幸之助主张：培养不墨守成规、经常有新观念的人，是公司立于不败之地、永葆青春的关键所在。

（3）热爱公司与公司融为一体的人。当欧美人被问及从事什么工作时，他们的回答总是先说职业，后说公司；日本人则与此相反，先说公司，后说职业。松下幸之助要求自己的员工保持日本人的这种观念，要有公司意识，和公司甘苦与共。

（4）不自私、能为团体着想的人。培养人才，固然是从提高每个人的能力开始的，但是如果仅仅这样是不够的。松下公司不仅培养个人的实力，而且要求把这种实力充分地运用到团队上，形成合力。这样，才能形成和带来蓬勃的朝气和良好的效果。

（5）能做正确价值判断的人。所谓价值判断，是包括多方面的，大到对人类的看法、对人生的看法，小到对公司经营理念的看法、对日常工作的看法。松下幸之助断言：一个公司如果不能培养在各方面都有正确的价值判断的人，那么所有的员工不过是乌合之众。这对公司一点用都没有。

（6）有自主经营能力的人。松下电器公司的事业部，实际上近似独立公司。事业部的经营活动，完全由事业部自己决定，这就要求事业部的员工，特别是部长必须具备自主经营的能力。松下幸之助认为，一个员工只是照上面的交代去做事，以换取一个月的薪水，是不行的。每一个人都必须以预备成为社长的心态去做事。

（7）随时随地都有热忱的人。所谓热忱，就是对事业具有坚定不移的信念和拼死追求的决心。松下幸之助认为，人的热忱是成就一切的前提。事情的成功与否，往往是由做这件事情的决心和热忱的强弱程度决定的。碰到问题，如果拥有非做成功不可的决心和热忱，困难就会迎刃而解。

（8）能得体“支使”上司的人。所谓“支使”上司，也就是提出自己对所负责工作的建议，并促使上司同意；或者对上司的指令等提出自己的看法，促使上司修正。松下幸之助说：如果公司里连一个这样“支使”社长做事的人也没有，公司的发展就成问题；如果有10个能真正支使社长的人，那么公司就有光明的发展前途。

（9）有责任意识的人。一个公司自上而下的每一个人，若能对自己的任务承担100%的责任，这样的公司无论如何最终都会走向兴旺发达。反之，如果人人都推卸责任或强调客观原因，公司就会毫无希望。

（10）有气概担当公司重任的人。对松下幸之助来说，有气概担当公司重任的人是公司重要的人才，这样的人才必须具备能始终贯彻商业道德和自主独立精神，有克服困难的心态和实际能力，察知人情微妙处，具有国际性视野，以及具有自己的个性和风格。

有人说，松下电器能屹立于世界企业之巅达半世纪之久，之所以被企业管理高度发达的美国企业界赞为“第一流”，就在于它的在职训练。姑且不说这种评价是否合适，单就松下电器职业训练而言，确实有它的过人之处，有它的实际效用。下面是松下电器在职训练计划的核心内容。在职训练的5个目标是：

（1）把完成业务目标的重点具体化，诱导每一个员工日常不断进步。

（2）把员工培养成为“内省思考的人”。

（3）让员工自主制定目标，促进自我启发的意念。

（4）员工的培养必须是长期性的。

（5）向公司总目标的完成迈进，确立强有力的综合机制。

在职训练的6个主要条件：

（1）不怕权限的委让，即尽可能放权。

（2）让员工参与计划。

（3）不是训练，而是沟通。

（4）互相信赖的风气。

（5）真正的团体不仅是和谐的集团，团体中的员工除和睦以外，还必须充满活力，积极进取。

（6）以现实的尺度决定训练基准。

在职训练一般分计划、实施、检查3个阶段。

（1）计划的拟订阶段。拟订计划时，要让员工树立起通过积极工作获得成长的信念；要让员工了解自己工作的重点；给员工提供发挥全部能力，完成工作的机会和环境。为了拟订正确的训练要点，必须注意以下的问题：

①为了让员工确实掌握其担任的工作，要把工作一件一件地列出来。

②将要完成工作所需要的标准知识和技能，一一具体地写出来。即指导标准的设定。

③引出需要改进的地方。即针对第二项，将员工现在的工作情形、工作成果、完成程度，一一加以检查；同时假定他从事高一层次的工作还欠缺什么，并指出需要改进的地方。

④对前述的需要改进的地方，指出哪些通过在职训练即可，哪些需要通过在外研讨。

⑤准备个别谈话，即了解员工的意向，并鼓励员工提出改善工作的方案或疑问。

⑥个别谈话。确立员工的业务目标，及自我开发计划和在职训练计划。

⑦一定要适合员工的能力标准。具体说，对进入公司2年—3年、不能独立完成工作的，要设法找出他的专长，拟订从辅助工作到独立工作的计划；对进入公司5年—6年、能独当一面的中坚分子，着重指导他如何完成业务目标；对于候补主管或工作老手，除了让他们完成现有工作外，还要让他们接受更高一级工作的知识和技能，扩大职权范围，接触更广泛的业务面。

（2）实施方法。因为在职训练的核心是“日常管理就是训练”，所以实施均以此为基准。具体的指导方法有：

①以身作则。这是一种有效的教育方法。有4个阶段：让员工做学习的准备；说明工作，让他们了解；让他们做；观看结果。

②员工在工作上所犯的小过错应该放过，不再提起。

③为了保证工作的顺利进行，应给员工多留一些自主的余地。在训练期间互

相检讨目标完成的程度。

（3）检查总结。这项工作主要由指导训练的主管进行。其步骤和方法是：

①让受训人员自我评价受训期间的业务成果。

②主管做出评价。

③根据前述资料，准备与员工面谈。

④针对评价和指导，与员工面谈。

从以上的计划可以看出，松下公司的在职训练是比较完善的，也可能是有效的。经营者要想营造一个巨大的企业王国，这些工作是要做到位的。

倡导、鼓励员工进行自我启发，以弥补其他培育方式的不足，是松下公司育才措施中最重要的，也是最具特色的一环。员工积极参与，上司又加以适当的指导，必然能够造就出色的人才。在松下电器公司，内部教育除了职业教育以外，更为常见的是“自我启发训练”。这种教育的方法，不仅简单便捷，而且也很有效果。在这里，这种训练被看成是干部的责任，他们必须向员工经常提出“做什么？为什么？什么时候？用什么方法？”等自我启发的问题，而不是一味地批评。如此，才可能培育出优秀的人才。

那么，松下电器自我启发训练是如何进行的呢？

一般来说，自我启发的方法有三种：

（1）无意识的自我启发。即以个性为基础的开发，比如以父母师长为榜样的自我开发。

（2）有意识的自我启发。即了解自己的优缺点，为弥补不足而有意识地进行的自我开发。

（3）依据目标的自我启发。即为了完成较高层次的目标，自行选定必要的开发课题，并予以规划的、指标明确的自我启发。

这三种类型的自我启发方法，无意识的自我启发具有强大的潜移默化作用，但好坏榜样都有，容易混淆；第二种如果缺少他人指点，自我判断失误时就会有不好的效果；第三种是高度自觉的、可把握的，因此对提高工作能力有很大的作用。

“集合众智，无往不利”，这是松下幸之助先生苦心经营七十余年而悟出的至理名言。的确，在一个企业中，最重要的就是挖掘人才，利用人才。一个人的才干再高，也是有限的，且往往是长于某一方面的偏才。而将众才为我所用，将许多偏才融合为一体，就能组成无所不能的全才，发挥出无比巨大的力量。松下幸之助先生就正是将用人之道发挥到妙于毫巅的高超艺术家。

后滕清一原是三洋电机公司的副董事长，后来投奔松下公司，在担任厂长时，工厂失火烧掉了。后滕清一心中十分惶恐，以为自己不被革职也要降级。不料松下幸之助接到报告后，只对他说了四个字：“好好干吧!”

松下幸之助这样做，并不是姑息部下的过错。以往，即使只是打电话的方式不当，后滕也会受到松下严厉的斥责。这种作风可以说是松下幸之助管人的秘诀。由于这次火灾发生后没有受到惩罚，后滕自然会心怀愧疚，对松下幸之助也会更加忠心效命，并以加倍努力的工作来回报松下幸之助。

松下幸之助的这种做法，巧妙地抓住了人类的心理。在犯小错误时，本人多半并不在意，因此需要严加斥责，以引起他的注意；相反在犯下大错误时，傻子也知道自省，因此就不必要再去给予他严厉的批评了。

诸如此类的用人艺术在松下幸之助的管理中数不胜数。松下幸之助先生艺术化了的用人之道，不仅在日本，而且在世界范围内影响了几代企业经营管理者。数十年来，我国商海潮起潮落，浪推浪涌，淹没了许多虽俱才华但中道势衰的所谓企业家，使得他们一失足成千古恨。究其原因，用人不当，甚至不会用人不能不说是一个重要的因素。因此，在今天我们更有必要学习和借鉴松下幸之助先生的用人之道，坚信它山之石，可以攻玉。

第二十章　松下精神：美丽愿景值得推崇

不插手员工的日常管理，但要对员工的精神常抓不懈。

——（日）松下幸之助

松下幸之助不仅创立了松下公司，而且还建立了一整套行之有效的管理和经营制度，始终把做一个堂堂正正的商人作为人生准则，“松下精神”就是很好的体现。

“松下精神”不仅仅是形式或表面的东西，它还是松下公司的经营理念，而且已被数十年的经营实践所证实。它是公司全体员工日常进行反省、思考和行动的准则，是衡量职工日常工作和企业经营的尺度，也是松下电器公司上下行动的依据。松下公司的职工认识到：必须遵循“松下精神”，个人的能力有限，而相互协作、互相帮助，便能够完成既定的目标。

松下电器的精神，包括几个层次和几种形式，如纲领、信条、七精神、社歌等。在松下电器公司里，员工每天都要朗诵“松下七精神”、唱社歌。他们之所以能够同心协力、步伐统一，正是这些社训、社歌熏陶的结果。要想了解松下公司，绝不能忽视这些因素。

松下电器的纲领：彻底尽到产业人的本分，为谋求社会生活的改善和向上，为世界文化的发展而做出贡献。

松下电器的信条：唯有全部员工和睦相处，共同协力，才有进步和发展可期，全体员工应本着至诚，团结一致，为社务尽力。

松下电器七精神：

（1）产业报国的精神。产业报国是松下公司的经营宗旨。身为企业职工或者管理人员，必须以此为首要精神。

（2）光明正大的精神。光明正大是待人处世的准绳。无论才学多高，能力多大，职位多高，缺此精神，就不足以为楷模。

（3）亲爱精诚的精神。亲爱精诚为松下公司的信条之一，无论多么优秀的人才团队，如缺乏此种精神，则必是乌合之众，一盘散沙。

（4）奋斗向上的精神。奋斗才是达成使命的关键，明确使命，一步步地朝着目标奋进，必有所成。

（5）礼节谦让的精神。人若不守礼节，社会必会陷入混乱。讲礼貌，守礼节，社会必井然有序，人与人之间必然和睦相处。

（6）顺应同化的精神。顺应民族，与民族同化。员工必须抛弃私心，包容万物，忠诚尽力为国为民，进入忘我境界，如果不能适应社会的大趋势，固守自己的偏见，则绝不可能成功。

（7）感恩图报的精神。感恩图报是人类进步与幸福的原动力，有感恩图报之心，才能确立自身存在的意义，给社会带来温馨与快乐。

对于“松下七精神”，松下幸之助解释：“当然是为了提醒员工在工作时应有什么样的态度，同时也是为了鞭策自己而规定的。在每天开始工作时，讲给自己听，心里便会有所警觉。”

松下电器的社歌：

为建设新日本同心协力

不断地努力生产

我们为世人提供的商品

犹如涌泉一般

振兴产业振兴产业

亲爱精诚的松下电器

松下进行曲《与日月共存》

为了促进全民生计

重建新生的日本

大家充满着勤奋工作的生气

松下电器，我们今天又活泼地聚集在一起

从创业的当初起

日新又新与日月共进

我们以促进世人的电化生活为荣

松下电器坚守传统的崇高理想

大跃进的时代已经来临

为了让国际牌风行大地

松下电器团结的力量真神奇

松下公司的教条大到崇高理想，小到为人处世，面面俱到。看似平常，实则非凡。松下电器公司除了在1933年和1937年颁布松下员工守则即七精神之外，1939年松下幸之助又颁布了员工指导与律己须知、经营须知和经济须知等，现对这三项须知做如下摘要。

1. 员工指导与律己须知

（1）员工的指导训练，为事业兴隆之本，所有主管应以身作则，起带头示范作用。

（2）所有员工须做到适才适用，尽己所长，公司方可政通人和，兴旺发达。

（3）凡事应寻根问底，应以真诚来领导部属，同时要奖罚分明。

（4）事业成功，首在人和，员工之间要相互合作，亲睦和谐，但也不可存依赖他人之心。

2. 经营须知

（1）经营企业要以“大公”为信念，不可存有私心，善尽经营之道，就等于报效国家。

（2）好的经营可造福社会，坏的经营会贻害人类，坚持好的经营，全力以赴。

（3）念念不忘“顾客第一”，时时牢记感恩，舍己尽责，回馈社会。

3. 经济须知

（1）任何时候，都要致力于经济观念的研究，不可陷于对经营不适的研究。

（2）所有经费，须量入而出，尽量避免浪费。

（3）应严格执行预算，把资金做最有效的应用。

一位美国经济学家在考察完松下公司后指出：“当我们拿松下公司和同一时代的美国公司互相比较时，我们发现，只有少数的美国公司能够维持当初创业的活力了，要想知道，为什么独有松下公司能够维持它原来的面目，而其他很多公司却远远落后呢？我们就必须去了解它的价值制度。因为这种价值制度，正是松下成功的主要原因。”他所指的价值制度就是松下电器精神。

第二十一章　办政经塾：发挥余热培育人才

政治、企业、宗教虽然彼此不同，但是目的相同，就是以仁慈之心造福众生。因此，为迎接21世纪的到来，积极培育高级政治经济人才，把他们造就成具有仁慈心的领导人物，是时代赋予我们的重要使命。

——（日）松下幸之助

以“为国举才”为出发点，以“为全日本培养清廉政治家”为目标，松下幸之助创办了松下政经塾。历经几十年，到今天，已是桃李满天下，成绩斐然。

20世纪70年代末，日本经济得到快速发展。但随着国际化浪潮奔涌而至，当时日本领导人培养体制等各种体制不断崩溃，政治诟病丛生，有抱负、有见识的政治家越来越少。松下幸之助高瞻远瞩，预见日本未来的社会危机，认为为避免未来的困难局面，“日本有必要培养致力于建设新国家的领导者”，于是投资70亿日元于1979年建立了松下政经塾，并于1980年开始正式招生。

松下政经塾在设立之初采取五年制寄宿式教育模式，后因经费不足等原因，时间缩短为3年。在校3年期间，学员们同吃同住、共同研修。学校不设专职的教师。研修的基本方针就是由学员自己就理想国家的运行模式提出各种设想，并在实践过程中不断积累经验，在与同学进行交流与探讨的过程中不断进步。

我们先来看看松下政经塾的塾规、塾训和学员守则。

松下政经塾塾规：

热爱国家，热爱人民，探索建立在新的人生观之上的政治、经济理念，为人类的繁荣、幸福以及世界的和平做出贡献。

松下政经塾塾训：

虚心学习、潜心钻研、探求本质、不断进步。

松下政经塾学员守则：

持之以恒、自主研修、事事钻研、开拓进取、团结协作。

课程设置：基础课，除政治经济学科目以外，还设有国际政治、国际经济、国际文化、英语，此外还有佛学、茶道、剑道、中国古代哲学、中国古代文学等。从课程的设置上我们可以看出，松下政经塾培养人才，不仅着眼于政治、经济等专业知识，尤其注重学生文化道德的修养和坚忍意志的锻炼。专业课以自我研修为主，强调理论与社会现实的密切结合。例如，21世纪日本在世界的地位；日本经济的高速增长能保持多久；水稻与国计民生；儒教对企业的影响；社会发展与家庭的变革；日美贸易摩擦之我见；如何看待中国的巨大市场。

在招生方面，松下幸之助坚持宁缺毋滥的原则，即使合格学员少也会为其开课。松下政经塾招收年龄在22岁—35岁的大学本科毕业生，入学前要参加笔试，之后要面试，并交字数在1600字左右的小论文。

应试合格者，不需缴纳学费，入学第一年每月还可领取20万日元零用金，学员可以根据自己的兴趣制定研修计划，等待学校进行审查。第二年和第三年时，每月可领到25万日元，学员根据自己的研修计划利用该资金开展各种实践活动。另外每年还有100万—150万日元的活动资金补助费。

相对来说，入学不难，但要完成三年的课程，则需要下非常大的功夫。学员每天早上先要打扫庭园，然后跑步，还要学习茶道、书道、剑道，并要修习坐禅，体验日本传统文化精髓。

最严厉的一项训练是学员无论男女，必须在24小时内步行三浦半岛一周，全程约一百公里，这项训练的目的是要挑战人类体能与精神的极限，能通过这项挑战的学员，未来在其工作领域上都能不畏困难、无往不利。

资金来源：

松下政经塾设立100亿日元的教育基金，其中一半由松下幸之助本人捐助，另一半由公司拨款。

办学目的：

松下幸之助一生求才、爱才、惜才，自己投资兴办学校，但他不要求学成结业的毕业生一定要留在松下公司，他鼓励学生投入更广阔的世界经济大市场，积极参与社会活动，为社会服务，甚至独立创办公司。

研修方针：

“自修自得。”松下幸之助认为，新时代领导者必须清楚并不断开拓自己未来的发展道路。因此，在政经塾里没有专职教师，学员充分发挥自主性，以自我提高的积极姿态进行研修，自己确定研究课题，制定并实施活动计划，并对其结果负责。

“切磋琢磨。”这是指要重视与其他同学或有识之士之间的交流和探讨。通过彻夜讨论或绞尽脑汁地寻找课题，从而促进大家共同进步。基于这种观点，学校采取的是寄宿制。

“现地现场。”真实的信息在现场。学员们不仅应在教室里学习书本知识，更应积极主动地置身问题当中，寻找问题的关键和解决问题的办法。另外，学习某一专业就应到世界上该专业最权威的地方去学习，努力汲取知识的精华，并利用其造福日本社会。

“德智体三位一体。”引领时代的人才不仅应具备优秀的语言能力、哲理性、深邃的洞察力、历史性和世界性的眼光，同时还应具备强健的体魄，以及真正致力于实现人类幸福的人性。这其中最重要的就是人性。因此，在政经塾内，很看重德育教育，主张德智体全面发展。

“千差万别。”每个人都有自己的特点和优点，而且千差万别。将每个人身上的特点和优点发挥出来，并加以引导，就能帮助其实现幸福和成功。因此，政经塾不会设定固定模式的研修计划，而是尊重每一位学员的个性，以求最大限度发挥其潜力。

在松下政经塾学习的3年期间，除了研究政治，学员还能涉猎日本茶道、坐禅等多方面知识。第一学年以培养未来国家领导者所应具备的人性为主。学员们通过学习日本传统精神，参加各种实践活动来磨炼自己。另外，政经塾内还设有各种讲座，以引导学员形成扎实的人生观、历史观和国家观。

第二学年的4月对新学员进行指导；5月—6月集中到目前活跃在日本各界的毕业生手下去实习，学习如何做一名领袖；7月以后，根据各自的课题，到国内外进行研修；9月末校方将对学员在校一年半的研修成果以及今后的活动规划进行严格的审查。

第二学年后半期到第三学年期间，学员根据各自的课题以周、月、季度为单位制订活动计划和报告书，日日反省，不断进步；通过召开论坛、向媒体投稿等形式积极投身向社会进言的活动；4月对一二年级学员进行指导；召开合宿活动，互相通报研修计划进展情况，并互相指导；每半年，校方审查一次活动成果与计划进展情况。

松下幸之助在给学员授课时，毫不避讳地讲出自己在决策方面的失误，以引起学员的注意。比如第二次世界大战以后，他曾经接收一家濒临倒闭的缝纫机厂，但是由于对此业务不擅长，只得在激烈的竞争中退出。松下幸之助表示：及时退出，虽然也损失人力、财力等，但相对于苦苦撑下去，损失要小得多。

松下政经塾不是一个单纯的私塾式教育机构，也不同于一般的大学，具有很浓的政治色彩，其目的在于培养日本社会各界领导者，重在改造日本社会。

据统计，截至2008年4月1日，松下政经塾毕业生共计238人，有43.7%的毕业生从事政治领域的工作，共100人，其中政治家69人，包括众议院议员27人，参议院议员3人，其他地方议员等39人。

另外，有29.3%的松下政经塾毕业生从事经济领域的工作，共68人，其中拥有自己公司的31人；从事研究、媒体和教育领域工作的占15.7%，共36人，另外还有从事其他工作的人占到11.3%，共26人。这表明松下政经塾的毕业生已渗透到日本各领域。

松下幸之助认为，政治、企业、宗教虽然彼此不同，但是目的相同，就是以仁慈之心造福众生。因此，为迎接21世纪的到来，积极培育高级政治经济人才，把他们造就成具有仁慈心的领导人物，是时代赋予松下电器的重要使命。松下幸之助创办松下政经塾毫无利己之心，他高瞻远瞩，放眼未来，向着人类的21世纪迈进。

第二十二章　PHP之声：复兴日本一剂良方

我们要真正爱国家和国民、探求以新人类观为基础的政治经营之理念，贡献给人类繁荣、和平与幸福。

——（日）松下幸之助

第二次世界大战期间，松下幸之助一方面屈从军方的压力，另一方面跟随自己盲目的爱国心，将做民品生产的松下电器纳入军需生产的轨道，为其所谓的爱国行为蒙上了一层灰色。

战败后的日本，满目疮痍，废墟遍地，物价飞涨，民不聊生。但是受战争之害的岂止日本，更有被日本侵略的国家及地区。

美军占领日本之后，由于松下幸之助等日本企业家、财团或直接从事军工生产，或参与了战时经济活动而受到制裁。驻日美军司令部将松下幸之助定性为“财阀”性质，属于A级驱逐令，即冻结松下电器所有财产，松下幸之助完全不能从事正常的企业活动。“戴罪之身”的松下幸之助有了充裕的时间，进行与企业发展相关的高层次的研究。正如他自己所说：“在受驱逐时是不能自由活动的，因此我就做PHP的研究和推动。我开始想，什么是人的本质？人类难道不能找到真正繁荣的生活之路吗？这是我陷入以上的境遇时一心思考的问题。”

对日本战败，松下幸之助也陷入了深深的思考。限于他自身的认识，他把战败的原因归于日本朝野政治家的“狂妄”。战争给日本人民造成了不幸，而他认为每一个官员、军人、商人都对战争有责任，每一个卷入战争狂热的日本国民都应该反省——我们都做了什么？

面对战后的疮痍，松下幸之助为医治战争创伤开出了一剂良方，就是他的PHP，英文“Peace and Happiness through Prosperity”的缩写，中文意思就是“以繁荣带来和平与幸福”。

PHP研究所正式创办于1946年11月3日，那一天成立了“松下电器经营经济研究所”，负责人是尾崎和三郎。尾崎和三郎原以为在战后成立的公司资助的经济研究所，研究课题当然是战后日本的经济及松下公司应该采取的经营策略。换句话说，是为战后日本经济的恢复和松下电器公司的腾飞做市场调研。可是经过与松下幸之助的一次长谈之后，尾崎和三郎发现，松下幸之助的兴趣远远超出了日本战后经济的恢复和松下公司的经营。

战争刚刚停止，日本社会不安，经济混乱，人民贫困。松下幸之助认为，唯有以经济的繁荣，并通过发展生产和实施教育来提高人的素质，方能达到人类的和平，实现幸福。为此，松下幸之助为PHP研究拟定了10个课题：

（1）勤劳工作的人应享有丰裕的生活。

（2）如何让人们自由、愉快地工作？

（3）使人民对社会民主有正确的认识。

（4）教育的目的在于培植人们完善、健全的人格。

（5）如何使人们发挥最大的积极性？

（6）劳资双方应彼此协调，各尽其责。

（7）杜绝资源浪费。

（8）如何以较少的投资获取较大的利润？

（9）税收负担要公平合理。

（10）企业部门专业分工细致，以促成经济繁荣。

从这10个研究课题我们可以看出，松下幸之助的PHP研究确实超出了单纯的经济范畴，而从社会与经济、人员素质与经营、精神与物质的关系，探讨使社会达到全面富裕的途径，是从政治的高度去指导企业的经营，从人类繁荣的角度来看待经济活动。也就是说他是站在社会和人类的高度来思考企业的经营与管理，这种研究一开始就具有了高出发点，并含有对人类命运的关注。

1947年4月，《PHP》创刊并交由销售网发行，然而倾注了松下心血的创刊号境遇悲惨。战后物资匮乏，纸张奇缺，松下幸之助以嫁女儿的心情将刊物交销售网发行，很遗憾，刊物几乎全被退回来了。刊物失败的原因如下：战后经济不景气；人们普遍对国家的未来感到忧虑，民不聊生的状态下，国民关注的当然是如何填饱肚子；而一般政治家和经济学家考虑的则多是国计民生等实际问题；另外大家都认为“PHP”这个名称太难懂，太陌生，不仅读者不知道是何物，连代理商也说不清楚“PHP”是什么意思。于是有人建议，不如把“PHP”改为日语的“繁荣”，读者一目了然，便会欣然接受。但是松下幸之助坚持己见，不顾销售常规，仍用“PHP”这个刊名。他有自己的想法：PHP是世界通用语，“繁荣”一词不但不合本意，而且很难在世界上通用。松下幸之助的最初意思就是要把《PHP》办成国际流行的刊物。

《PHP》不以盈利为目的，旨在宣传松下幸之助的思想，但他又坚持用商业的办法经营刊物，不采取赠阅。刊物既然要生存，就逼着办刊者多想办法，提高质量。这在连饭都吃不饱的年代，人们无暇顾及精神范畴的需求；而国外，人们对来自战败国的东西，更是不屑一顾，弃之如废履。

据统计，仅1974年，松下幸之助就做了107场演讲，平均每3天演讲一次。松下幸之助剃着战后流行的发式——光头，戴一副眼镜，气质儒雅，俨然是一位大学教授。他的举止言谈，完全不像学徒出身的商人，而像出自书香门第的教育家。最初尾崎上门联系为松下幸之助安排演讲，后来就有人主动邀请松下幸之助去演讲。松下幸之助高兴地对尾崎说：“看，我们的心血没有白费。都说为三餐而忧的人不需要精神的东西，现在国民精神崩溃，最需要的恰恰是精神支柱。没有顽强的国民精神，大和民族永远休想从废墟中站起来。”

松下幸之助经常演讲的地方有银行、商会、学校、寺庙、企业、工会等。他所演讲的话题也包罗万象，中心含义只有一个：战争只能给人类带来破坏和灾难，只有经济的繁荣才能实现人类的和平与幸福。自暴自弃无济于事，当务之急是重建家园，而重建家园最重要的是要有自强不息的精神。

在演讲过程中，听众常常会提出一些国民生计迫切需要解决的问题。有一次，松下幸之助在大阪地方法院面对院长及50名法官演讲。

一位法官向松下幸之助提出：“松下先生，您提出的繁荣之路是非常好的，但是如何用于解决实际问题呢？如今煤炭紧缺，一到天黑，大阪的许多地方黑灯瞎火一片。家用煤更是紧张，别说冬天取暖，连烧饭都成问题。您认为如何才会有煤炭呢？”

松下幸之助说：“煤炭是工业的粮食，是家庭生计的必需品，日本要复兴，煤炭任重而道远。在政府的催促下，但还是难以如愿。为什么不出煤呢？你们问我，我去问谁？还是让我们问煤炭先生吧，煤炭先生说不愿意出来。”

“松下先生，请您不要开玩笑了！”

“为什么煤炭先生不愿重见光明，发光发热呢？这就是因为我们不把煤炭先生当人，虐待了它。”

一位法官站起来，用指责的口气说道：“松下先生，请讲点正经话。”

“尊敬的法官先生，我在讲正经话。”松下幸之助继续说道，“我再举个简单的例子，如今企业危机重重，正是用人之际，企业要让重要人才的才华得到充分的发挥。企业领导鞠躬诚恳地说道，‘现在企业陷入危机，我恳求大家鼎力助我，好好干吧。’那么大家会说，‘好吧，我们一定不辜负您的厚爱，努力去干。’但是如果这样说，‘现在企业困难重重，大家拼命去干吧，当然薪水必须减下来。’很可能只有一两个人会说，‘好吧。’而大多数人会牢骚满腹，说，

‘想得倒挺美，又要马儿跑，又要马儿不吃草，天底下哪有这样的事？’

“人不满可以发牢骚，但煤炭不会说话，只能沉默。但从事开采工作的人会因为自己的劳动得不到合理报酬而消极怠工，反映在市场上就是煤炭紧缺，所以我说：煤炭先生说它不愿意出来。

“对于重要而美好的东西，必须以尊重的态度来对待，错误的物价政策会阻碍经济繁荣，也不会给人类带来幸福。大阪不是因为缺少煤炭而无法发出足够的电力，居民连取暖和烧饭都成问题了吗？这是违反PHP的。”

松下幸之助讲完这席话，法院院长立即发表感想：“松下幸之助先生，您的演讲太有参考价值了，我们也应用PHP精神来指导法院工作，把眼界放开一些。”

还有一次，松下幸之助在一家企业工会的演讲中，一名工会干部站起来质问：

“松下君，您口口声声说没有利润是企业经营者的罪恶，根据我们接受的理论，赚取利润是企业主的罪恶，是社会贫穷的根源。我不知道您的演讲是想把国家引向何处？您难道在鼓励财富分配不均吗？”

松下幸之助心平气和地说：“我敬佩这位先生的坦诚，但也请允许我保留我的坦诚。我始终认为企业主赚取合理利润是对社会做出的贡献。这是因为企业经营得好，为消费大众提供了必需品，利润是社会对企业主的奖励。

“反之，企业主如果经营不善，制造的产品粗劣或不符合大众的需求，那么这家企业便会毫无利润可言。企业主经营企业的资金，是通过社会一点一点积累的。社会把一大笔资金给企业主，企业主却不能制造合格的商品回报社会，既浪费了社会财富，又亏了自己，难道不是一种罪恶吗？

“也许我讲的道理还无法说服你，就拿你们企业打比方吧。你们的企业盈利之时，你们的日子一定很好过，薪水涨上去了，福利也有很大改善；若业主亏损，大家的生活就很难得到保障，不但薪水加不了，还要面临裁员。那么，你们是为业主亏损而高兴，还是为业主盈利而垂头丧气呢？当然我讲的利润必须是合法、合理取得，而不是暴利。

“在座的有几位年长的工友，你们一定对20世纪二三十年代记忆犹新。经济大恐慌时期，日本的企业主普遍亏损，那正是日本失业率最高、国民生活最贫困的时期。后来经济慢慢景气，到鼎盛期，几乎家家企业盈利，这又是国民日子最好过的时期。如果硬要说，企业赚取利润，是社会贫富的根源，是对社会的犯罪，那我就实在搞不懂了。”

松下幸之助的话博得了一阵又一阵的掌声。

1948年2月，松下幸之助在大阪图书馆举办第一次研究座谈，并决定以后每月举行一次。在座谈中，有时是专家、学者主讲，有时是松下幸之助主讲，围绕的主题仍然是“经济与人类和平、幸福之关系”，这样的座谈10年间不曾间断。

1961年，松下幸之助实现5年计划后功成身退，从日常事务中脱身出来，专注PHP研究，研究所迁至真真庵，研究员增加到十几位。

1967年，PHP研究所规模不断扩大，为了研究需要，研究所迁至京都火车站南侧的《PHP》总部大楼。此时的松下公司已经是国际化大型企业，松下幸之助本人也成为享誉世界的企业家。他亲自担任PHP研究所所长，《PHP》发行量一直处于上升趋势，可谓如日中天。

1970年10月，《PHP》开始发行英文版，杂志的内容并非日文的翻译版，而是针对西方读者的口味重新编写。到了20世纪80年代，《PHP》又增加了西班牙文版。

从20世纪70年代起，世界范围内掀起了向日本学习的潮流，《PHP》杂志成了日本与世界沟通的桥梁。

除了创办刊物，松下幸之助还通过著书立说来宣扬PHP思想。他一生出版著作60余本，其中影响较大的是《我的梦·日本的梦·21世纪的日本》《工作·生活·梦》《探讨人类——提倡新人生观》等，其中《我的梦·日本的梦·21世纪的日本》是松下幸之助为庆贺PHP研究所成立30周年而创作的，这些著作都被作为松下公司企业文化的瑰宝而永存公司的史册。

松下幸之助作为一个只有小学4年级文化水平的人，能够把国家经济的繁荣与否与当前的商业现状有机结合，面对世人演讲，这是何等的气魄！呼吁和平，抗议因战争而带来的灾难，足以令人敬仰。对21世纪国家经济的兴衰进行科学预测，足以体现松下幸之助目光远大，高瞻远瞩！

第四篇 松下幸之助

他是世界著名电器——“松下”电器的创始人，他的经营管理经验备受推崇，享誉全球，他被称为日本的“经营之神”“驰骋商海的阿修罗”，他就是——松下幸之助！

松下幸之助的一生，求财得财，求名得名，求寿得寿。作为20世纪最优秀的企业家之一，松下幸之助得到了多种不同文化的认同：在日本，他被尊为“经营之神”；在西方社会，他的照片登上美国《时代》周刊封面，跻身世界级企业管理天才的行列。

第二十三章　辉煌松下：谢世长辞基业长青

胡雪岩做到了红顶商人，买卖够大吧，但在他本人的一生中，就走完了由盛到衰的全过程，而松下幸之助去世了，松下公司照样发展。

——万科集团董事长王石

随着松下产品在世界的扬名，人们也开始迫切关注松下事业的开创者——松下幸之助传奇而辉煌的一生，希望知道松下幸之助是如何取得如此巨大的成就的。松下幸之助以一生的事业奋斗经历和优秀的经营管理才能，以及世人瞩目的业绩，为自己赢得了无比辉煌的荣誉。

对于松下幸之助，无论是他生前还是死后，人们都给予极高的评价。这种评价不仅来自企业界、财政界，而且也来自各行各业的普通大众。外界的评价几乎都是对松下幸之助的赞誉，那么，松下幸之助是如何评价自己一生的事业成就的呢？我们再次引述他与石山四郎的对话，在松下电器跨入50年的时候，松下幸之助对自己做了如下的评价。

石山四郎："今年5月5日举行了庆祝创业50周年的集会，请问您对于迈进创业第50年有什么感想？"

松下幸之助："我觉得50年在一刹那间就过去了。今年5月5日虽然是第50届社庆，但实际上创业才满49年，明年才满50年。因此，今年这一年可以说是检讨过去50年的时候，我希望在明年5月5日以前的这短暂的一年间，彻底反省过去的作为，然后公开发表下一个50年的经营计划。”

石山四郎：“反省？”

松下幸之助：“回顾过去50年，我觉得有许多值得反省的地方。有许多事情现在回想起来，叫人总是有‘这事不应该做才对’或者‘这事怎么没有做到’的感觉。”

石山四郎：“依我们的看法，好像并没有这样的事情呀！”

松下幸之助：“虽然从表面看一切顺利，但确实有些事我自己觉得不对，或者站在公司的立场上也是应该反省的。如果仔细想想，这种事实在为数不少。”

石山四郎：“创业50年以后，您认为可以给松下电器公司的成就打多少分呢？”

松下幸之助：“差不多85分吧。”

石山四郎：“还差15分吗？”

松下幸之助：“是的，不过，凡事都不可能十全十美，我想能达到90分的标准就不错了。”

尽管松下公司取得了辉煌的业绩，引来万人赞美的盛况，但松下幸之助依然很清醒，他并不把自己抬得过高，而是清醒地认识到自己的差距和不足。由于松下幸之助总在发现自己的问题，所以他才能不断地向前看，不断地发展自己的事业。

各界人士对松下幸之助给予了高度的评价，从中我们可以看出松下幸之助的人品、精神以及管理观念等方面的过人之处。

丰田汽车公司董事长丰田英二说：“我担任专务时，曾率技术人员参观松下电器工厂，松下干部列队，盛大欢迎。最前头的，竟是松下幸之助先生本人。他对顾客的重视、恭敬，真是无人能比。他始终贯彻顾客至上的精神。他还集合干部，带头向丰田人员深入地发问。他这种谦虚和身先士卒的精神，令人觉得他不愧是一位优秀的经营者。”

桑特利酒类公司董事长佐治敬三回忆道：“先父鸟井信次郎全身像揭幕礼

时，松下幸之助先生冒着大风雪前来。”他说：“鸟井先生若还在世，就102岁了。无论如何，我也要代替他活到102岁。我和他的缘分是这么深！”他在脚踏车店做学徒时，就结识正在艰苦经营葡萄酒的家父。事业成功后，两人还组成了“一文不名会”。今日的我，也深受他的关照，深感父子两代受知遇的机缘太深了。我要说：“不单是替先父活到102岁，更愿您万寿无疆，福如东海。”

日本兴业银行顾问中山素平评说道：“松下幸之助先生擅长打大算盘。在挑选继承人的大事上，他挑选的，竟是监事的末座——年轻的山下继任社长。他看中的，是山下能适时地转变、突破既定的观念，有远见，能掌握大局。同样，在他生意尚未上轨道时，他就开始倡导PHP运动。他所考虑的，不是使生意兴隆的层面，而是以推动日本政治、经济发展，来使松下事业获得繁荣。这是他一贯的经营哲学，也是被日本国人列为‘受尊敬的人物’的第一个理由。”

近畿日本铁路公司董事长佐伯勇说：“松下幸之助先生的事业特色，是准确地洞察需要趋势，亲自找出发展的窍门，不断创新。他是一个自由自在的人，能用率直、没有偏见的心去观察倾听，从而能做出该舍则舍、应进则进的正确判断。对事业，对人生，都是如此。虽然年事已高，但他‘不是晒干的鲫鱼，而是活的鲫鱼’。即使是鲫鱼，一旦晒干，也失去原本的新鲜美味。要有生命力，才能一天比一天进步。松下幸之助先生是一位‘永不知足’的人。”

万科集团董事长王石说：“胡雪岩做到了红顶商人，买卖够大吧，但在他本人的一生中，就走完了由盛到衰的全过程，而松下幸之助去世了，松下公司照样发展。”

外务省顾问大来佐武郎认为：“洞察未来”，又能获得具体成果，是松下幸之助先生特异的经营能力。而他不只是一位经营者，还强烈关心日本的前途，于是创设了松下政经塾，著述许多书。尽管他年事已高，还出国考察，想用自己的眼睛确认实情，这全是一股年轻的精神支撑他。这位国际性人物曾是《时代》《生活》等杂志的封面人物，可能是他那种开拓者的精神和正视困难的勇气，很合美国人的脾胃吧。

参议院议员安西爱子评价说：松下幸之助先生身为世界级的大企业家，对正直人应有的态度，时时不离脑海。日本战败后，道德教育全被删除，他忍不住去查遍其他国家严格的教育制度，连文教委员也不如他研究得透彻。今后，已逐渐从学历社会转移为学习社会。松下先生的生存奋斗方式，将更受重视。即使时代背景不同，这位大前辈对现代青年，永远是不可缺少的鼓励和心灵寄托。

关西主妇联合会会长比嘉正子回忆道：年营业额高达三兆四千亿元的象征——松下幸之助先生，对主理育幼院的我，确实是非常遥远。但虽然是完全不同的世界，却感到精神非常相近。松下幸之助先生的洞察力，不但在经营上，对人心也善于捉摸，非常细腻而善解人意。有一次我送他一份全国最好的茶叶。他来函致谢，最后，还加上一句："防止茶叶霜害，用国际牌电风扇很有效。"他风趣的一面，也不愧是"经营之神"。

运输大臣小坂德三郎说：即使已退居幕后，松下幸之助先生仍是每天一早，必在内心高呼今天要做的事，一股奇妙的力量就会涌上心头。我认为，他能有今日成就，都在于此。人生体验已很丰富了，他还时常自问："这样是不是比较好？"并且也有率直地向大众表白自我的勇气。他的这些作风，不禁令人感动，无论什么学校毕业都无关紧要，他已经遥遥地超越了。

参议院议员中村锐一说：松下幸之助先生会被实业界称为"神"，大概是因为他以实益性去说服人。大阪人不喜欢管恩斯如何、加尔布雷斯如何；他只是以电脑般的察觉力，用平实易懂的话来谈："要怎样赚钱呢？"等等。同样是刻苦成功的人，松下幸之助先生丝毫没有自夸的高论，而且他那种人格自然流露的无比的说服力，是无法模仿的。或许是关西腔的柔和、率直，会使人产生"对这人可以放心了吧"的想法。这无比的说服力，或许就是基于他"让我们站在同一边，肩并肩（不是面对面）地谈吧"这种根本哲学。

京都大学名誉教授会田雄次评价道：松下幸之助先生有古代武士的脾气——

守信、自律，绝不靠政治赚钱，彻底遵守商人道德。他诚恳、细心地谨守礼节，这一品性，也感染了公司全体员工，形成了一股稀罕可贵的“社风”。而他最优的天资，就是不需要凭分析就能敏锐地洞察一切，准确地判断事实真相。

主教大学教授野田一夫认为：松下幸之助先生是个人情家，又是个合理主义者。我曾问过几位松下员工被降级的感觉，竟然都一致回答：“这是我自己的错误，也幸亏松下先生给我重新再起的机会。”这不单可看出他的处罚能令员工心服口服，他不埋怨、不推卸责任、懂得感恩的精神，也感染了员工。有人说：“松下幸之助先生最伟大的，就是不露伟大的神气。”我也有同感。但我觉得，事实上，松下幸之助先生根本没有意识到自己是伟大的，所以，言行举止才会那么得体自然，甚至可形容为“纯真”。

这位大阪商人，实在是古今东西非常罕见的人物。NHK前解说委员长绪方彰说，松下幸之助先生在88岁高龄时这样谈论“死”：“任何伟人都不能不死。不过，死也是发展的一种形态。”他说到死的神态也与众不同，一如往常的安宁祥和，自然而不夸耀。看他较年轻时的演说神情，那股热情与冲动，确实可叫人体会出他做生意的最终目的，他已超越了赚钱，而是为了全人类的福祉。因此，他更无法容忍：制作好产品，销售额反而降低。他坚持“松下公司不容许有不赚钱的念头”。他的见解，往往都是这么特异独到。

金属工会议长宫田义二谈道：松下幸之助先生到松下工会演讲时，劳工战线的统一正处于激烈斗争之中，我也倾全力投入。他演讲完，竟然对我说：“你对劳工运动的信念，我很感动。希望你能为国家贯彻你的信念，我必大力支援。”这真使我大吃一惊。由于他的种种鼓励，使我不得不从其他角度好好看待他。结果，我发现他不仅是企业家，也是教育家、宗教家。不管在哪一方面，都有了不起的先见之明。他可以说是日本农村富裕起来的思想根源，也是气宇不凡的“无税国家论”的创作者。

女演员高峰三枝子对松下幸之助的评价极高：松下幸之助先生的地位虽然那

么崇高，却一点也不骄傲，对人一视同仁，平易近人，所以和他交谈时，往往会让你忘记眼前是一位伟大的人物。而他的谈话内容，不时会有令人温暖感动的人生哲理。他有一对竖立的大耳朵，对自己不明白的事，一定率直地问："这是什么？"彻底查明，真是活到老，学到老。我衷心祝福他永远健康，因为我希望能永远在他生日的这一天，送花给他。

小提琴手久之子说：我早就从照片上看过松下幸之助先生，样子一点也不像社长。我在松下电器的音乐会演奏时，他就坐在我面前，我也漫不经心地，没注意他。直到一起共餐，才知道他就是松下幸之助先生。我和他交往了20年，没什么机会长谈，但他的短短几句话，却坦诚而扣人心弦。给我印象最深的，就是会客室匾额上的"共存共荣"。这句话对自我感很强的音乐家，是很大的启示：不是要听我演奏，而是由听众和我来共同创造音乐，这才是真正的音乐。

作家帮光史郎认为：松下幸之助先生富有大阪风味的柔韧，就像他能巧妙地锻炼自己孱弱的体质，以保长寿。他的经营法，也是这样善于使负的牌子，变成正的牌子。虽然是松下电器的大老板，生活起居却很俭朴，名片和一般职员的一样朴素。可是，谈话内容却很丰富。即使是初次见面，他还是诚实地照自己想说的话去说，语气淡泊而达观。世人都视他为"经营之神"，我觉得说他是"人生的高手"更恰当。像这样的人物，今后可能暂时不会出现吧。

俳句诗人南本宪吉赞美说：松下幸之助先生是我最尊敬的大阪前辈之一，因为他具有三项特质，即Vitality（生活力）、Mentality（智力）、Royalty（庄严）。这些特质，表现在他生活的每一面。在贵宾云集的松下大宴中，却没有任何俗套；在电视对谈中，他在佐藤荣作先生的傲气下，更显得明智尊贵；而他在那种超级忙碌的生活中，居然还有那么多极富先见之明的作品。对我这专门摇笔杆的，更是莫大的激励与鞭策。

大阪爱乐交响乐团朝比奈隆说：我已过了70岁，和松下幸之助先生已结交30年，但他的思想观念，却一年比一年更丰盛，也形成了他特有的魅力。一般人都会耍一些手段笼络人心，但他认为这是极其无聊的。所以，他能不屈服于权威，也不轻视别人，而且能从听来无意义的话中，体会出一些东西。他曾为自己生病、公司股价跌落而叹道："啊，我的公司还是不行的！"并深刻地反省。这就是他率直观察事物的结果。他的精神早已超过肉体的老化。愿他继续成长到90岁、100岁，永远成长。

历史学家奈良本辰也说：我看了松下幸之助先生写的《怎样挽救溃散中的日本》和《忧论》后，很受冲击。但这种警世之书，为何不出自学者之手，而却出自只有小学文化程度的企业家呢？松下幸之助先生到底是何许人呢？第一次见面时，我几乎要叹一口气："容貌实在不凡。"这是一副超越、容纳一切，佛般的容貌，想象不出他会是那位给人强烈感受的作者。这时，我好像又发现那正直强烈的精神，也包容在那柔和的神态中。再想到他会说："政治、经济或学问，都是属于'人'的；而现今在各方面，都把人遗忘了。"就不会惊讶他会有这样的卓见了。

评论家扇谷正造赞叹地说：《经济界》杂志的颁奖晚会中，每位致辞的财经界领袖，都扯个没完没了，令人难忍。最后是松下幸之助先生致辞："恭喜各位，我感冒了、声音嘶哑，我的致辞到此为止。我代表出席的各位上台，也代表各位和获奖人握手，与大家共享荣誉。"在热烈的掌声中，我心中充满了解放感，这是多么明智的老人，而"共享荣誉"，又是多么有力的一句话啊！世阿弥的"花传书"有3种花：年轻时的花，就是含苞待放的花；中年的花，是锻炼盛开的花；老年的花，则是消谢——隐秘的花。他就是隐秘的花。

日本艺术院会员桥本明治说：我是乡下人，吃饭特别快，去松下幸之助先生家的茶席前，内人为此严厉地警告我。开始时，松下幸之助先生突然说，"桥本先生，我吃饭是非常快的。"这句话，把一切拘谨都扫光了。我在他家签名簿上签名时，他爽朗地说："喔，您连这种字，也写得很愉快嘛。"富有哲理味的谈吐，令我难忘。我为他画肖像时，他认为不宜交谈，于是，两人就在长久的静默中顺利完成。他实在是一位细心、严谨，又充满爱心的人；而他的另一种魅力，就是即使泛泛闲聊，你也会被他话中的哲理吸引。

《经济学家》副总编经诺曼·麦克雷认为：亨利·福特使美国变成“汽车王国”，松下幸之助先生的电器制品和技术革新，也为世界各国带来了“家庭革命”。

读了上述许多人士对松下幸之助的评价，仿佛一个活着的松下幸之助又浮现在我们的脑海中。松下幸之助就是这样一个人，一个平凡又普通的人、一个辉煌又伟大的人。平凡的松下幸之助创造了辉煌的业绩，普通的松下幸之助塑造了伟大的人格。

虽然神一般的企业家松下幸之助已经成为历史人物，但是松下电器并没有停滞不前。20世纪90年代初期，松下电器已经拥有50多个事业部，90多个营业所，14个研究所，以及60多家国内子公司，松下电器的产品超过6万种。

1990年，松下电器收购美国MCA公司。

1991年，制定环境管理基本方针（松下环境宪章）。

1993年，森下洋一就任社长，谷井昭雄就任会长。

1993年，与飞利浦解除合作关系。

1995年，松下电器产业株式会社和松下机器株式会社合并，转让美国MCA公司80%的控股股份。

1996年，开始销售DVD播放器。

1997年，松下电器引进公司内分公司制度。

1999年，引进CCM（资本成本重视经营管理）。

2000年，松下正治就任名誉会长；森下洋一就任会长；松下正幸就任副会长；中村邦夫就任社长。

2001年，推出“创生21计划”。

2002年，新成立Panasonic Center，获得松下电子工业株式会社100%的股权。

2003年，将全球品牌和全球品牌标示语分别统一为“Panasonic”和“Panasonic ideas for life”，“ideas for life”的含义就是“通过遍布全球的员工进行研发、生产、销售及服务，为创建丰富多彩的生活和先进美好的社会，不断提供有价值的创意”。

2006年，中村邦夫就任会长；大坪文雄就任社长。

2007年1月，提出了一项名为“GP3”的3年期商业策略。GP3意为“在全球范围获发展，在全球范围获利，全球的Panasonic”，争取在2010年全球销量达到10万亿日元。

2008年10月1日，日本松下电器产业将公司名称统一为“Panasonic”，寓意为“将松下的声音传遍全球”。

2008年11月7日，松下宣布与三洋合并。

2009年8月10日，Panasonic EVOLTA干电池二次打破吉尼斯世界纪录。

2009年12月2日，Panasonic china荣获“光明项献奖。”

2010年3月12日，Panasonic & CSPN建立长期战略合作伙伴关系签约仪式。

松下电器将全球的品牌统一为“Panasonic”，并以“Panasonic ideas for life”为品牌口号，以实现“星罗棋布的网络社会”和“与地球环境共存”为理想，继续为提高世界人民的文化生活水平做出贡献。

松下公司也并非一帆风顺，在2000年，松下电器已经尽显疲态。尽管营业收入从1995年的6.9万亿日元上升到1999年的7.6万亿日元，但是营业利润却从1997年的3 739亿日元，一路下滑至1 936亿日元，几乎腰斩。面对这种情势，刚刚上任的中村邦夫对松下公司臃肿的事业部进行了大刀阔斧的改革，并通过精简产品和有序裁员，使松下电器产业从2001财年首度出现的亏损阴影中走出，在2003财年重新扭亏为盈。

2006年大坪文雄就任社长后，做了两件漂亮又有魄力的事：第一，将公司名称由“松下”改为“Panasonic”，将旗下松下、国际和Panasonic3个品牌合而为一，以Panasonic走向全球。第二，斥资8000亿日元收购竞争对手三洋（SANYO），稳固Panasonic在太阳能面板和锂电池市场的地位，跃升为全球第二大电子制造商。

充满生命力的松下公司在21世纪之初经过中村邦夫和大坪文雄的改革，仍稳健地屹立在世界性大公司之林。

第二十四章　做人做事：拼尽人事而听天命

一般人都把成功归于自己的努力，而把失败归咎于运气差。我的态度恰恰相反，当经营顺利时，我会认为这是运气好的缘故；当经营不顺利时，我会认为这是自己努力不够造成的。

——（日）松下幸之助

只受过4年小学教育的松下幸之助，从小善于思考，总是能从简单的工作中发现潜在的价值，汲取知识，在不断完善自我的同时，总结出独到的人生智慧。他的为人和处世，不仅成就了松下电器，也让无数年轻人得到了启发，受益终生。松下幸之助也因此成了与戴尔·卡耐基、拿破仑·希尔并列的世界三大成功学导师之一。

人是什么？松下幸之助从人类实现繁荣、和平与幸福的观点出发，研究人类本质，集多年的研究成果，发表了自己的“人间宣言”，大致内容如下。

“宇宙万物是不断地生成发展的，而人类即是支配这个宇宙的力量，这是宇宙根源赋予人类的本质，是至高无上的命令，也是给予人类的天命。有了这种天命，就是以神的代理人身份去判断是非善恶，开发活用宇宙潜在的伟大奥秘与能力，用来繁荣人类生活。

“然而这种繁荣，不是只有一个人的力量能发挥的，要汇集综合所有人的智慧去活用，人类生命才能蓬勃发展。无论是大智慧、小智慧，都自由平等，不受任何妨碍地融合、活用时，这个众智就成为支配社会的真知，可以说象征了神的意志。

“所以，众智便是表现人类强壮的最大利器，也就是使人类成为宇宙的统治者，贡献人类繁荣唯一的利器。”

松下幸之助在以上“人间宣言”中想说明的要点有二：一是人的本质是真正伟大的；二是为了发挥这种伟大，必须依靠真正的众智。

人既被赋予了天命，在宇宙中就能巧妙地生存。也就是有资格以宇宙支配者的生活方式，促成人类的繁荣。

人类既然承接天命，具有“神的代理人”的身份，就有去发现所有东西的使命，去判定善恶，分辨是非，确实是具有伟大的能力。

虽然人类有伟大的力量，却是分散在每个人的身上，所以一定要集合所有人的智慧去行动，才能发挥人类的伟大。而这个众智才是人类最高的智慧，也就是真知，是能代办所谓“神旨”的一种智慧。

人生是什么？数千年来，先哲圣贤及许多好学深思的人，不断地从各个方面和不同角度提出自己的见解。而松下幸之助关于人生的见解与前人不同，他指出人生只是生产、消费和度日而已。

松下幸之助解释说：“所谓的生产和消费，并非仅指物质，而是包括物与心两方面内容。”例如，住在一起的亲人，彼此表示思慕和相爱，就是一种心的生产。别出心裁的构思是好的生产，邪恶的念头是坏的生产。由感觉器官接收到外界的刺激，并为之费心费神是一种消费。听到优美的音乐而感到欣喜，看到美丽的图画而感到快乐，是好的消费；至于感到不快和痛苦，则是坏的消费。所以，读好的书和努力用功，是同时进行好的消费和好的生产，因为虽然耗费了时间、头脑和体力，但人们能从中获得有益的知识。

那么，什么样的生产和消费才是好的生产、好的消费呢？松下幸之助认为：

由于每个人的观念与标准不同，因此很难划出一条清楚的界线。但无论怎样理解，都要与人类和平、繁荣与幸福的需求和努力一致。所以，唯有包括物、心两方面的生产及消费，才能把95%的人生表现得淋漓尽致。

有好的生产与消费，才有可能产生好的生活。以这种想法为基础，不论是工商界人士、政治家、学者、宗教家、艺术家、教育家等，所有的人都在各自的工作岗位上，为提高人类物质文明及精神文明，发挥自己的潜能和优势，努力思考并且付诸行动，才能将人类的生活推向繁荣之途。

在日常生活中，我们有这样的感觉：好像每天都做同样的事情。今天是昨天的重复，明天又是今天的翻版，既单调又平凡。

松下幸之助认为，说话、做事始终如一的人，是时代的落伍者。因为在这个世界上只有真理始终如一。所以，我们要懂得去适应形势，变通活用，只有这样，才能不断创新。而如果每天只是单纯地延续过去，人生就毫无意义。松下幸之助指出，倘若希望实现繁荣、和平与幸福，生活不应是单调的反复。今天应该比昨天进一步，明天则比今天进一步，也就是每天要有生成发展。那么生成发展到底是什么？对人生的意义又在何处？

按松下幸之助的理解，所谓“生成发展”，就是日新又新，每一刹那都是新的人生，每一刹那都有新的生命在跃动。这就是旧的东西灭亡，新的东西诞生的历程。世间的一切事物没有一刻是静止的，它们不断在运动、变化。这种运动和变化是随着自然法则进行的，是不可动摇的宇宙哲理。

从松下幸之助的“生成发展”哲理来看，人从生到死也是生成发展。死就是消灭，但死不等于无。因为人类的发展是延续不断的，一个接着一个地死去，又一个接着一个地诞生。

由于人们都本能地害怕死亡，对死亡有难以消除的恐惧感，加之宗教和先哲们对死亡的描述，使人们加重对死亡的恐惧，继而产生种种迷信。为了实现人类的和平与幸福，松下幸之助指出，对死亡必须有从容不迫的态度。所谓“生死有命”，不应视“死”为可怕，而是当作一种完美的自然法则。

松下幸之助的“生成发展”原理告诉我们：死，并不可怕，也不可悲，更不必难过。因为这是生成发展的过程之一，也是万物新陈代谢的现象，死亡合乎最大的天地法则。理解了这一点，我们的人生就会包含喜悦和耐心。

在做事方面，松下幸之助十分推崇“尽人事而听天命”。这句话包括两个方面的意思：一是要尽人事，所谓尽人事就是要尽自己最大的努力去专心工作，付出自己最大的心血；二是要听天命，所谓听天命是指自然界万事万物的客观规律，有时候即使尽了最大努力但违背了自然法则，或是时机未到，也会失败，所以两者要结合起来。

松下幸之助认为，人的努力在事业的成功中只占10%，其余90%都是老天的安排。人只要把10%的工夫做够就成了，其他方面只能听天由命。松下幸之助指出，这种表面看来宿命论色彩十足的观点，实际上是要人们在主观努力的基础上，保持乐观的心态和情绪，相信自己能够成功，因为老天是公正的。同时，松下也警告人们不要做不切实际的事情，不要欲望炽燃，野心膨胀。人的努力占10%，天的安排占90%，松下相信在自己的努力之下，好运必定降临。

松下幸之助在《自传》中写道：“经营事业，不论遭逢何种困难，都要如俗语所说：‘忍耐吧！忍耐吧！’如果一个人能忍耐到底，即使你的计划不能成功，但随着周围情势的转变，也会有好的转机。

“碰到困难时，我觉得自己并不悲观，能坦然地面对逆境。无论是身体有了重病，或是事业上遭逢重大困难，每一次我都认为命当如此，无须多加考虑——这就是听天命；同时我又尽了最大努力千方百计地去争取最好的结果——这就是要尽人事。如此，自然心安理得。

“我觉得自己时时刻刻，有意无意间都能拥有这种思想，所以才能临大事而不慌。”

松下幸之助的这种感悟从何而来呢？他说：“以9岁幼龄就外出做学徒的经

历，使我学到了一般人很难得到的经验。别人玩耍时，我在打扫，其中也包含着许许多多的人生经验。这些都在不知不觉中归我所有。当时我自然没有今天这番感悟，也来不及去思考。不过现在来看，这就是宝贵的人生经验，确实使我获益良多。”

松下幸之助还对年轻人提出了三点期望：一是不可为蝇头小利而受到诱惑；二是养成良好的习惯；三是要有一技之长。

在松下幸之助的为人之道中，特别强调率直的重要。他认为，一个人率直，才能站在真理一边，看清事物的真相，找出应对世事的方法。

以前的人，在行为上不能旷达无私的原因很多。可是在松下幸之助看来，主要的原因是缺少率直的心胸，以致常常被自己的欲望、利益或立场所蒙蔽，并曲解事物的真相，与他人对立冲突，最后使彼此遭受不幸。

因此，从现在开始，每个人都应该避免用过去的观念与方式生活，每个人都要培养率直的心胸。

松下幸之助指出，率直的心胸，不是一味地迎合或盲从，它具有更强烈、更积极的内容。它是指没有私心，天真而不受主观、物欲所支配，照实探索事物真相的态度。松下幸之助相信，有了率直的心胸才能对真理坚信不疑，看清事物真貌，并找出应对世事的方法。

也就是说，有了率直的心胸，必可以明辨是非，看清正义与邪恶的分界，找到自己应走的道路，使生活充满光明。一旦人人都有率直的心胸，社会将变得更有活力、正常而有理性。

总而言之，率直的心胸可以将人类的聪明智慧导向正轨，让人类以光明磊落的态度处理事务，不致曲解事物的真貌，而以坚定的信心，采取正确的行动。

“我们该如何发挥这项特质呢？”松下幸之助认为，必须先认识人类“身为万物之灵”的神圣性，并仔细而冷静地观察事物的真相，培养适当判断与应变的智慧；同时，应该彻底思考并了解人生的价值与真谛，不断鞭策自己，朝向提高人类的福祉之路迈进。因此一定要有率直的心胸，要以无私、天真的胸襟，来实现人生的真义。

松下幸之助告诉我们，人的知识容易遮蔽率直心，要时时反省，才能将率直心流畅地表现出来。

人一旦失去与生俱来的率直心胸，就会不思进取、目光短浅、感情用事、钻牛角尖、不知悔改、自以为是、效率降低、无法集思广益，甚至会造成治安恶化等，而缓和这些紧张关系的最好方法，就是人人都有率直的心胸。

人类今天的成就，是累积过去多年来的努力所获得的，我们应该珍惜。只要每个人都能用率直的心胸来待人与经营事业，松下幸之助相信，人类的物质及精神生活都将更丰富，身心将更健康，社会将更趋和谐，生活品质必能提高。率直心是如此重要，松下幸之助对它推崇备至，他提出了率直心的10大要素，分别是摒弃私欲、敢于听取不同声音、学会宽容、认清事物真貌、洞察真理、谦虚学习、灵活处事、处变不惊、辨别真伪、具有博爱之心。

既然率直心对为人之道有如此大的作用，那么，如何培养率直心呢？松下幸之助有自己的秘诀。

（1）强烈期待。在培养率直心胸之前，应该先有渴望自己成为有率直心胸的人的强烈期望。

（2）培养自我反省的意识。培养率直的心胸，需要不断反省自己、改进自己。

（3）每天反省自己。无论做什么事情，都要每天反省，才能成功。无论成功或失败，实际上都只是一种过程。成功固然可喜，失败也不必灰心，应该探讨失败的原因，汲取失败的教训，继续争取成功。

（4）互相勉励。培养率直的心胸，需要经常互相勉励，以加强自己的决心。

（5）接近大自然。为达到培养率直心胸的目的，需要主动亲近大自然，学习自然界的率直生态。

（6）向古人学习。为了培养率直心胸，要多学习古人的优点，才能正确观察事物真貌，把握人生方向。

（7）融入生活。为培养率直心胸，人人都要正确认识培养率直心胸的重要性和理由，使它生活化。

（8）念念不忘。想出各种办法来牢记率直的心胸，也是培养它的要领之一。因为无论是谁，刚一开始，都会有坚定的决心，但时间久了，就难免松懈，甚至完全忘记自己的初衷。

（9）共同讨论。每一个人都要发表自己实践率直心胸的心得，并在一起讨论。

（10）结成小组。大家必须都成为培养率直心胸的伙伴，互相协助，才能更有效地培养率直心胸。

松下幸之助不仅对个人提出培养率直心胸的有益忠告，而且也针对社会提出了建议。因为他感到，社会问题的丛生，往往也是因为率直心不被广泛重视所引起的。

我们应该在政治、经济及教育上，不断地追求更理想的境地，而要达到这种境地，应该以率直心为基础。即使是政治问题，也应该抱着率直心去讨论。

社会上学识、才能优异的人很多，但有一些人往往受知识或学问的拘束，缺乏原有的率直态度，因而产生各种问题。因此，我们今后都应该正确地把握率直心，培养并充实自己的率直心。据此通盘考虑社会的共同生活，是一件很重要的事。

第二十五章　经营宝典：点石成金商界传奇

经营的第一理想应该是贡献社会。以社会大众为企业发展考虑的前提，才是最基本的经营秘诀。企业如同宗教，是一种除贫造富、普度众生的事业。

——（日）松下幸之助

松下幸之助曾经直言不讳地说：“赚钱是企业的目的，商人的目的就是盈利。”但他同时又声明，“担负起贡献社会的责任是经营事业的第一要件”，他甚至把企业当作宗教事业来经营。

这种从文字上看来有些矛盾的经营理想，在松下幸之助的人生、经营实践中，却是高度统一的。正因为把企业、事业纳入了整个社会的发展中，才要不折不扣地强调赚钱、盈利，只有这样才是对社会的贡献；相反，不赚钱、亏损，社会也必将亏损。反过来说，如果组成社会的团体、个人都亏损，何来社会的盈利？

社会何以发展？赚钱盈利与贡献社会的矛盾，是不难解决的，困难的是树立服务、贡献社会的信念，并把它付诸行动。松下幸之助是基于怎样的认识，树立起贡献社会的企业信条的呢？他是基于对人、人生的认识。

松下幸之助的成功，不仅在于他是赚钱的好手，是优秀的企业家，也在于他是一个真正的人、伟大的人。他的许多经营理念，实质上是基于他对人和人生的认识。松下幸之助认为，人幼时需要父母的抚养、社会的培育，所以长大后应对父母和社会有所回报，企业也应如此。这就是松下幸之助经营理念的最简明的逻辑。

只为自利，对社会不做任何回报的公司，怎么能够在社会中存在和发展呢?我们在前面已经了解到，松下幸之助把宗教事业和企业经营联系在一起，那是他在参观了一个宗教团体的总部后回程途中的联想。他认为，宗教的宗旨是指导人们解脱精神烦恼，享受人生幸福，是指向精神的；企业经营的宗旨是从无到有、除贫造富，是指向物质的。企业经营可以帮助人类社会趋向富裕与繁荣，同宗教一样，也是神圣的事业。

今天的日本企业，视薄利多销为成功经营的信条，至少大部分的成功者，在他们的传记中，都这么表示。对这个问题，松下幸之助却有完全不同的看法。他认为“薄利多销”是资本主义中最大的缺点。因为这会妨害企业共同发展的原则，使少数企业过分壮大，因此应该是“厚利多销”，这是企业与社会共同繁荣的基础。

所谓的“厚利多销”，并不是将原来一成的利益提高为二成，将高出来的一成利润转嫁给消费者负担。而是企业将合理化经营所获得的利益，分享给消费者，这才是松下幸之助的本意。竞争使企业绞尽脑汁，赚取最合理的利润，提供最优良的服务。

因为有竞争，所以企业不能想赚多少就赚到多少，也不能如愿地以希望的价格将产品卖出去。同样的商品，你卖得贵，人家就不买，要到比较便宜的地方去买。如果你总是卖得贵，生意就会冷淡，终将维持不下去，所以非要设法降价不可。这就是社会。

卖得比别人便宜，还能有最低限度的利益，能吃得饱，能做售后服务。能分配盈余给股东，能分发奖金。每一个公司都是一面竞争，一面尽最大的努力，取得最低限度的必要的利益，这就是今天的情形，这是大家绞尽脑汁努力的结果，是自由经济制度下社会发展的原则。大众必须毫不松懈地拼命工作。重要的是，企业应该取得多少利益才算合理？这必须以该企业的方针、价值观和社会观，来做正确的决定。该企业若是站在社会责任的立场来做决定，便能得到社会的承认。企业是社会的“公器”，企业的发展有助于社会的发展，所以保证企业可供发展的财力也是必要的。它应包括利益在内，只是不久后应还给社会。经营者必须有这样的观念。

合理利润的获得，不仅是商人经营的目的，也是社会繁荣的基石。

商人的目的，就是盈利。当然这是指正当的利益。如果没有利益，任何事业都没有发展的前途。当松下幸之助回顾松下电器创业以来，始终以合理定价的产品供给市场，断不妄加不正当利益，便感到骄傲。

现在，由于竞争比较激烈，抱持错误经营理念的竞争者陆续出现，但松下公司仍以彻底合理化的经营，生产优秀产品廉价供应市场，借以贡献社会；对内则以正当利润所得，巩固事业经营基础。

企业取得合理利润，是为了维持整个社会的协调。

企业没有利润，是因为它对社会贡献太少。确保适当利润，是企业对社会尽责的基础条件。

谈到企业的利润，有些人认为它是难以启齿的问题。当然，把追求利润当作企业的最高目标，而忽略对社会所负的责任，是不应该的。但获取适当的利润和负起对社会的责任，并不冲突。获得利润的企业，往往也能同时使社会获得利益。

企业对社会的责任和适当利润的关系，可以这么说明。从需求的角度来看，当某人愿意以某种价格购买物品时，是因为他认为这种物品的实际价值比售价要高。例如，价格100元的物品，他认为有110元或120元的价值，因此他肯花100元买下来。但只值80元或90元价值的物品，是没有人会出100元来买的，除非有特殊的情况。另外，从供给的立场来看，将有110元或120元的价值的产品，卖100元，可说是对社会大众的服务及贡献，而它获得的利润，等于是它对市场供需调节所做的服务及贡献的报酬。制造商运用各种方法，使价值120元的产品，以90

元的成本制造出来。然后使供应商能以100元供应给消费者。由此可见，无论是供应商或制造商，都能因自身的努力，使社会大众获得报酬，与大众合理地分享利润。

企业所提供的物资或服务中所包含的努力与奉献越多，对需要者或社会的贡献程度就越大，而企业所得的报酬，也就是利润，也就会越多。不经由奉献或努力而得到暴利，并非不存在，但那毕竟是例外。在本质上，我们必须把利润看成企业完成使命所获得的报酬。因此，经营没有获得利润，可以说是因为它对社会贡献太少，或是没有完成它所负的使命。没有利润的经营，企业未尽到应尽的社会责任。换句话说，企业由经营的活动来达成贡献社会的使命，并从中获得适当的利润，这对企业而言非常重要。因此任何企业，不管处于何种社会情势之中，都必须诚实及努力地完成它对社会的使命，同时从其事业活动中获取适当的利润，然后依法纳税，取之于社会，用之于社会。这对企业来说，是相当重要的责任和义务。

社会上普遍有同情亏损者的倾向，站在人情的立场来看，这固然无可厚非，但是这种想法和前面说的有相互矛盾之处。既然因获取适当的利润而缴税，是企业应尽的社会义务，那么出现赤字，就证明它没有善尽义务，这种情形，不能任其继续存在。我们不能因同情，而忽略了企业应尽的义务。

企业除了缴纳税款外，将所剩的利润，再以红利名义分配给各个股东。企业的股份多半由多人持有，这种企业形态，使几十万人变成股东。企业当然要给这些出资的股东适当及稳定的报酬，这对企业来说，也是一项相当大的社会责任。

企业的业绩不稳定，自然会减少红利，甚至无法分红，如此一来，股东当然不会安心购买企业的股票。假如有人靠领取红利来维持生活，红利减少或没有分红，就成为生死攸关的问题，从这点来看，企业获得适当的利润，是有其必要性的。另外，企业既然负有促进人类生活水平，使其无限成长和发展的责任，企业本身就必须不断地成长和进步。换句话说，企业必须不断从事新的研究，开发新的产品，扩充设备投资，以适应人类不断增加的各种需求。

然而开发和投资，都需要资金，如何筹集资金呢？政府经营的事业，或许可以从税收来补足必要的资金；民间企业就不能用这种方法，只能靠自己去筹集。因此企业需要获得利润，并累积起来当作再投入资金。

松下幸之助将10%的利润，视为适当的利润，以这种收益率来经营他的企业。当然适当利润的基准，因各个行业以及企业本身的发展阶段，而有所不同。但是不管怎样，从应缴的税款、分配给股东的红利、为达成企业使命所必须积存的资金，这三个观点来分析，每个行业及企业应该都可以衡量适当的利润率。而确保适当的利润，是企业对社会应负的重大责任，这是企业家应当有的观念。

松下幸之助认为，使产品像自来水那样充足而廉价，这应该是每一个经营者追求的目标，也是经营者的义务和使命。实业家的使命就是克服贫穷，造福社会，为人们建立幸福的乐园。

“自来水经营哲学”是松下电器公司最基本的经营理念。这是松下幸之助根据自己的人生体验，受到生活场景的启发而总结出来的。

他的经营信念是，如果一切东西都像自来水一样，能够随便取用的话，社会上的情形就将完全改变了。我的任务就是制造像自来水一样多的电气用具，这是我的生产使命。尽管实际上不容易办到，但我仍要尽力使物品的价格降低到最便宜的水准。1932年5月5日，在松下电器公司的创业纪念日大会上，松下幸之助向全体员工表明了自己的这种信念，并把它确定为公司的经营哲学，要求全体员工遵照执行。松下幸之助在演讲词中讲道：“大抵生产的目的，不外乎丰富人们日常生活的必需品，以充实生活的内容。这也是我生平最大的愿望。松下电器公司要以达成这些使命为我们的目标，今后更要全力以赴、更上一层楼，期待早日完成使命。我殷切希望诸君能深刻体察这一目标和使命，并共同努力达成之。”松下幸之助体会到，以透明、公开的方式，让干部和员工了解企业的目标和目前的状况，建立互相的了解、信任，可以加强责任感，提高工作热情，达成既定目标。

松下幸之助经营秘诀中，有4项是最突出的，即自来水经营理念、玻璃式、堤坝式经营法和适应性经营。

“玻璃式”经营法，要求企业对内对外都要增强透明度，也就是坚持开放式经营、公开化的经营原则。

所谓“玻璃式”，也就是要像玻璃那样透明。对此，松下幸之助曾解释：在工厂还只有五六个人的时候，他每月都和公司的会计做公开的结算，把结算的结果向大家公布。这种方法激发了员工的进取热情。大家听到这种结果，都兴奋地认为：这月如此，下月应该更加努力。由于这种经营方法的成功，松下幸之助在设立分公司的时候仍然了采取这种方式，让分公司、事业部也公开企业的情况。

“目标公开”，是玻璃式经营的核心内容。松下幸之助向来注重向干部和员工揭示目标。松下电器公司在每年的1月定期召开全体从业人员大会，发布公司全年的经营方针；每个月各事业部又都有自己的部门经营计划。这样一来，公司的每个员工对全年应达到的计划指标、每个月应完成的进度了如指掌，齐心协力为完成共同的目标而努力。

不仅年年月月如此，松下幸之助还做过“五年计划”，像政府制定规划那样指明远期目标。1933年，松下幸之助组织全体员工集会，宣布松下电器的使命，并做出250年的远景规划目标。当时，员工听了松下幸之助的讲演，纷纷上台发言，群情振奋，士气高昂。可见，这种公开目标是可以唤起员工的责任感和工作热情的。

“经营实况公开”，也是“玻璃式”经营法的重要内容。有些经营者，总是把经营实况有意无意地掩盖起来，不论好坏，都是如此。在他们看来，员工知道这些有什么用？其结果必然是老板一个人冲锋在前，员工作壁上观，而松下幸之助则不是这样。好的时候，他把喜讯带给员工，请大家分享成功的欢乐；坏的时候，他也如实地把所有的一切都讲出来，依靠大家的力量共渡难关。可以说，松下幸之助之所以能一次次渡过这样那样的难关，能够在其他公司员工罢工的时候获得员工的请愿支持，是和他向员工公开经营实况分不开的。

“财务公开”，是现代股份公司必须要做的事情。松下幸之助在经营小型私人公司的时候，就全面公开财务状况，告诉员工公司或部门的收支情况，资金使用情况。诸如多少留作福利基金，多少留作企业发展基金，多少用于员工薪金……如此做法，一是可以培养员工的主人翁精神；二是可以在公司遇到困难而不得不压缩某些非生产性开支时，得到员工的理解和支持。松下电器成为股份公司以后，更是每年公开结算，不仅对内，而且对社会大众也如此。

“玻璃式”经营法的目的何在？松下幸之助说：“为了使员工能保持开朗的心情和积极的工作态度，我认为采取开放式的经营确实比较理想。开放的内容不只是财务，甚至技术、管理、经营方针和经营实况，都尽量让公司内的员工了解。开放式经营法的另一个重要作用，是唤起和加强员工的责任感，消除他们的依赖心理。”

这种“玻璃状态”能够持续发展，并形成一种经营思想，与松下幸之助自身的经营体验密不可分。最初他是天天算账，当经营略有扩大、开始规范化时，松下幸之助把它变成每个月都结算盈亏，向所有员工公布。在松下公司，这是习惯和常态，而与当时的其他企业相比，则是一种特立独行的方式。松下幸之助很快发现，这种做法具有明显的经营优势。因为其他企业都不这样做，甚至有的老板本人也稀里糊涂，一旦家大业大，就更不清楚整体的经营状况了，不具备公开透明的基础。松下幸之助不一样，他对经营状况了如指掌，公开盈亏，因此要总结各人的贡献情况轻而易举。这一举措，正面效应十分明显。相对于其他企业的员工，松下公司的员工都能清楚地看到自己的努力成果，同时也能感受到老板的诚恳和信任，由此而催生出员工的主人翁意识，提高员工的士气。

“玻璃式”经营法的实质是雇主与员工坦诚相待，互相信任。难能可贵的是，松下公司在快速增长后，这种做法一直被保持了下来。小型作坊采用玻璃式经营比较简单，而中型企业就已经有了难度，大型公司则更是难上加难。松下幸之助能够一直坚持玻璃式经营，在很大程度上，得益于松下公司的发展是一种自然的增长，是顺应市场需要的增长，没有揠苗助长、人为扩大规模。这有点像中国的大多数民营企业的做法，增长的欲望和劲头不是来自上层的压力，而是来自下层的自觉。松下幸之助也在实践中感受到，这种做法能够有效激励士气，能够保证上下一心，能够深切检讨经营得失并化解冲突，还能够培养出高度自主的中层管理者和工作骨干。

随着企业的扩展，松下幸之助把玻璃式经营规范化。如定期对员工公开企业的财务状况，定期向员工说明企业的规划目标，经营当局和工会组织保持有效的沟通和协商等。对此，松下幸之助把它上升到经营理念。他说："企业的经营者应该采取民主作风，不可以让部下存在依赖上司的心理而盲目服从。个人都应以自主的精神，在负责的前提下独立地工作。所以，企业家更有义务让公司职员了解经营上的所有实况。总之，我相信一个现代的经营者必须做到宁可让每个人都知道实况，不可让任何人心存依赖，这样才能在同事之间激起一股蓬勃的朝气，推动整个业务的发展。"

大家都知道，人们修筑水坝是为了蓄水，便于洪水来临时蓄洪，减少灾害；干旱了又可以开闸泄洪，平日则用于灌溉和发电，这一收一放，是水坝的最大特点。松下幸之助认为，企业也需要这种调节和启动的机制，水坝是用来抗御自然灾害的，而将其原理用于企业，则可应付突发变故和经济萧条。

"堤坝式经营"是"自来水哲学"在企业运作上的逻辑展开。1965年2月，松下幸之助在关西商界讨论会上提出了这一概念，做了题为"堤坝经营和适正经营"的演讲。他说："关于行之有效的经营方法，我想在这里提倡'堤坝经营'的方法。为什么要修堤坝呢？是为了不让河水不创造任何价值地白白流走。如果河流的水量剧增就会变成洪水，带来巨大灾害；而如果遇到干旱天气就会造成水量减少。因此，要在河流的适当位置修建堤坝，一来调整水流，二来利用水力发电。修建堤坝的目的就是珍惜大自然赐予人类的每一滴水，并加以有效利用。这样既能够保证安全，又能够创造价值。经营公司的道理不是一样的吗？经营也需要堤坝。

“我说的堤坝经营，从一开始就应该具有后备设备，有多少是多少。这样的话，即使经济发生一些变化或者需求有变化，还能保证商品供应，不会导致涨价，因为这时只要运转后备设备即可。相反，如果商品过多，就可以让设备暂停运转。这个道理就和根据需要来调整堤坝里的蓄水量一样。资金、库存和人才也同样需要‘堤坝’。

“正确认识堤坝经营的意义，就能使经营变得更加稳健，获得高额利润。堤坝经营能够为社会带来真正的安定和繁荣。”

堤坝式经营的实质，是避免经营过程中的周期性震荡，减少不确定性对企业的冲击。企业家在经营中所需建造的堤坝不止一种。市场如同河流，经营如同堤坝。堤坝的功能多种多样，蓄水、防洪、供水、发电等都少不了堤坝。对于企业来说，需要建立的堤坝主要有：

（1）“资金堤坝”。经营10亿日元的项目，需要11亿日元或12亿日元资金的准备。如果不留余地，一旦有意外情况发生，再追加资金的可能性甚微，如此就会造成计划中的项目半途而废。

（2）“设备堤坝”。就是设备的使用不需要达到100%，那种“满负荷”的设定，有可能会使企业运行的弓弦绷得太紧，环境稍有风吹草动，就会拉断弓弦。一般来说，使设备只运用到80%或90%，应该就能正常获利。如果设备到了100%的营运才能盈利，那是相当危险的。一是疲劳，容易发生故障而不能运行；二是一旦市场需求增加，也无能为力。如果保留10%或20%的设备生产能力，一旦产品市场反应良好，即可提高产量，满足市场需求。

（3）“库存堤坝”。即要有适量的原材料和能源及产品库存，以适应因原材料减少、能源供应紧缺等原因造成的减产，及对市场需求激增作出及时的反应。产品库存要适量，这些库存有两个作用方向：对内作为生产线出问题时的缓冲，对外作为市场波动时的缓冲。就好像中国古代建立的“常平仓”，丰收则籴，歉收则粜，维持市场供应的大致平衡，使物价保持稳定。

（4）“新产品堤坝”。在新产品投入市场的同时，其换代产品已经研制定型并等待投产，另有更新的第三代产品已经投入开发。

但是，有一点还必须注意，“设备堤坝”或“库存堤坝”并不是设备闲置或库存过剩。如果一个企业预估它的销售量，并根据这一预测来购置设备和进行生产，却因为产品没有卖出去而有库存，设备也没有得到完全利用。这和“堤坝式经营”没有关系，只不过是估计错误所造成的，而这种剩余是不应该发生的。松下幸之助特别强调“堤坝式经营”是基于正确的估计，事先保留10%或20%的设备生产能力。

同时，松下幸之助认为除了有形的堤坝，还有更加重要的无形堤坝——“心理堤坝”。经济有涨有落，任何一个企业，经营过程绝不可能一帆风顺。所以，从会长、社长到基层员工，都要对环境变化有足够的心理准备，在心理上以不变应万变，在行动上以变制变，实现经营的自主性。

在企业中，不论设备、资金、人员、库存、技术、企划等各方面都必须有堤坝，并发挥其功能。换句话说，在经营各方面都要保留宽裕的运用弹性。

“堤坝式经营”的道理很简单，无非就是把经营中的刚性变为弹性，预留出适应环境变化的相关资源。但是，现实中的经营者却往往做不好这一点。按照松下幸之助的说法，日本的企业一直靠贷款运行，没有走上堤坝式经营的道路。要建立各种堤坝，首先需要不再靠贷款经营。这一点，松下幸之助已经做到了。但是，建坝不易，维护堤坝更难。松下幸之助认为，维护堤坝实际上仍然是一个观念问题。首先要考虑如何运用堤坝，如果不能随机应变，即便建立了堤坝，也不会根据水量的变化进行适时调节。其次要明确堤坝的用途，堤坝是为消费者服务的，不是为企业自身服务的。偏离了顾客需求，堤坝的作用就会适得其反。另外还要密切关注各种信息，如果水源枯竭企业却毫不知情，或者溢水管涌企业却视而不见，堤坝就失去了意义。

总而言之，松下幸之助要求公司各部门不论干什么都要宽打窄用，留有余地，不能吃光用尽，要有储备。除了这些有形的“堤坝”外，松下幸之助尤其倡导建立无形的“堤坝”。他要求各部门领导者要有超前的意识，未雨绸缪。商场如战场，情况瞬息万变，只有经常处于有准备的状态下，方能遇事不惊，游刃有余。

这就是松下幸之助的“堤坝式”经营法。只要遵循这种经营方法，随时做好准备，合理运用各项资源，企业不论遇到什么困难，都能长期稳定地发展。

在我国，有许多中小型企业取得一时的成功后，往往没有多长时间就会走向衰亡，使得企业的平均寿命只有3年左右，形成了“各领风骚三五载，你方唱罢我登台”的局面。究其原因，其中最重要的一点就是不能克服过度扩张的风险，而松下幸之助的“堤坝式”经营法能很好地克服这种风险。这种“经营要留有余地”的思想，为企业的长远发展、永续经营提供了重要的保证，是值得企业经营者借鉴和学习的。

与“堤坝式”经营法并列，松下幸之助还提出了适应性经营法。松下幸之助认为，经营的规模大小、门类多少，一定要和公司的综合实力相称，一定要与经营者的才能、精力相称。如果一味贪大求多，其效果反而不如要求专而精。

企业扩张前，应先确切了解公司在技术、资金、销售等各方面具有多少实力，在能力范围内经营；要一步一步在自己能力范围内前进，不要勉强。

这就好比相扑比赛，最好是与自己级别相同的对手比赛；如果与高出自己级别许多的那一级比赛，无论怎样拼命，也只能以失败告终。

因此，任何一个公司，最好能认清自己的综合实力，做与此相符的工作。

松下幸之助认为：公司规模大小无关紧要，只要让它的长处发挥出来，再加上“堤坝式经营法”，这就是安定经营的大道。

松下幸之助集70余年经营经验，总结出30条经营秘诀，并以简洁明了的语言概括出来。这些秘诀实在是经营者的福音和信条，经营企业的朋友们不妨一试。

（1）生意是为社会大众贡献的服务，因此，利润是企业应得的合理报酬。如果得不到利润，就表明企业对社会服务得不够。照理来说，只要服务完善，必定会产生利润。

（2）把交易对象都看成自己的亲人，能否赢得顾客的支持，决定企业的兴衰。

（3）地点的好坏比商店的大小重要，商品的优劣又比地点的好坏更重要。

（4）商品排列得井然有序，不见得生意就好，反倒是杂乱的小店常有顾客上门。

（5）不必忧虑资金短缺，该忧虑的是信用不足。因为没有信用，资金用尽，业务也就相应停止了；有了信用，没有资金也可以凭信用筹集到资金。

（6）销售前的奉承，不如售后的服务。生意的成败，取决于能否使初次购买的顾客成为固定的常客，而要做到此，就需要有完善的售后服务。有了完善的售后服务，才可以建立其顾客对产品乃至对生产制品的公司的信赖，从而使其产生“安全感”，并做企业的“回头客”。

（7）要把顾客的责备当成神佛的呵护，不论是责备什么，都应该欣然接受。

（8）不可一直盯着顾客，不可纠缠不休。要让顾客轻松自在地尽兴逛店，不受干扰，顺利培养“回头客”。

（9）采购要稳定、简化，这是生意兴隆的基础。采购之前要有销售计划，而制订销售计划之前要有利润计划。

（10）若能诚恳接待一位购货不多的小顾客，他很可能会成为你永久的主顾，不断为你带来大笔生意，对你的生意兴隆更具有根本影响力。

（11）不要强迫推销，要卖出对顾客有用的东西。

（12）决不二价。减价反而会引起混乱和不愉快，有损信用。

（13）遇到顾客前来退换货品时，态度要比出售时更和气。拒不退货或与客户争吵，将损失更多的生意，还损失声誉。所以无论发生什么情况，都不要对顾客摆出不高兴的脸孔，这是商人的基本态度。采取这种经营法则，必能获得良好的商誉。

（14）当着顾客的面斥责店员，或夫妻吵架，是赶走顾客的“妙方”。

（15）出售好商品是件善事，为好商品打广告更是件善事。即使顾客有潜在需要，若接收不到正确的情报，仍然无法实现他的要求。广告是把商品情报正确、快速地提供给顾客的方法。这也是企业对顾客应尽的义务。

（16）如果我不从事这种销售，社会就不能圆满运转。要有这种坚定的自信和责任感。千万不能以为自己做生意就是为了赚取佣金。

（17）对批发商要亲切。有正当的要求，就要不客气地提出来。若没有批发商的配合和帮助，企业是无法繁荣的。要以“共存共荣”的原则，平等协商，找出合理可行的营销对策。

（18）即使赠品是一张纸，顾客也会高兴的。如果没有赠品，就赠送笑容。小小的赠品可以维系顾客对商店的好感，而能持久维系顾客的最好办法，就是微笑、再微笑。

（19）既然雇用店员为自己工作，就应在待遇、福利方面订立合理的制度。这是理所当然的用人基本准则。

（20）要不时创新、美化商品的陈列，这是吸引顾客登门的秘诀之一。这会使商品更富有魅力，吸引顾客，激发顾客的购买欲望。

（21）浪费一张纸，也会使商品价格上涨。成本的降低，要避免任何无畏的浪费。

（22）商品卖完缺货，等于是怠慢顾客，也是商店要不得的疏忽。这时应着重道歉，并说“我们会尽快补寄到府上”，要记住留下顾客的地址。这种紧跟的补救行动是理所当然的，但漠视这一点的商店特别多。平日是否累积这种能力，会使经营成果有极大的差距。

（23）加快资金周转。100日元的资金周转10次，就是1 000日元。否则，钱永远是“死钱”。

（24）孩子是“福神”。对携带小孩的顾客，或被使唤前来购物的小孩，要特别照顾。此举不仅关系商店的信誉、形象，也是出于对社会应尽的责任。

（25）经常思考今日的损益。要养成没算出今日损益就不睡觉的习惯。当日就要结算清楚，是否真正赚钱，时刻掌握盈亏。

（26）每天的新闻广告至少要看一遍。不知道顾客正热衷于什么商品，是商人的耻辱。信息化时代，要每日、每时留心市场信息，以便根据变化的市场情况及时调整产销。

（27）推销员一定要随身携带一两件商品和广告说明书。有备而来的推销，才可期望有所成果，切忌空手做不着边际的推销。

（28）要精神饱满地工作，使店里充满生气和活力，顾客自然会聚拢过来。要让顾客推开厚重的大门才能进去，和把顾客拒之门外相差无几。商店应该制造顾客能轻松愉快进出的气氛。

（29）要得到顾客的信任和夸赞：只要是这家店卖的，就是好的。商店正如每个人独特的脸孔，因为信任那张脸、喜爱那张脸，顾客才会去亲近光临。

（30）商业没有所谓的景气、不景气。无论情况如何，非赚钱不可。在不景气的状态中，要靠自己求生存。不怨天尤人，凭自己的力量，专心探求突破之道，并奋勇进击。

除了经营秘诀，在经营上还有战术。松下幸之助总结了使商店生意兴隆的七大原则，它们看起来好像极为平凡，但如果你能灵活地应用起来，必定会产生意想不到的效果。

原则之一：力求创新。只有努力创新的商店，才会有前途。墨守成规或一味模仿他人，到最后一定会失败。任何商店，都必须做出自己的特色，才能不断增加顾客。做生意总会遭遇到困难和挫折，这就要靠自己去突破了。不可为商品的滞销找借口，也不可低价出售。你一定要拿出魄力和决断力，在创新方面，去寻求机会。

原则之二：追求成长。做生意如果不追求成长，或不向更高的目标挑战的话，就无法感受到身为商人的喜悦和充实感了。要是生意人只想混口饭吃，抱着成不成长都无所谓的心理，在他底下做事的人，自然就会很散漫了。业务的成长，通常都是以营业额来衡量的。要想扩大营业额，就必须加强有关的一切活动，例如销售、采购、门市、部属、资金等。当然，这些工作必须有一个完善的制度来管理。

原则之三：确保合理的利润。做生意，必须获得合理的利润。你不能以低价的方式，去吸引顾客。你必须以更好的服务，才能获得正常的利润。从正常的利润中，取出一部分再投资到生意中，以便长期地为顾客提供更佳的服务以及更佳的商品。

原则之四：以顾客为出发点。做生意要以顾客的立场为出发点，才能让顾客买到他所需要的东西。顾客的价值观念，不见得跟我们的相同，何况顾客还分男女老幼。因此我们应该设法去了解顾客的需要，然后去满足他。经营商店，必须把自己当作是替顾客采购商品，这样才会去设法了解顾客的需要。因此，了解顾客是开店的第一步。

原则之五：倾听顾客的意见。了解顾客需要最好的办法，就是耐心地倾听。经营事业，要顺应自然，集思广益，然后才去做该做的事，必然无往不利。如果只顾推销商品，而听不进顾客的意见，就不会受到顾客欢迎。在日常生意中，以谦虚的态度，去倾听顾客的看法，只要持之以恒，必然会生意兴隆。

原则之六：掌握良机。生意的成功与否，关键在是否能够把握良机。平时，就要选择适当的时机，调查顾客预定购买的物品以及购买时机，这样在销售上，就方便多了。比如电器商店，不论是去顾客家送货或修理，事情办妥后，不要扭头就走，最好再顺便看看他家的电器用品是否有小毛病，同时做一点简单的服务，这样必然会培养顾客对你的信赖感。到客户家安装电器时，在安装过程中，一定要表现出亲切、仔细的态度。同时，问问客户，是否有认识的朋友想要购买电器，如果他对你有好感，觉得值得信赖，就会把生意介绍给你。

原则之七：发挥特色。卖同样东西的商店到处都是，要使顾客上门，非得有一些特点不可。商店的特征，好比每个人的特点。商店没有特色，就变得毫无品位。陈列的商品虽然相同，但若服务不同，则会使商品显得不同，这与发挥商店特色有关系。商店的特色，当然要迎合顾客的需要。至于如何去发挥，则要个别考虑。除了要注意地域性和开店条件，还要考虑该地区的生活水准、文化水平等。如果是在工薪阶层居住的地段，最好在周末或假日，也能照常营业。必要时，还可将商店的营业时间延长。但有时候，难免受到空间、人事、技能、资金等现实因素的限制。因此，应该先从可能的事项着手，一步步去发挥特色。例如，把重点放在自己比较熟悉、较有竞争性的商品上，由较内行的经理，亲自为上门的顾客介绍，是一种很好的办法。其实，特色并不限于商品，其他如良好的服务、舒适的店面、诚恳的员工等，只要发挥其中一两项，就足以吸引顾客上门了。

松下幸之助指出：经营不是变幻莫测的魔术，不是见不得人的神秘玩意儿，也不是诡谲多变的权术，不是靠心机诡诈所能完成的；经营就是实实在在地做事情。坦诚地向员工讲明情况，坦率地提出要求，说实话、做实事的松下幸之助在日本，甚至在其他发达国家，都被称作“经营之神”。

松下幸之助还指出：玩弄权术不能成为真正成功的经营者，仅仅依赖知识和技术经营的人，也不一定能如愿以偿。松下幸之助认为，经营者不一定要具备最高的智能和技术，只要实实在在地做事，又有综合经营的能力，就足够了。这正如军队打仗，元帅并不一定要能征善战、武艺高强，这些方面该是战将具备的素质，而元帅需要的是“运筹帷幄，决胜千里”。

第二十六章　个人魅力：商海逐浪享誉全球

在日本企业界，松下幸之助的名字是具有永久魅力的，这与他杰出的财富业绩和先进的管理理念相关。因此他无愧于“经营之神”“管理之神”的称誉。

——美国《时代》周刊

在日本的企业家中，松下幸之助无疑建立起了一座丰碑。他不但创立了一个神话般的企业，而且提出了一套具有普遍意义的经营管理哲学。从少年辍学转当学徒工开始，他一步步摸爬滚打，在商海中走出了自己的一条独特道路。松下幸之助的管理思想，同他的成长经历密不可分。如果没有实践中的锤炼，就不可能产生松下幸之助的经营之道。商海中获得成功的企业家虽然不计其数，但能够提炼出经营之道的企业家却寥寥无几。成为众口一词推崇膜拜的“神圣”级别人物，松下幸之助当之无愧。在当代日本实业界，有“经营四圣”的说法。所谓“经营四圣”，是指索尼的创始人盛田昭夫、本田的创始人本田宗一郎、京瓷的创始人稻盛和夫和松下的创始人松下幸之助。在这“四圣”之中，松下幸之助独占鳌头，被誉为“经营之神”。

1918年，松下幸之助以100日元、3名员工起家，创建了松下电器制作所。之后，经历80多年的发展，松下电器成了世界500强巨型企业之一。松下幸之助不仅是一个成功的企业家、管理大师、经营之神，更是一个人生智慧的大师。在成功学领域，松下幸之助是与戴尔·卡耐基、拿破仑·希尔齐名的世界三大成功学导师之一。他的名字，已经不仅仅是个称呼，而是一种精神的象征。他一生共出版了60多种著作，累计达数百万字。他的著作被译成英、法、德、中等二十多个国家的文字，在世界广泛流传。

如今，松下的管理哲学与经营智慧，已经在商界普遍开花结果。而松下幸之助的人格风范与人生哲学，也早已成为世人学习的典范。

年轻时，松下幸之助没有机会接受高等教育。年仅9岁就被送到一家火盆店当学徒工，火盆店倒闭后又去五代脚踏车商店当学徒工，几经辗转到大阪电灯公司工作。以其背景和最初经历，如果按部就班，松下幸之助至多在一个中等公司中谋求一个稳定的生计。

但是，由于当时大阪电灯公司经理不愿采纳他提出的生产新型电灯插座的建议，松下幸之助毅然辞职，决定自己生产这种产品。1918年，以100日元起家的松下电器公司成立了。

从一开始，松下幸之助就非常重视公司和员工的关系，他在公司内部公开经营数据，实施透明化经营，即使现在，这都是非常大胆的做法。

20世纪30年代中期，松下幸之助在公司内提出7个指导性精神：品质、公正、团队合作、努力工作、谦逊、社会意识、感恩心情。这是属于松下幸之助的领导艺术：从日常领悟出发，坚持不懈地与员工沟通，由此强化公司的凝聚力，并使其在每个工作环节中得以落实。这一点，是当年松下公司或者说日本企业集体振兴的原因之一。

顺着这条思路，30岁时，松下幸之助创造了50年后世界上的许多大公司仍在沿用的经营理念：首先是培养优秀员工的公司，然后才是制造电器的公司。在西方，这被称为“以人为本”。

第二次世界大战后，松下幸之助有感于当时日本社会的局面，进一步发展出注重顾客、交货速度、产品质量、协作精神，以及向员工放权的公司文化。同时，在公司内推行“堤坝式经营”的观念，在部门之间建立调节机制，保证稳定发展。松下公司迅速摆脱战争阴影，20世纪50年代末期，已成为受世界瞩目的消费类电子产品生产商之一。

40岁之后，松下幸之助逐渐成为一个商界领袖，他的领导思想促进了日本现代商业精神的形成。

晚年的松下幸之助超越了原有的企业家身份，对企业与社会关系的思考日益深入。56岁，他提出“厚利多销”之道：透过合理化经营，得到合理公平的利益，再把利益公平分配。他坚信，这才是社会和企业共同繁荣的基础。这个理论提出10年后，经过深思熟虑的松下提出辞去公司会长的职位，守望公司的成长。

晚年的松下幸之助关注更多的是人应该有的生活态度，他以自己大半生的人生经验总结出以下几点：

（1）人应该具备服务社会和贡献社会的精神，也就是要创造好的东西，创造有价值的东西，并以社会繁荣和发展作为个人生存的庄严使命。如果只是为了饭碗和个人的荣辱而工作，这种思想极其狭隘。生活和工作的目的达成后，还有需要注意的问题，就是为了同一个目的抱有合作的态度。

（2）真正有用的人都是对工作十分热心、尽职，并且有热情的人。有热情才有生命力，这样的人就会受到大众的欢迎和信赖。相反，有些人的确有知识，但缺乏热情，对生活对工作抱有冷漠的态度，往往一事无成，他们的知识总处于一种封冻的状态。这种缺乏热情的生活，是苍白的。

（3）“尽人事而听天命”，松下幸之助认为此乃至理名言。他说：“我从9岁开始工作，已经工作几十年了，在漫长的岁月里，曾经遇到各种困难，其中也有两三年的时间，可以说遇到了大事或者说是难以逾越的障碍，如果那时我不是那样看待问题而张皇失措，也就不会有今天的我了。

“遇到困难时，我自己从不悲观，坦然地面对逆境，无论是身体上的疾病，还是事业上的重大困难，每一次我都承认命当如此，无须多加考虑——这就是‘听天命’，同时我又尽了最大努力想尽一切办法去争取成功——这就是‘尽人事’。这样做，我就心安理得了。”

松下幸之助是一个善于冥思的智者，在他深邃的眼中能读出独到的人生智慧。他认为：“人的生存意义不在于挣多少钱，而在于你为你的民族做了多少事。”松下幸之助一生追求的是如何为国家做出更大的贡献，如何帮助更多的人得到幸福……工作的本身如果是对的，是对社会有益的，金钱会自然而来。松下幸之助信仰的是这样的因果哲学：有了高尚的理想，其余的一切自然会水到渠成。

松下幸之助认为经营者除了促进社会繁荣外，还必须有使部属满足、快乐的心愿。身为主管，都应该有悲天悯人的胸怀，而不是对部属不加爱护的暴戾之气。

悲天悯人是佛家的一种道德要求，倡导对人、地、物都怀有同情心，不论你从事什么职业都是如此。经营者为了达成企业的使命，往往要用很多员工为我们工作，这些员工有权利要求从职务和工作中感受到幸福和快乐。

当然，悲天悯人的胸怀不是说对一切事物都以温和的态度处理。对于做错事的员工，同样要严厉地责备；对错误的行为，要断然地予以纠正。如果为了私情，故意隐匿处分决定，不只是误解了悲天悯人的真谛，到头来反而害了部属，这就是滥用了爱心。因此，只有凡事以大局正义为前提，该处罚时处罚，该奖励时奖励，才算是了解悲天悯人的真正意义。

身为主管，懂得悲天悯人，自然能竭尽心力地去爱护部属，而部属了解上司的这种宽厚胸怀后，对于因犯错误受到惩罚，自然也能够心平气和地接受，而且能真正从中总结经验教训。因此，要想成为受部属尊重的上司，悲天悯人的心胸是不可或缺的。

松下幸之助的成功是因为他那种融合了东西方双重智慧的治理方式，不是因为垄断经营、技术领先……他将东方人的家族观念融入了西方的先进管理体系中，创造出了“事业部”“终身雇佣制”“年功序列”等一系列影响世界的管理制度。松下幸之助这种“以人为本”的管理思想，使他手下的员工都把自己看作是公司的主人，因而具有了难以想象的团队理念和奋斗精神。

营造和谐的公司气氛，是松下幸之助精神的重要内容。松下幸之助认为，没有良好的人际关系，就谈不上精诚团结。相互扯皮，就不能提高企业效率。

高悬在各工厂、各事业部、各关系公司的“松下七精神”，涉及人际关系的就有3条，即光明正大精神、团结友好精神和礼节谦让精神。可见松下幸之助对养成良好人际关系的高度重视。

松下幸之助说：“大家都推心置腹，坦诚相见，互相了解对方的长处和短处，怀着这样的心情与周围的人相处，是合作共事、顺利前进的重要保证。”

远道而来的地方子公司经理，在汇报完工作后，常有一种忐忑不安的心理，担心自己的工作经不起“经营之神”的检验。事实上，松下幸之助并不是爱挑毛病的人，他总是先以赞赏的语气对经理们的工作加以肯定，然后再指出今后工作中应该注意的一些问题。这正是松下幸之助的谈话艺术。

地方经理感动的是松下幸之助请客。按道理来说，这应该是公司业务，公司请客才是正当道理。而松下幸之助则不然，他喜欢自掏腰包，将经理们请至家中，家宴招待。在这种家庭氛围中，松下幸之助与经理们的关系就不再是一般的上下级关系，而是“亲朋好友”的关系，松下幸之助的用意之深令人叹服。

上行下效。松下幸之助电器各部部长、子公司经理、工厂厂长以至班长、组长都模仿松下幸之助为人处世的方式。一位部长说：“企业家必须右手掌握合理性，左手掌握人情味。”严父与慈母的形象，连松下幸之助电器的部长也学会了，而且他们做得更具体、更实际。

严父的呵斥和慈母的关怀是孩子成长的必要条件，缺一不可。

松下电器公司有二十多万名员工，这个庞大的家庭，松下幸之助管理得竟如此有条不紊。你只要看一看松下幸之助的两副脸孔，严父与慈母，就不难找到答案。

有人问，松下公司最大的实力是什么？松下幸之助回答是经营力。被人们尊为“经营之神”的松下幸之助说：“产品质量不是100分就是0分——没有任何商量！”松下幸之助的经营理念有一条最基本的原则：顾客就是上帝。所以松下幸之助强调“销售产品要像嫁女儿”一样，要对自己的产品呵护负责到底。

“松下电器是制造人才的公司，兼做电器生意。”松下幸之助这样看待他的事业，“当我的员工是100名时，我要站在员工的最前面，指挥部属工作；当员工增加到1 000名时，我必须站在员工中间，恳求员工鼎力相助；当员工达到10 000名时，我只要站在员工后面，心存感激即可。”管理学上有句话：“不管理的管理者才是最好的管理者。”在用人上，你只需要向松下幸之助那样把合适的人放到合适的位置上就可以了。

用普通人的眼光看，松下幸之助名利双收，福寿两全；用商人的眼光看，他事业发达，公司兴盛；用文人的眼光看，他实现了立德、立言、立功。经营成功的企业家如过江之鲫，而像松下幸之助这样能够进入管理思想史的企业家却为数不多。

松下幸之助用“自来水哲学”比喻企业的使命，要求企业承担起消除贫困的责任；他提出“堤坝式经营”，这是避免企业周期性震荡，减少不确定性对企业冲击的指导思想；他提出“玻璃式经营”，这是管理活动公开化、透明化的手段，以建立企业中的坦诚和信任，松下幸之助在人本理念上，结合日本实际，并有着创造性的发展。在松下幸之助那里，管理固然是科学，然而更多的是艺术。对企业的思考，使他最终发展到对人类前景的关注。不明究竟者往往只看到松下公司的社歌和团队，而松下公司的真正精神在于对人性的发掘。能够获利的企业家如过江之鲫，而能够像松下幸之助那样思考的企业家则屈指可数。斗转星移，松下幸之助的具体做法可能会过时，但他的精神已经载入管理思想史册。

松下幸之助事业的成功，为他带来了丰厚的财富。但是，松下幸之助没有把这些财富用于奢侈挥霍，他乐善好施，用这些钱帮助了那些更需要它们的人。松下幸之助自己曾经说过："我的财富与荣誉是社会给我的，我一定要回报社会，以实现我知恩图报的理想。"松下幸之助正是怀着这样一颗博爱的心，积极参加社会公益事业，用各种实际行动兑现了自己的诺言。

松下幸之助一生究竟做过多少慈善活动，可能很难一下子全部说清楚。我们这里，只能把他最重要的一些慈善活动列举出来，加深对松下幸之助的了解。

1961年3月，松下幸之助捐赠2亿日元作为松下电器员工福利基金，他一向很重视员工在企业发展中的重要作用，这次是个明显的例证。

1964年2月，捐资在大阪站前修筑一座立交桥，可见松下幸之助十分关注家乡的基础设施建设。

1968年5月，鉴于交通事故的激增，在公司创业50周年之际，捐献50亿日元作为"防止儿童交通事故对策基金"，松下幸之助对下一代的关爱之心可见一斑。

1968年5月，为了发展人口稀疏地区的产业，松下电器在人口稀少的鹿儿岛开设工厂，松下幸之助知道，只有社会均衡发展，作为其中的一分子才能发展得更好。

1970年，鉴于文化、文明在一个社会进步中的重要作用，在大阪举办万国博览会期间，松下电器与《每日新闻》合作，展出"时代之舱"（所谓时代之舱，是把1970年人类文化的物品及记录，装入特殊的金属容器中埋入地下，把现代文明留给未来的人类）。

1973年7月，松下幸之助辞去会长职务改任顾问之时，捐款50亿日元给日本政府。

1974年，鉴于世界石油危机，日本经济萧条，通货膨胀，松下幸之助想用自己的亲身经历来帮助大家建立信心，渡过难关，他出版了《如何拯救正在崩溃中的日本》一书，发行60万册，影响深远。

1976年，PHP研究所创立30周年之际，松下电器斥资70亿日元建立了为日本培养21世纪人才的松下政经塾。

1980年，松下电器公司与松下幸之助各捐50亿日元设立教育基金。

自古行善积德流芳百世，多损好恶遗臭万年。松下幸之助没有被这些财富所累，反而用之为自己赢得了良好的声誉，更重要的是，他切切实实地为社会、为他人做出了贡献。这种博大胸襟，更是一个成功人士应该具备的品质。

后来，松下幸之助还陆陆续续出了一些书，有些书是自己亲笔写成的，有些是演讲的结集。你想不到，就是这样一个幼年失学、文化水平不高的人，一生中竟有60余部著作，其中一些的著作发行量竟高达1000万册，这是一个多么巨大的数字啊！松下幸之助的著述，让众多作家汗颜。而且，他的书还被译成英、法、中、德、西等多个国家的文字，畅销全世界，其中重要的著作有《我的梦·日本的梦·21世纪的日本》《创业的人生观》《工作·生活·梦》《经营成功之道》《经营者365箴言》等，这些经典著作更是久卖不衰。在这些书中，我们看到了一个只上过4年小学的人，他把国家经济的繁荣与当前商业现状有机结合起来，向世人演讲，阐述自己的观点，他还大胆对21世纪国家经济的兴衰大胆预测。

所以，这些书的畅销也就不难理解了，这不仅仅是因为松下幸之助是大名鼎鼎的松下电器的掌门人，更是因为它传递出了做人、做事的道理，还有松下幸之助的人格魅力。

不知不觉，取得了辉煌事业成就的松下幸之助开始意识到自己已经到了“夕阳西下”的时候。这时候的人，自然而然地就想到了死亡，这个人生无法摆脱、必须直面的话题。但是，面对死亡，松下幸之助表现得十分乐观，晚年的他经常表示：“我要活到130岁，满怀热情地工作到老。”人老心不老的松下幸之助甚至说：“要跨越这个世纪。”

但是，很遗憾，松下幸之助没能实现这个愿望。

1989年4月，松下幸之助95岁，他病倒了，家人急忙把他送到松下医院，医生诊断说得的是肺炎。

松下幸之助当时已经呼吸困难，医生决定在他的鼻子里插上氧气管。在插管之前，医生细心地说：“松下先生，我现在要把管子插进去，这样会给您带来略微的痛苦，请您忍耐一下，多多关照吧。”

躺在病床上的松下幸之助虽然看起来十分虚弱，不过头脑却一直清醒，他用微弱的声音说：“不，受照顾的是我，所以说请多关照的也应该是我啊。”

说完这句话，松下幸之助就闭上了眼睛。但是，这一次他闭上眼睛后就再也没有睁开，任凭医生如何全力抢救，任凭身边的家人如何呼唤，松下幸之助也没有再次睁开眼睛。

松下幸之助将自己人生的时钟停留在了1989年4月27日，享年95岁。

松下幸之助走了，没有能活到130岁，也没能跨越20世纪。

但是，谁也不会因此说什么。因为，他的传奇生涯以及他的辉煌成就将永远激励着后来的人们，他的经营思想将永远留在人类的文化宝库中，他的名字将永远留在世界实业界的史册上。这，已经足够了。

回顾松下幸之助的一生，有3个方面是其成功的基石。

一是乐于学习。松下幸之助小学都未读完，9岁就在火盆店给人打杂，之后到脚踏车店打工，那时他就跟老板学习作为商人的知识和素质；然后到电灯公司做练习工，还是边上夜校学习边工作，进而因表现出色成为检验员，这时他又因不满足于安逸和没有挑战的生活而辞职；随后运用自己的智慧发明设计，并建立自己的公司，生产自己的产品，最终一步步走向成功。整个人生过程，都是在不断地学习着，不只是技术技能，还有经营理念、为人处世等。

松下幸之助的观点就是：一个人要随时随地地学习。在成为经营者后，松下幸之助更是非常重视培训员工，将学习的理念贯穿于整个经营管理过程中。松下幸之助总结的自己的学习经验就是：要用谦虚的态度随时随地地学习，要常存求知之心。

学习应该融入我们的生活，成为生活甚至生命的一部分，不管是人、事、物，只要是对自己有益的、有帮助的，都是我们的榜样。并且，即使他人有缺点，我们也要时时以其缺点为戒，反省自己，这样就能随时注意学习别人的长处，就会更多地看到别人的长处，待人宽而律己严。

“学习如逆水行舟，不进则退”，学习就应该是贯穿于一个人一生成长过程中的行为，生命不息，学习不止，生命不断，就应该不断地学习，不断地完善自己的知识。

二是善于沟通。松下幸之助有句名言：“企业管理过去是沟通，现在是沟通，未来还是沟通。”管理者的真正工作就是沟通。不管到了什么时候，企业管理都离不开沟通。

有一次，松下幸之助在一家餐厅招待客人，一行6人都点了牛排。等6个人都吃完主餐，松下幸之助让助理去请烹调牛排的主厨过来，他还特别强调：“不要找经理，找主厨。”助理注意到，松下幸之助的牛排只吃了一半，心想一会儿的场面可能会很尴尬。

主厨来时很紧张，因为他知道请自己的客人来头很大。“是不是有什么问题？”主厨紧张地问。“你烹调的牛排没有问题，”松下幸之助说，“但是我只能吃一半。原因不在于厨艺，牛排真的很好吃，但因为我已经80岁了，胃口大不如前。”主厨与其他的5位用餐者困惑得面面相觑，大家过了好一会儿才明白怎么一回事。“我想当面和你谈，是因为我担心，你看到吃了一半的牛排送回厨房，心里会难过。”听到松下幸之助先生的话，主厨觉得备受尊重，客人在旁听见他如此说，更佩服他的人格并更愿意与他做生意。由此可见，沟通其实是尊重他人、消除隔阂、平等相处、增进友情、达成共识的有效手段，更是一个人修炼身心，达到豁达无私境界的一种方式。

对于一个企业，员工才是促进企业发展的最基本的因素，是经营者意志的履行人和实施人。因此，管理者与员工进行良好的沟通，就能够充分了解员工的意愿，同时，多倾听员工的声音，也能更深刻地了解自己的企业，这样，在下达指令时，就不会出现偏差。而且，通过与员工充分沟通后酝酿而成的各种指令，员工在贯彻执行的过程中，就不会出现抵触或曲解，从而保证命令畅通，推进企业高效运作、飞速发展。

三是信己知己。一个人要想成功，首先就要能够充分地正视自己，能够认清自己的优点与缺点。然后在做事情的时候，尽量发挥自己的优点，克服缺点，就必然可以将一件事情做到自己能力范围内的最高水平。

松下幸之助指出：“不必羡慕他人，要好好地认识自己独特的个性与能力，因为‘天生我材必有用’。”世上并不存在完美的事，因此，任何一件事情，无论什么人都不可能做到完美。你做，可能在这个方面成绩突出些；他做，也许就是另一个方面突出些。所以一个人只有自信、从容地面对事情，才能将自己的长处发挥到极致，就必然会取得最好的成果。”

自信，是一个人成就自己的一种美德，一个人有大的信心，才会有大的成就；有小的信心，那只会有小的成就；没有信心，就会一事无成。但是，自信又应该是建立在充分地自我认识的基础上，自信并不等于盲目自大、自负，要能够充分地认识自己的缺点，并在行事的过程中克服它，消除缺点对事情的负面影响。然后，怀着无限的信心，怀着战胜一切困难的勇气，在最佳的心态下进行自己的事业，走上通往成功的坦途。

松下幸之助已经成为一个历史人物。在20世纪，作为企业家他是卓越的；他的经营哲学、管理科学是优秀的，他的企业文化思想也有可借鉴之处。

但是，我们在学习他人经验的同时，切记：时代在变，刻舟永远不能得到宝剑。松下幸之助之所以成功，在于他大胆突破前辈的经营观念，探索适合日本国情、适应时代需要的经营方法。

附录一　松下幸之助年表

1894年11月27日，出生于和歌山县海草郡和佐村。

1904年11月，开始在火盆店当学徒。

1905年2月，在大阪五代脚踏车店当学徒。

1910年10月，在大阪电灯公司当见习工。

1913年，进入关西工商学校夜校预科学习。

1915年9月，和井植梅之结婚。

1918年3月，创立松下电气器具制作所。

1920年3月，成立“步一会”。

1921年4月，女儿幸子出世。

1923年年初，研制推销自行车用的炮弹头型灯具。

1927年4月，研制推销自行车用的方形灯具。

1929年，在世界经济不景气的情况下，用“一个都不裁”的方案避免了裁员，渡过了难关。

1931年8月，开发、生产“国际牌”真空管收音机，并在日本广播协会举办的比赛中获一等奖。

1932年5月5日，举行创业纪念仪式，将这一年定为“创业知名年”，提出了“自来水哲学”。

1933年，创设事业部制度，开始朝会、夕会制度。

1935年，完成向现代化企业的过渡，将松下电器改为股份有限制。

1943年4月，在军方命令下开始建造木船。

1943年10月，在军方命令下开始生产木制飞机。

1945年8月，停战翌日立即发表声明：重建松下公司，恢复生产民用产品。

1946年11月，创立PHP研究所，开始PHP研究和普及活动。

1950年7月，日本经济复苏，解除7项限制，开始公司的重建经营。

1951年1月，第一次去海外（美国）考察，10月再度赴美，寻求合作伙伴。

1952年10月，与飞利浦公司签订合作协议。

1953年，购入日本胜利唱片公司股份，接管并重建该公司。

1956年1月，发表松下电器5年计划。

1960年1月，在经营方针发表会上发表“5年后实施五天工作制”的目标。

1961年1月，辞去社长职务担任会长。

1961年8月，重新开始PHP研究。

1964年7月，召开全国销售公司和代理商社长恳谈会，开始进行大改革。

1967年1月，在经营方针发表会上提出“5年后工资超过欧洲”的号召。

1968年5月，松下电器创业50周年。

1973年7月，辞去会长职务，改任顾问。为“社会福利基金”捐款50亿日元。

1979年，首次访问中国，提出在电子工业领域组建日中合资企业的构想。

1979年，创设松下政经塾，1980年开始正式招生。

1989年4月27日，因病逝世。

附录二　松下幸之助所获荣誉

20世纪50年代，日本天皇夫妇在参观松下电器高槻、茨木工厂以后，授予松下幸之助“戴明奖”。

1958年6月，荷兰女皇鉴于松下幸之助对促进荷日两国经济交流所做的卓越贡献，授予其“奥伦治领导者声望”。

1958年起，美国《时代》杂志、《生活》杂志、《纽约时报》等报纸杂志曾把松下幸之助作为封面人物。

1961年，松下幸之助获得“日本广告奖”，这个奖项专门颁发给那些对大众生活和宣传技术进步有重大贡献的人。

1964年，日本《每日新闻》在全国高中生举办的投票评选“你最尊敬的人物”活动中，松下幸之助名列榜首。

1964年9月，美国《生活》杂志在东京奥运会前，出版了一期日本专辑，以松下幸之助为封面人物，评价他是一位伟大的实业家、哲学家、畅销书作家，是“融合福特（美国汽车大王）与雅幕嘉（美国牧师兼作家）为一体的先驱者”。

1965年，鉴于松下幸之助对日本社会所做的贡献，早稻田大学授予松下幸之助名誉法学博士学位。同年，荣获天皇颁发的“二等旭日重光勋章”。

1970年，荣获天皇颁发的“一等瑞宝勋章”。

1970年4月，大阪举行了万国博览会，松下电器在其中专设“松下幸之助馆”，展出公司生产的优秀商品。

1971年，日本庆应大学授予松下幸之助名誉博士学位。

1972年10月，比利时国王授予松下幸之助王冠勋章。

1976年，美国庆祝建国200周年，松下幸之助夫妇应邀参加洛杉矶的日裔游行祭典，这是松下幸之助第二次访问洛杉矶。第一次访问时，该市市长普瑞迪把松下幸之助到达洛杉矶的那一天定为“松下幸之助日”；这一次，市长普瑞迪又向他颁发了“促进美日友好与参加游行祭典感谢状”。

1979年，鉴于松下幸之助对马来西亚产业发展所做的贡献，马来西亚政府授予松下幸之助“邦克里玛·芒克·尼瓜拉勋章”。

1981年，松下幸之助荣获天皇颁发的“一等旭日大绶章”，这是日本最高级别的荣誉勋章。

1983年3月，西班牙国王授予松下幸之助“国民成就大十字勋章”，这是西班牙王室颁发给民间人士的最高等级勋章。同年，西班牙国王参观了重新装修后的松下历史博物馆。

1987年5月，松下幸之助荣获“一等旭日桐花大绶章”，日本天皇在皇宫亲自给他颁授勋章。

1989年，松下幸之助以95岁高龄辞世，他的逝世在日本引起极大反响，人们纷纷悼念这位传奇式的人物，他的葬礼近乎国葬。

附录三　松下经营管理秘诀

以下所录的，摘自两位美国企管专家所写的《日本的管理艺术》（*The Art Of Japanese Management*）的一个章节。短短的两三万字，就把松下王国成功的各种因素分析得相当透彻，读来引人入胜，也极富启发性，为了不错过这样一篇好文章，增录在此。

松下电器公司以及同行的另外5家公司（奇异电器、西门子、ITT、飞利浦、日立）一起名列世界上最大的50家公司名单之内。它的产品以National，Panasonic，Quasar以及Technics等厂牌名称销售。松下惊人的成长，使它得以获得如此高的排名，这件事本身就令人感到非常敬佩。

当我们考虑到，它能以一个组织严密的社会形态审慎地加以发展，并且圆满地适应它的国家的文化与价值，以及它的另一项同等重要的成就：一套正被采用中的高效率制度，而且即使在其创办人退出后，也能够继续维持下去，我们可以看得出来，令我们感到敬佩的，不只是该公司在很短时期的经济成就。松下已成为一家大公司，它的成功之处不仅仅是赚钱而已，而且它还将发展下去。因为它已经有一套有组织的制度，能够满足社会、顾客、主管人员以及员工的各种需求，并且它也已经“拟好计划”可以适应未来的任何改变。这种杰出的成就，是一名以短期财政成就为目标的人员在几年内无法完成的。要想在任何一个地方建立一家大公司，都需要花上很长的一段时间，并且要拟定满足很多社会团体需求的复杂目标，同时还要尊重其文化价值。某些美国大公司已经做到了这一点，这是值得我们高兴的。

现让我们来探讨一下松下公司的成就。

松下获得成长及取得目前企业领导地位的一些因素，可以使人们清楚地看出日本的实用管理艺术。松下的成功不能仅以一些陈腐的观点来加以解释，尤其这些陈腐的解释往往给予我们的只是借口，使我们不去仔细地研究日本公司成功的真正原因。松下的“一体决策”（Consensus decision making）和“上下沟通”（Bottom-up commumication）并没有什么特殊价值，它也不是日本的“国家公司”。该公司从未接受任何财阀的支援；虽然是消费品制造公司，但也从未被日本政府列为优先辅助对象，政府未曾对它提供特别保护及经济支援。松下的成就大部分是利用我们认为是西方国家所“发明”的管理技术而获得的。事实上，松下经常以我们的武器来打败我们。这些因素使松下对美国人具有特殊的启示。

1918年，松下公司创办人——松下幸之助只是一介平民，最初在一家脚踏车店担任学徒，一天只有25美分的微薄工资。当爱迪生杰出发明的新闻传到日本时，松下先生灵机一动，想到了创办一个新企业的可能性。他辞掉了安定的工作，独自创业。他的第一项产品是一种双插头的变换器，是在自己的客厅内铸模制造的。这个产品可以装入电灯头，使得原来只有一个电插头的日本家庭增加了一倍的电力使用能力——一个插头可以供电灯使用，另一个插头则供其他的电器使用。在10年之内，松下电器公司逐渐成为刚刚萌芽的电器工业的领导者，现在该公司仍保留着这个领先地位。

经营策略

松下幸之助经营策略的第一要点是不因循日本商业界所采用的策略规则。他并未使用松下作为其产品的厂牌名称（日本公司习惯以创办人的姓氏做公司名称及产品名称），反而采用了“国际”（National）作为产品名称，并且以这个名称大做广告；松下并未利用原有的独立资本的产品代理商的销售网（在今天的日本，这些代理商仍然是日本销售网的主体），而是创立他自己的行销渠道，直接和零售商交易；同时，他并不是和这些零售商保持疏远的关系，而是对他们提供营业资助，并建立起亲密及持续性的合伙关系。松下率先引进分期付款的销售办法，并且针对现场顾客在零售处进行直接的产品展示。总而言之，松下公司不仅在其市场策略上采取改革性的做法，它的很多特色在那一时代也都是几近革命性的做法。

松下策略的第二要点，就是他充分了解市场占有率的重要性。在产品生产量提高到足以降低成本之时，这些利润立即经由降低产品售价而移转到顾客身上。在1930年，当时人们认为，最聪明的办法就是由生产者压低生产成本，同时尽量把售价调高，以便在最短时间内收回投资的资本。松下从亨利福特的4型车售价策略中获得启示，深深掌握了占有市场的原则，并积极加以推动，从制造经验中节约成本，并降低售价，使竞争者因为发现无利可图，而不愿进入市场和松下竞争。在这一方面，松下甚至比福特更进一步，他把这个做法当作是其所有产品的市场销售策略的基本原则，并一直沿用至今。

松下经营策略的第三要点是“后来居上”。从一开始，松下就不打算在新技术上领先，而是强调品质与售价。他的第二项产品——一种炮弹头型的脚踏车车灯，在市场上以独特的造型、品质与售价而大为畅销，成为当时同类产品中最受欢迎的。松下很少独创新产品，而只是致力于降低生产成本及提高品质，并因此而获得重大成就。我们只要注意一下目前正在进行中的录像机市场争夺战，就可获得这方面的一个最佳例子。索尼公司不仅在这项技术上率先开发，并且以它的Betamax录像系统奠定了在录像机市场的领先地位，使人们在提到Betamax时就联想到索尼录像机。以索尼公司在此市场上的领先地位来看，我们可能会认为它的地位是稳如泰山的。但是，根据在过去几十年内已经发挥了几百遍功效的一个形态，松下开始找寻“后来居上”的竞争方法。市场调查显示，消费者希望拥有放映时间较长（4—6小时）的录像带，而不满意Betamax的只有2小时的放映长度。松下因此设计出一种更为紧密的VTR系统，满足了消费者的这个需求，而且品质极为可靠，同时此产品的售价比Betamax低了10%–15%。在今天，松下以Panasonic和RCA的产牌名生产录像机，全世界平均每卖出3台录像机，其中就有1台是松下公司的产品。

松下这种“后来居上”策略的中心就是生产工程部门。RCA的一名主管人员说，如果你曾经注意观察松下如何安排它的人才，那么，你就会觉得他们“后来居上”策略的成功不足为奇了。他们共有23所生产研究实验室，拥有最新的科学技术及设备。他们的“研究与发展”观念，就是分析对方的竞争产品，然后研究出如何生产更好的产品。松下一直把销售金额的4%投资在“研究与发展”上，而其中大部分又用在生产工程部门上。在1980年，这笔费用高达4亿美元。

松下基本经营策略的信念是这样的：利润与成长有密不可分的关系，促进成长的那些投资最后将化成利润而收回。松下在不同经济环境下的优良表现，使人们更加相信这些信念的可行性。在过去20年内，松下每一年的成长率都等于或甚至超越其全球所有竞争者的总和。松下和奇异电器曾经展开过一场拉锯战，企图根据利润在销售金额上所占的百分比以及“资产运用报酬率”，来决定谁在世界几家大公司之间占领先地位。1979年，松下在销售金额上获得4.2%的纯收益，这个比例与奇异公司相同，但却是西门子或飞利浦公司的2倍。在同一年，松下公司的员工平均销售量是所有竞争者的2倍多（这些竞争者包括奇异、西门子、ITT、飞利浦及日立），充分强调了松下生产活动的杰出高效率。在今天，松下是世界最大的电器生产公司。

组织结构

松下成就的第二个重要因素就是它本身的组织结构。该公司在组织改革上一向位居领先地位。在1932年与1936年之间，正当杜邦在美国大力推展分层负责组织的同时，松下幸之助和他的管理员高桥荒太郎也在日本发展一种类似的观念。松下（当时只有1600名员工）认为，分层负责的组织可以使事情简化及企业化。其间，松下公司正在生产收音机及其他小型家用电器。分层负责组织深深吸引松下的，不仅是这种制度可以增加组织的清晰度及控制力（这也是吸引杜邦以及后来的史龙）的两个优点，同时，这种安排尤其具有“行动上”的优点。每一个部门都可以独立作业，发挥其自身最大的功能。每一个部门的部长因此都不停地严密注视着市场上的发展，就如同船长必须密切地注视天气变化。

根据松下的看法，促成他在1930年进行组织改革的，主要基于下列4个因素：第一，他希望建立独立的部门与明确的产品类别，以便能清楚地判断出它们的表现是好是坏；第二，由于有了这种自动自发的效果，部长将被迫建立起强烈的重视消费者意愿的心态（松下认为这个因素正是成功的关键）；第三，他希望经由这种安排而获得小型公司的优点——尤其是在弹性方面；第四，松下深信，这些部门将会各自发展出特殊的专业经验，而它们的部长将更为迅速地变得经验老到。如此一来，这种分层负责的制度将可训练出一批社长型的人才——当公司成长之后，将会迫切需要这批人才。

松下也深知，这种制度也有其相伴而来的缺点。当各部门具有独立性时，他们很容易就会摆脱中央单位的控制，要想促进各部门之间的合作又很困难。而且，高度专业化的部门，可能无法了解对整个生产团体的重大威胁的程度与范围。松下因此对这种权力分散的缺点提出它的强力改革——把四种重要功能集中管理，这套办法一直维持到今天。

第一，创立各部管理员，由他们直接向总部报告，并建立一套相当集中的管理会计制度。

第二，成立一家公司“银行”，各部门要把利润存入这家银行，并从里面提款充作资金及改进之用。

第三，把人事权集中管理，松下把“人”看作是该公司最重要的资产（一直到今天，任何一位高中以上学历的松下员工，一定要经过公司中央人事部门的审查之后，才能聘任。所有经理人员升迁也由公司相关部门谨慎加以审查）。

第四，松下把训练事宜集中管理，我们在后面也将讨论到所有的松下员工都要接受一套基本训练，此训练制度尤其强调松下的价值观。

松下在其组织结构演进的过程中，不断增加或减少全公司性的功能，譬如研究与发展中心，并且把生产工程集中管理。在1953年，松下把各个部门组成生产团体，由各部门的部长直接报告给社长，同时又横向地向那一生产团体的副社长报告，这些社长、副社长都是专家，对全部的产品有很精深的认识。这种拥有两个老板的制度，在当时受到部长们的痛恨与咒骂。但是，松下却认为，我们都是在两个老板——一个母亲和一个父亲的督导下长大成人的，人们必须去应付这种安排所引起的复杂情况，这也是人之本性。这就是“矩阵式”组织的原始形态，一直到10年以后，这种组织才在美国出现，并大为流行。

在这时候，我们应该指出，西方人常常自己引以为荣，认为在管理大公司上经常率先获得重大突破。这种自傲，大部分是受之无愧的。我们也应该承认，这些创新的管理观念可能同时在很多地方被发明出来。我们应该尽量减少东西方的对立性，并应注意到，世界各地的杰出商业组织，如何在成功与失败中应付难题，而获得成功。从这方面来看，松下应该被视为是世界上许多重大管理观念的发明人之一。

无法解决的冲突

松下首先注意到，集中管理和分层负责两种制度的对立，是一个无法解决的冲突，因此，大公司应该同时拥有这两种制度。因此，尽管它的分层负责制度效率及成果极佳，但松下仍然不停地对它加以修改，以保持公司的活力。专门研究松下的专家冈本指出：“当我们研究松下结构的整体特性时，我们将会发现集中管理和分层负责交错出现，像螺旋一样纠缠在一起。也就是说，并不是集中管理取代了分层负责，然后再由分层负责取代集中管理，而是这两种组织形态同时交错出现，构成一种更为复杂的关系。”冈本还指出，1945—1952年，为了应付战后的混乱与不景气情况，松下特别取消了他的分层负责组织，把一切事项纳入集中管理，由他个人负责一切。在这段时间内的某一时期，他除了身为CEO之外，还亲自主持公司的广告部。

松下认为，在战后经济不景气的情况下，松下公司必须刺激消费者对于未来的信心，以及经由广告刺激消费者对新产品的需求意愿。到了20世纪50年代初期，这些问题已经过去了。在1953—1955年，由于竞争增加，松下认为必须同时对很多方面采取弹性的反应。这种情况于是造成分层负责时期的出现，当时成立了独立性的生产团体，并增加了个别的市场、行政及研究发展部门。到了20世纪60年代初期，又出现了另一个不景气及停滞时期。这一次，松下采取了更进一步的分权，他把更多的权力授予现场部门；每一个生产团体第一次被赋予有关自己的市场与销售活动的全部责任。这一改变一直进行到1973年，其间，总部的人员不断予以削减。到了20世纪70年代中期与末期，由于石油危机发生及经济不景气的再度出现，松下又回过头来进行更强的集中管理。这也就是说，松下不断努力变换其组织结构，以应付环境的挑战。由此看来，松下的组织观念不是一直固定的。他从来不把他的组织表定得死死的，而是随时加以改变。例如，他的总部管理员以及其他人员一直称作“协调员”，为了进一步掌握生产与经营部门之间的关系，他坚持把总部的管理人员分配到他们所负责的工厂内——而不是被安置在总部办公室，与工厂的生产线隔离。

因此，随着松下公司组织的演变，它的创办人也为继承问题做了准备。在1959年，65岁的松下成立了一个三人行政委员会，每天集会，处理重大决策。其中一名委员负责短期营业策略及国内业务；另一名委员（高桥荒太郎）则负责财政、会计及国际业务；松下本人主要负责长期的策略，以及保留最后的决定权。

在以后的10年当中，松下扮演着或有或无的角色——有时候，很少管事，而且时间长达一年之久，然后，当危机发生时，他再次出面。到了1971年，他辞去社长一职，保留了会长的头衔。他评论说："当一家公司从创立的那一代中成长出来时，就会发生危险。最近我觉得，我们的管理进行得并不顺利，公司有过于依赖创办人的趋势。我担心公司太过于依赖一个人，因此我决定辞职，如此才能培养出我的继承人。"

在担任会长后，松下扮演了老祖父式的角色。但在1977年，由于环境恶劣，他再度出马改组公司的高级管理人员，因为他认为以前所任命的那位社长（也就是他的养子）没有能力担任这项职务，于是这位松下公司的创办人把他的儿子晋升为会长，而他自己则挂上名誉会长的头衔。现在他86岁，再度处于退休状态，很少从事活动。距离他最后一次对公司做重大干预，已经过了四年。

制度

组织结构最多只能替一家公司提供一个骨架。公司的肌肉与重要器官则需从其他来源取得。我们相信，部长用来在公司内部传达信息，从事决定及进行改变的各种制度，是管理部门最有力的工具，可用于表达他希望一家公司如何发挥作用，以及希望这家公司完成什么工作。有一种所谓的"清稿"制度（Hard Copy），牵涉报告与包含文字和数字的电脑报表。另外还有一些其他制度，像是会议以及一些例行事务，关系如何分享资料与情报，如何处理冲突纠纷，以及如何从事公司的决定。

构成一家公司重要渠道的各种制度，包含了例行的程序以及一些事务上的细节。制度很少会令人感到兴奋，但是，虽然它并不时髦、漂亮，但却很有力量。麦金赛公司（McKinsey）社长华特曼说："直接把公司上级人员的意见沟通到底层的，是一个公司的制度，而不是每年宣布的公司经营策略和定期修改的公司章程。”要想填满一家公司的管理资料制度，需要花费相当多的时间。在这个过程中，制度直接指示我们如何利用时间，以及把我们的精力集中在哪一方面上。

松下率先推出自己的一套极为有效的财务管理制度，并向荷兰的飞利浦电器公司借用了它们的策划制度。这两种制度合并起来，为他的庞大帝国指出了连贯性的方向。策划制度很简单，但力量很大。每6个月，公司皆要求每个部门的部长提出3项计划。第一项是长期的5年计划，列举可能改变本身部门前途的最新科技与相关事项；第二项是中期的2年计划，说明这个部门将如何把长期策略化成新的工厂目标，以及生产哪些新产品。这两项计划并不会受到公司高级人员的严密审查，但会受到平行生产团体高级人员的相当重视；在策划过程中，部长所提出的第三项也是最重要的一个计划即“今后6个月工作时期的计划”。在这个计划中，每一部门要列出每一个月的生产、销售、利润、存货清点、回收账目、人员需求、品质管制目标以及资本投资等各项计划。当发生某项变化时，立即由该部门的部长及他的半独立性的主管人员组成一个专案小组，迅速深入挖掘及探讨此问题。在很多公司，作业计划往往失败，主要是因为计划中的步骤和拟定的目标不够健全，因此无法加以估量。另外，虽然这些目标很明确，而且也能正确加以估量，但如果未和重要的策略目标互相配合，那么，也将会产生很多问题。

松下的制度没有这两个缺点。IBM的一位前任高级主管评论说：“松下的策划制度十分完美——至少可与IBM相比。此制度既详细又实用。当某位部长提出他的6个月作业计划，并且断然表示，他计划每年增加8单位的产量，以及增加9日元的销售价格时，他们就要他详细列出每一步骤——他打算在什么时候增聘销售人员，哪些人需要接受在职训练，需要订购哪些生产设备，以及要花多少时间来纠正生产线等。他们很少凭空订下计划，都是很仔细、很小心地加以策划。”

松下强烈希望在其各部门之间培养及维持一种企业热诚，因此可能有人会很疑惑地问道，这种一丝不苟的计划方法（以及负责追踪计划结果的详细会计制度）是否会构成严重的负担？松下电子部门的一名高级部长提出了一个很有趣的答复："很重要的一点，你首先要了解，日本人对于数字是相当精通的——远胜过我所认识的绝大多数美国生意人。我们的口语太过于含混笼统。因此，我们重视'数字语言'，以求补偿。不错，这是一种很严格的制度；但是，因为我认为——我的上级也如此认为——我必须确实管理我的部门，所以我把这种管理制度看作是早上的晨跑：虽然是很辛苦的运动，但却能使我日益强壮。"

这位部长所说的情形，将在松下公司不断实现。松下公司通过它一贯的特殊风格与价值观，以及它教导员工的方式，而保留了企业精神。这一点是如何办到的？以后将再加以讨论——而这正是造成松下与众不同的主要原因。松下鼓励员工自动自发，并且极力刺激团体及个人寻求表现。但是，在结合各种力量以维持企业活力的同时，松下也对一些容易变化的事项进行很严密的控制。例如：

策划过程——尤其是6个月的作业计划——就受到很大的重视。每个生产团体的市场，部长都要施加很大的影响力，以求把销售目标定得很高；

生产工程部门——这是松下公司坚强实力的基础之一——则拼命要求部门的部长掌握工厂效率，并定下很高的生产与品质管制目标。

这些压力并不会太多，而是集中目标、连续不断地做强而有力的督促与鼓励。每个人都明白，上级每个月都会追踪计划进行的情形，并且严格地检查每一项变化。团体及个人的表现将被加以评定，然后根据这些评定给予奖励与报酬。

电冰箱部门的一名高级部长说："在这儿工作就好像参加了你们美国人的一支美式足球队。你们的球队也有很多'老板'——现场教练、后卫教练，也许甚至还有医生和训练员。你们同时还把比赛过程用摄影机拍摄下来，然后在每一场比赛后放映，借以看出在事前的演练和实际比赛之间是否有不能配合的地方。球员就是在这种情况下拼命表现，因为每个人的目标就是获胜。在松下，我们也有类似的感觉。当然，我们有时候也会发生争执，但就如同你们的球队一样，在发生冲突时，我们立刻加以调整及处理。结果，你们的球队越来越有进步，我们也是一样。"

松下公司在1974年以5 000万美元买下摩托罗拉一家老旧的电视机工厂，其处理这家工厂的方式极具启示性。当时很多人也预料松下大概是要创下一项人类奇迹。新的分公司负责人在走马上任12个月之后，终于彻底了解了这家工厂的种种问题：一批年老的工人、工作情绪低落、品质极差、经理人员之间彼此矛盾不断，每年要亏损1 900万美元。

最初的几项行动是可以预料得到的。松下幸之助派遣公司主要的主管前往日本受训，安排日本"顾问"在他们的美国同事背后工作（很技巧地使一切事务重上轨道），所有部门每周举行会议，组成专题小组，并企图针对主要问题加以解决，同时促成各种资料的流通。他所做的事情大都是老套路，也是大家所能想象得到的。同时，他开始降低成本，每个月给予全体生产员工休假一次，强迫提早退休，取消增加生活费，并辞退13名管理人员。一位负责的日本高级部长说："摩托罗拉的问题特别严重，我们派了一批美国主管前往日本接受训练，他们带了些很好的观念回来，知道必须重新改组公司，以及改变我们的策略。他们要求更符合实际，我们则要求更好的品质管制、正确的利润分析、正确控制原料和成品的存量。这些事情并不是一定要日本人去注意，但就是没有人把这些事情做好。我认为这是常识，你们都知道的。我们一向希望基层人员向上提供建议，这是我们的特点。但是，当没有建议呈上来时，我们只好把命令从高层实施下去。"

这段谈话是在1974年12月发表的。6年之后，这家工厂的士气高昂，品质提高，工厂开始赚钱，营运恢复正常。但是，造就该工厂这种辉煌成就的，只是因为对管理上的问题都能加以广泛关注的结果。我们可能会认为，由于日本人重视团队精神、和谐与人际关系，所以他们无法应付艰苦的情况。但摩托罗拉工厂以前的员工却能证明，日本人也是能打硬仗的。我们的看法往往不是事实，而其实只是我们一厢情愿的想法。事实上，我们只要密切观察美国的职业球队活动，就会同意这种说法：要想不断地获得胜利，一切事情都要弄妥，包括团队精神在内；同时更要做好训练及招聘人才工作，以及注重其他纪律。

财务管理与会计

整个策划程序，尤其是制定详细的6个月计划，使公司可以据此评断各方面的表现。除了这个程序外，另外有一套详细复杂的制度，用来监督结果及发掘困难。松下幸之助先生在创立公司之后不久，延聘了一位精通财务及会计业务的人才，以配合自己在市场及一般管理方面的工作。这个人就是高桥荒太郎，后来变成他最亲密的好朋友。两人一起合作创造了世界上第一个利润中心——一套极为清楚的管理资料制度，每个月对部门的表现提出十几项的重要报告。甚至在计算机时代来临之前，高桥已经能够成功地在每个月结束不久的几天内，获得每个部门每个月的业务结果报告。这种高效率，使得总公司及各部门能在发现发生问题之处，立刻采取补救行动。尽管公司的组织不断成长扩大，但一直能做到这一点。

松下制度的第二项特色是它的转移价格办法。此办法允许任何部门向外采购，只要它能在外面获得较好的价格。此一“真实市场试验”（Real Market Test），到今天为止，仍然是松下财务制度的一个重要基础。松下希望每一部门在5年之内达到自给自足，并尽量避免补助赔钱的业务。松下要求每一个能够自立的部门，把其税前利润的60%上缴给总公司。这些基金用来支付财务行政人员、生产团体管理部门、研究与发展，以及生产工程部门的各项费用，另外，还可提供总公司相对的投资基金。松下一直坚持精简总公司人员，并且要尽量配合生产线的工作。今天，松下员工多达20万人（日本有8.7万人，海外有3万人，其余的分散在并非全由松下控制的附属子公司里），但松下集团总公司的职员却只有3500名专家而已。各部门利润剩余部分（大约40%）则属于各部门自身所有，且大部分用来增添最新式的设备或从事扩展、改善生产工程，以及“自然更新”，也就是说，引进新一代的产品以取代旧产品。

一位主持一家美国附属公司的美国主管提出一项有趣的评论：“松下公司能在多年来维持其员工对企业的热情，最大的因素在于，它乐于允许各部门留下它们所赚的大部分利润，用来从事再投资。你无法想象，当各部门的部长们知道后，非常卖力地工作。在美国，我们早已对所谓的'内阁概念'感到不满，在这种制度中，某些部门大赚钱，但他们的收入却被公司拿去贴补被认为前途较佳的'明星'部门。我们认为，这种想法太过于简单。当然，松下有能力把各部门上缴来的60%的利润用在新开拓的生产业务上。但是，'内阁概念'最受人诟病的一点就是，一个部门被看成是不受欢迎的单位，或是一个'明星'单位，经常决定于管理部门如何配合市场需求而调配它们的产品。松下公司则把这件工作的重大责任交给各部门，然后对它们提供很多额外的协助，以及由生产团体的专家们对它们施加压力，以这些方式来刺激部门进步。"

站在财务管理制度最前线的是公司的管理员。在分散于世界各地的松下100多个生产部门中，每个部门都被分派一名管理员，在总公司内只保留了100名管理员。这些半独立性的管理员要驻守在他们所负责的那个部门内。这些管理员要确实替两个老板处理困难问题，因此需要高度的技巧。他们被教导，尽量避免提建议来压迫所在部门的部长，而是提供事实基础给这些部长们，让他们自己去了解判断。就某些部分来说，总公司的高级管理部门替他们分担了一部分工作，使得他们的工作更为轻松。因为，总公司的高级管理部门具有高超的能力，能够每月考核各部门的表现，从一些数字中挖掘出重大的问题。

在训练过程中，管理员一向被视作社长，因此要求他们培养出经营观点。为了进一步鼓励他们，管理员的晋升不仅是看他们本身表现出来的才能，也看他们所分配部门的表现如何。因此，松下公司每年要从新进人员中谨慎地挑选管理员，然后对他们施以特别训练。一位老资格的管理员说："一名管理员必须有一双干净的手、坚强的意志和一颗温暖的心。"另一位管理员如此形容他所扮演的角色："我们很少被当作是"看门狗"，部分原因是松下制度十分广博，鼓励一切活动公开化。有很多事情，比如每个月公布的业务报告、部门主管的同事检讨会、生产团体办公室的市场与生产协调员也参与工作，创造了很开放的环境，使大家都知道公司目前的情况。高桥的资料统计十分有效，因此很少有什么事情能被隐瞒起来。结果，管理员就不会被当作是用来监视谁‘泄露’了机密的总公司间谍。我们的角色反而更像是日本传统家庭中的妻子。我们像做妻子的，主要处理一些内务，不与外界接触，但却一直注意着业务状况，并把实际情况告诉部门负责人，提醒他们注意一些问题。”

松下制度的成功，可由松下在1973年以会长身份退休以前的记录获得证明。在第二次世界大战到1973年间，松下的销售金额以美元来计算，共成长了4 000倍，利润增加的比例甚至更大。尽管公司规模获得惊人的扩大，投资项目增加很多，产品更趋复杂，分公司遍布世界各地，但松下公司的效率仍能获得很大的改进。

当我们更进一步探讨松下是如何获得这样的成就时，另有几项因素自行显露出来。一家规模很大的原松下附属公司的负责人这样说：“我们并不利用数字当作齿轮来推动制度的进行，我们是用人来推动制度。当然，数字可以协助追踪个人的表现，并找出问题来；我们需要这一类的管制，才能有效推动业务，但是，基本上，松下认为，人是可以信任的。不过，我们的管理制度可以提供指导原则，防止发生毁灭性的错误。在日本的高速公路上，我们在路中央设有‘预防撞车铁栏’，防止车子因为超速而冲上来向的车道。松下的财务‘预防撞车铁栏’即具有相同的目的。”从外表来看，松下的制度似乎比较严苛。至少，某些人是认为如此。日本汽车工业的一名高级主管说：“松下派了很多会计及财务专家在各分公司巡视。这是一种十分严厉的管理制度。”东京德硕公司的一名重要合伙人说：“有很多日本公司的形态十分接近美国公司——例如，松下、YKK、索尼与本田，是其中比较著名的。它们的管理制度相当严密，更注重基本路线。这可能是未来的潮流，但是，不要忘了我们也有自己的传统形态的公司——像是‘日本钢铁’以及‘住友化工’。从这些传统性的公司里，我们可以看出很多典型的日本传统作风。”

其他特色

松下财务管理制度的其他要素，值得我们继续加以讨论。第一，投资本金；第二，开会检查业务状况。总公司把各部门上缴来的60%的利润存入所谓的“松下银行”。松下则用这些钱来资助新的投资事业，各部门也可以向松下银行申请贷款。各部门除了日常事务的开销之外，不拥有自己的账户。即使是各部门自己保留的40%利润，也由总公司加以保管（总公司还替各部门加利息），等到各部门想要进行投资时，才能把钱提走。如果某个部门必须向总公司要求周转金，到月底时就要把欠账处理好。同样的，各部门的欠账不得超过30天，公司在到期后就要开始收账。如果某个部门必须向总公司借钱，总公司将要收取很高的利率（比银行利率高出2%）。如果这个部门业务状况很差，而且公司的高级部长认为这是该部门部长的错，那么，公司还会向这个部门收取更高的“惩罚”利息。这时候，总公司就要向这个部门施以重大压力，以控制资本，避免资本泛滥。诚如大家所说，松下的管理极为严格。

部门表现检核

在每个月与每季度举行的反思会中，财务管理的内部作业发挥了最大的效用。在此，我们可以看到松下制度中比较不定量的一面，以及深入观察它的风格。在每个月的月底，每一部门的营业资料全部送到主管财务的执行副社长那儿，若是和6个月的营业计划有差异之处，更要一一附加说明书。下一步骤，就是由部长和他的工作人员花上几天的时间，在总公司内极为详细地审查每一项目。然后，再由总公司的高级部长和各部门举行会议，把各项计划再反思一遍，这一次是在比较宽容的气氛中进行。

判断一个部门的管理效率的标准，就是看它有没有能力按照计划进行工作、增加销售量和市场占有率、收回应收账款，以及存货的使用情形。松下的管理以长期评估而闻名。如果情况很坏，高级管理人员可能会提出很严厉的问题加以质询，但是最重要的是，看你有没有尽力做好你自己分内的工作，而且也不能比同一市场内的任何人差。但是，松下并非软心肠的好好先生。松下经常公开表示："要将表现不好的人，调到公司其他的职位上，使他们能够适应环境及发挥最佳能力。"松下公司经常采取这种补救方法，以求适才适用。即使是部门部长或分公司负责人，只要是表现不佳的，通常都无法在他们的职位上待太久。各部门部长也参加每季的同事反思会。在这个会议上，各部门的部长把他们的营业结果在彼此面前公开。所有的部门分成A、B、C、D级：A级（表现最佳者）部门首先提出他们的报告，D级最后。一位参加这项会议的部长说："用不着在大众面前揭发他人的短处。你的部门是名列前茅，或是落在别人之后，这就是很大的鼓励或刺激了。在这些会议中，并不会残酷地单独找出特定个人或一个部门来加以反思，也不会令他们公开感到难堪，但是，每一个被暗示在那一季中表现不佳的公司，在离开会议之后，都会下定决心，不再面对那种难堪的场面。"

我们已经详细讨论了各种财务与策划制度。另外还有一个值得注意的制度，那就是松下公司精心策划的销售网。在日本人心目中，松下最著名的可能就是它那独特的批发分销制度，这使得松下公司在零售阶层拥有很大的力量。松下公司经由这种制度，和3种零售商店进行交易：

由松下公司拥有一部分或全部股份的零售店；

私人商店，但只经销松下的厂牌产品；

同时经销松下产品以及和松下竞争的产品的零售店。

为了方便比较，特别举出下面2项数字：松下在日本全国拥有2.1万家只经销其产品的零售店，而索尼公司的这类零售店却只有1千家。

松下公司经由预售名单以及生产统计表，来监视它的销售力及销售进行情形，而且这些名单与统计表几乎和生产工厂所使用的完全相同。跟Procter &

Gamble和IBM公司一样，松下也组成了自己的顾客俱乐部，使松下公司能随时了解其产品使用者的需求，并吸收他们的意见及建议，以求改善。松下公司一定要面面皆考虑到了，才把产品送到市场上。它的销售组织，每年还有1亿美元广告预算作后盾，这是日本公司中广告预算最为庞大的。事实上，松下销售制度中最重要的一面，就是松下对顾客所表现的热诚与个人关切。松下幸之助说："作为生产者，只有当我们的产品送到顾客手中，顾客加以使用，并且感到满意时，我们的社会任务才能算是圆满完成。因此，一家企业最重要的就是，要以最迅速的方法获知顾客需求什么。我们必须知道顾客每天的喜恶。"

松下的销售人员，对于他们自己的产品以及竞争产品的市场占有率的统计数字，均能背得很熟，朗朗上口，就好像美国的球队经理在周一早晨均能朗朗背诵各种球队的得分数一样。松下甚至希望它的高级管理人员和主管也能经常亲自到各零售店拜会。对美国人来说，松下这种庞大的组织，严密的销售、生产，以及财务管理制度的最杰出优点，可能就是：在其内部服务的员工并不认为，这些管理制度很严苛或令人难以忍受。我们不妨听听松下几位部门部长所说的话。

收音机部门的一名社长说："我们公司内确实是有些规定，但我已经很适应它们，已经到了不需要它们的程度。总公司很少怀疑我们的管理计划。我们并不必经常向总公司请示核准我们在这儿所做的一切。当然，有时候，我们也会向上级请示，我们会这样问道：'我们刚刚设计了这样一个产品，你们认为可以吗？'不久以前，会长提议我们设计一种售价在2 000日元的收音机，并向我们保证，如果我们设计出来了，他将率先购买10万台。我们把这个计划搁置了两三年。但等到我们开始生产这种收音机后，我们一口气卖出了100多万台。有时候，即使我们不向上级请示，他们也会传达一些意见下来。但总的来说，我们在公司内可以自由交换意见与观念，而不必顾虑职位与身份。"

电子工程部门的社长说："我经常去见财务、销售与人事部门的负责人，通常都在两三天前约好见面时间。我们通常大约谈上30分钟。此外，我们每个月还举行一次研究会，我们在会上和会长、社长、执行副社长等人交换意见。在喝咖啡的时间内，我们这些与会的部门负责人则彼此互相交换消息。”

最后的评论来自电视机部门的社长：“有一天，松下会长对我说，‘我要从业务的第一线上退休，当一名顾问。如果你有任何事情想要征求我的意见，尽管来见我。’结果，我是第3个或第4个去拜访他的人。他用心听完了我的想法，并批评广告宣传品以及电视广告，他说：‘你应该和大家多谈谈。但不要忘了，做最后决定的人是你。’”

从上面这些评论中，可以看出很重要的一点：各部门部长一致认为，他们拥有相当多的自立企业精神。他们承认其他人在公司内的存在，但很少暗示受到他人的压迫或干预。结果，我们可能会认为，总公司人员与高级主管可能会缺乏影响力。但事实并非如此。这些高级人员一方面既能发挥他们的影响力，另一方面又能保持各部门的独立性，他们对此感到很愉快。很奇妙吧？当然，松下公司维持这种互相矛盾的情况的能力，是不能仅凭研究它的结构与制度就能了解的。因此，必须转而研究这个问题的两个最重要的部分——松下个人风格与他的基本组织哲学。

风格

松下幸之助的个人风格有几项不凡的特点。

松下幸之助有强烈的“参与”方式。松下一直渴望将一种企业精神徐徐灌输进入公司内部，所以，他和好朋友高桥建立了一种在许多方面是小型企业的管理风格。他们两人对吸收资讯似乎不感觉疲倦。即使到了今天，他们俩仍能仔细阅读长篇报告及无数的数字，并能捉住其中的要点与问题。这两人还有一项很出名的习惯：不管是在白天或夜晚，他们经常打电话给现场的主管，如果他们有一两天未曾亲自和每一部门主管谈话或打电话给他们，那是很不寻常的事。结果，公司的高级部长们也养成了跟他们一样的习惯，也经常插手属下经办的重要事务或是指出一些未受到注意的市场潜力。他们两人表现出关心的管理方式：与工厂、生产现场保持密切的联络，并和顾客也有同样的联络。松下公司的高级人员很少待在他的办公室内，松下一再强调多花点时间在市场上的重要性。

我们对松下风格的讨论，可能会令某些读者感到惊讶，因为这完全违背了大家经常描述的日本高级部长的形象：他们总是冷静地坐在高处，远离市场上的“战场”。若是以这种形象来描述松下，也并非完全不对，而只是有一半错误而已。事实上，“理想”的日本领袖都静静地坐在高处，而美国理想的领袖经常都是比较年轻、好运动、积极进取的。松下自己的风格则混合了这两种，他曾经有一次评论说：“当你拥有100位员工时，你要站在最前线，即使你对他们大吼大叫，或者打他们，他们仍会追随你。但是，当员工增加到1 000人时，你绝对不可站在最前线，而应该留在中央。当公司扩大到10 000人时，你应该怀着敬畏及感谢的心情，留在最后面。”

我们在前面已经提到过，在20世纪六七十年代，松下先生采取了一种“不管事”的管理态度，并培养出下一代的领导干部。但是，由于危机发生，他立即又出面处理众多事务。比松下年轻10岁的高桥目前仍然是松下公司最主要的解决困难的人。虽然名义上他是公司的顾问，但是，若有某个部门发生困难时，高桥就会深入问题的中心，调查、提出严重的问题，指出问题所在。松下一位部门部长说：“这些高级部长的干预不会令人感到不愉快，而且不会令你觉得他们是在查你，因为你会觉得他们那样做是为了训练你，培养你的能力，以便当他们不再领导你时你可以自主。松下的一个基本信念是，‘在平凡人身上培养出不平凡的能力。’由于有了这种基本目标，松下公司的高级人员在处理困难及问题时，就会显得有点冷酷无情。”

松下充分明白，部长的态度是和部属最有力的沟通方式，因为这可以使他们明白，上级主管真正需要的是什么。松下成功的秘诀在于他有能力与比他低七级的员工沟通，并鼓舞这名员工积极地为达成公司的目标而努力。风格是达成这个目标的重要工具。松下公司不断把一些代表该公司价值的传奇性奋斗故事，转述给它的员工。

有个故事是这样的，松下在1964年发生的危机中，亲自出马，删减了原来的分销过程中的两个环节，把省下来的钱分给零售店，因而使得原来陷入危机的松下电器再度复活。在1970年经济不景气期间，也曾发生过一段神奇的故事：高桥荒太郎把生产线上的工人派去沿门挨户推销松下产品，不但减少了工厂的存货，也降低了生产成本。在这些以及其他一些近乎神奇式的故事中，都可看出同样的一个主旨：松下的管理人员意志坚强、重视实际、积极进取。一名高级人员说："松下公司的风格重点就是，找出问题所在，然后加以解决。问题发生后，我们立即把问题孤立在它所发生的那一阶层，不让它蔓延开来。松下公司的传统，一向是热烈支持积极进取的主管人员。高级主管人员的行为更是强烈支持这种传统，他们树立了好榜样，使得各部门部长知道每天应该从事及思考什么。在我们公司里，上级不会教下级解决问题的详细办法。"

松下风格的另一特色是，它对于各种冲突采取很实际的解决办法。在松下公司内部，存在着很多竞争与潜在性的冲突，这又是违反日本的传统的现象，尤其是各部门（例如，收音机与录像机部门），因为彼此的产品互相抵触，而发生竞争与冲突的机会也很多。当几个互相竞争的部门请求公司拨款投资这种产品时，公司的投资资金委员会就会接触到很多不同的意见。在此，我们又可再度看到西方与东方处理方式获得很好的综合。松下和高桥两人的个性都相当直率，因此，他们的作风也就渗透进了公司的文化中。但是，虽然这些讨论相当激烈而且攻击力强，却很少会引起人与人之间的公开冲突。

当问松下公司的主管人员，他们是否"和其他部门吵架"，他们对此问题都感到大惑不解。一位部长这样解释："我们就像是正常婚姻生活中的丈夫与太太一样，偶尔也有意见不相同的时候（或者，一些在一起合作很多年的亲密商业伙伴，也会有这种情形）。我们有冲突，但不会一直冲突下去，我们基本的大前提就是，我们将在生活中不断调整适应。我们所谓的‘调整’就是——各有关方面在基本上，将努力使大家团结在一起，而不是彼此互相排斥。”一位生产团体的社长更进一步指出：“当两个部门互相竞争要生产同一种新产品时，我经常介入并加以处理。我倾听两方面提出的意见，通常这些事实对其中某个部门有利。我们都试着把这些事实全部摊开来，让理智去自行判断。我们为此讨论建立起‘接受时间’，我的意思是说，人们需要花一点时间才能使自己获得改变，适应对各种事情的新看法。我们要求积极进行——但我们总是试着允许人们改变自己的观点。”

“接受时间”，在日本公司中，是解决冲突最有力的工具。一个人的信仰通常是很重要的财产，甚至远比物质财产更重要，人们也会为了他们的中心信仰而慷慨牺牲。即使是比较不重要的信仰，也会退入一个人的过去中，以及前进到他的未来中。当新的想法或事实出现时，不管它们是如何急迫，人们总是需要一点时间来逐步放弃旧的想法与事实，然后才能接受新的想法与事实。尽管面临巨大压力与急迫性，松下仍然在处理事情的同时，建立起“接受时间”。生产工程部门的社长说：“我们必须创造出正确的气氛与环境，才能使人们接受新的技术，你不能强迫人们接受你的想法——我们目前是逐步把新的技术揭露给人们后争取他们的接受。”这种说法正好和松下会长所说的一段话互相吻合：“我很少在正式场合与我的部长会谈。我们都是不拘形式，促膝而谈。重要的是要培养起他们的独立性，因此，不管我的问题是多么尖锐，我的暗示是多么赤裸，但我约束自己不要发号施令。我们必须尊重各个部门的自尊，以及遵守公司的传统。”

精神价值

“精神”是最不适合描述公司生活的一个名词。然而，除了这个名词之外，再也没有任何其他名词，足以用来描述作为松下哲学基础的强烈信仰制度。松下的风格有很多看来似乎复杂而又难以解释之处，但只要我们详细考虑了它的基本价值，那么，这些矛盾之处也就很容易理解了。例如，松下公司的员工如何会把高级人员的批评当作是“训练”；公司又如何能够调动表现不好的人员，而且让他们发展出“优良品行”，而不至于觉得沮丧。一个公司能够长期维持这么高的工作效率，但是该公司的重要主管人员却不断谈到“接受时间”，以及他们渴望“赢得人们的信任”，这是很令人感到困惑的。

任何人类机构一定免不了要面对其内部的矛盾和对立，通常这些对立系存在于公司必要的效率与人类的感情冲动上。也许“精神”现象就因此被当作从这个无法避免的困境中——个人与社会、人类与效率，获得解决的一种工具。对松下来说，他的处事方式的根本就是宗教。在1931年，正当经济萧条最为严重之际，松下在日本发起一项宗教运动，结果获得广泛的支持，并迅速得以成长。此经验使松下留下十分深刻的印象，他写道：“我终于明白了，人们需要以某种方式把他们的生产性生活和这个社会联结在一起。”松下就是以这种见解来重新思考他的目标。结果产生了这种管理哲学——根据一种类似达尔文式的进化比例，把商业利益和社会福利密切结合在一起。松下说：“一家公司应该根据它对社会所提供的服务，迅速独立自主。公司利润不应该代表公司的贪婪，而是社会对这家公司的信任投票：这家公司所提供的服务受到了社会大众的珍重。当一家公司无法获得利润时，它应该死亡，否则就是浪费社会资源。公司不应该对失败的部门像父亲那般加以照顾或是加以补助。”

乍听之下，处在企盼政府紧急援助的时代且又充满疑心的公民，会认为这种对利润的明智看法，多少有点虚伪和异想天开。松下公司的一名高级人员对此进行了说明：“如果你不以意识观点来思考这个问题，你将发现，这个社会产生了一些公司，而这些公司提供服务，满足社会的某种需求，然后社会就给这些公司利润，以奖励它们对社会的贡献与服务。许多西方人士很容易嘲笑日本公司订下发誓要奉献自己、服务社会的崇高目标，并且他们认为，日本人的这些高调口号其实都是骗人的。但是如果你们的某一家大公司——例如，IBM，要想真正让它的员工们去‘思考’或是确实相信‘IBM就是服务’，那么，这句话就不再只是一句广告口号了。它将成为这家公司的几千名员工的真正信仰——这是超乎利润的一种人类价值，这些员工将把他创造性的生命奉献在这上面。松下的商业哲学也是如此。”

松下哲学提供了超越它所生产产品之外的一种价值基础。松下是日本第一家拥有自己的社歌与生活规范的公司。一位高级人员说：“在西方人看来，这似乎有点好笑。但是，每天早晨8点钟，在日本全国各地，共有8.7万人一起背诵公司的生活规范，以及高唱公司的‘社歌’。我们大家就像是一家人。”松下早就看出，终生在一家公司服务的这种长期经验，必然会在一个人的个性上，留下不可磨灭的影响。在松下看来，工作至少占了我们清醒时间的一半，因此，如果不让工作在我们的生活上占据重要地位，那是令人难以想象的。因此，公司就应协助它的员工改善内在的心理，这也是不可逃避的责任。要想尽到这个责任，最佳的方法就是把公司和社会，以及个人联结起来，并坚持说，管理人员就是训练员和个性培养人员，而不只是人类资源的利用者；但是，这种把商业哲学与冷静的商业目标连接在一起的现象，日本人却认为是十分正常而自然的。

一位观察家指出，松下提供了两种特殊的训练：第一种是基本的技术训练；但是，第二种以及更为根本的训练则是，对松下价值的训练。这些价值是在一个人一生当中的一段漫长的学徒时期内，加以培养而建立的。刚被招考进入公司的新手不断受到这些价值的熏陶。不管是属于哪个工作团体的员工，每个员工至少每隔一个月都被要求为他的那个团体做一次十分钟的演讲，讲题是该公司的精神价值与它和社会的关系。据说，说服自己要比说服别人困难多了。因此，松下很早就利用这种“自我教诲”的技巧。上级可以要求下属考虑他们为了松下公司的价值而提出一项建议。每个人都已经听过以及一再听过创办人的这段名言：“如果你犯了一个诚实的错误，公司将大大地原谅你；你可以把它当作是一次训练，吸取教训。不过，如果你违背了公司的基本原则，你将受到严厉的批评。”公司的经营宗旨、员工信条与“七精神”，现在列在下面。

经营宗旨

彻底认清身为产业人员的责任，谋求社会全体的进步，为了世界文化更进一步的发展而贡献自己。

员工信条

唯有全体员工团结努力，才能使公司获得进步与发展。全体员工本应至诚、团结一致，为公司的不断进步而努力。

七项“精神”道德标准：

（1）产业报国的精神。

（2）光明正大的精神。

（3）亲爱精诚的精神。

（4）奋斗向上的精神。

（5）礼节谦让的精神。

（6）顺应同化的精神。

（7）感恩图报的精神。

只要把这些道德标准牢记在心，就能使你获得很大的愉快与安心。它们为一个遍布世界各地的企业机构的员工，创造了共同的希望。它们使得一个极为复杂而又高度分层负责的公司，能够不断经营下去，即使在很多营业指导方针崩溃之后，它们仍能维持公司的存续。当拿松下公司同一时代的美国公司互相比较时，像通用汽车、美国电话与电报公司、西屋电气公司以及RCA，就会发现，只有少数美国公司，能够维持当初创立时的活力了。为什么松下公司能够维持它原来的面目，而其他很多公司却不能维持，这正是松下成功的主要因素。

松下一家主要分公司的负责人评论："松下的管理哲学对我们十分重要。它使我们能够跟得上西方公司的高效率，同时又使我们不必丧失丝毫的日本人特色。也许，松下公司最大的胜利就是，它能平衡运用西方的理性与东方的精神智慧。"

人事政策与人事发展

松下对风格与精神价值的重视，深深根植于公司全体员工的内心中。从一开始，松下就认为，整个企业并不比企业内的人员重要。他把公司所扮演的角色，比喻为水桶外面的那个铁箍。如果没有铁箍，每块木板都要向外掉落，水桶就装不住水了。他说，由于铁箍的纪律限制，所有个别部位全部团结在一起，完成交付在它们身上的那些任务。

松下的人事业务中，有几项值得注意的特点：第一项就是它杰出的训练与心理教育过程，每个新进人员都要接受这些训练与教育。事实上，日本人的优点之一，就是他们很重视训练。松下公司及其附属机构的20万名员工中，每一个人都有过相当丰富的受训经验。松下的所有专业人员，不管是工程师、会计人员或者销售人员，一开始都要接受基本的商业训练。每个人都要花上6个月，从事销售工作，或直接在一家零售店内工作。每一个人同时也要到生产线上，从事枯燥的装配工作。同时，我们已在前面提到过，在进入公司的最初几年当中，每一位新进人员都要学习"松下的处世方式"，不容许有太多的错误。

在此，我们必须要注意，松下这种看来纯属理论的训练方法，与美国几家杰出公司所使用的方法相近。麦肯锡公司（McKinsey&Company）的克劳斯评论说："在P&G、希尔斯和IBM这些大公司中，它们的管理制度跟军队很相似。只要你不照规矩来，上级就会找上你。这些公司专门招考21岁左右的年轻人，这些年轻人思想较为开放，可供塑造，公司安排他们从最底层干起，训练他们认同公司的制度，遵守公司的规章。这些美国大公司之所以杰出，真正的原因是它们很重视这些细节。经过一段时间之后，这些经过训练与磨炼，而又能留在公司内的人员，成了公司制度的一部分，彼此互相了解，于是成为公司推展业务的最大主力。”

我们在前面提到过，松下公司对年轻人施以严格的训练。训练课程包括公司的组织、财务制度，还包括松下的哲学课程，训练的宗旨很快就向受训者明确表示。在实习期间，受训练者就要接受销售与生产纪律的考验，彼此之间展开竞争。他们将会获知，在松下公司，最重要的就是了解顾客的需求，以最低的成本，把适应市场需要的产品送到贩卖地点。部长与管理人每一次获得晋升，每一次都要接受一次额外的训练——每一次的训练课程，都包括了对松下哲学的研究，以及在零售店或生产部门吸收更新的工作经验。

在20世纪30年代，松下幸之助开始着手建立他那一套独立自主、分层负责的结构制度。他当时就已预料到，要想同时维持整个公司的完整，以及生产线的特点，是十分困难的。所以，他建立了一套很重要的制度，使公司的每一个人，都能对公司的整体前途产生正确的认识：松下的职务轮调制度。每一年，5%的松下员工（部长、领班与工人分别各占13%），要从某个部门轮调到另一个部门工作。被调动的员工，要一直在他的新部门里工作，直到他获得晋升而被调离为止。按照一般的比例来看，松下公司竟然能够有效地推行它的积极策略与共同价值，时间长达60多年之久，实在令人敬佩。

这项成就的一部分原因，在于它能把松下风格，深刻地灌输到员工的心中。

另一部分原因在于公司的精神教育，为公司建立起一种世俗性的“宗教制度”，使公司的所有员工相信相同的事物，朝着同一方向前进（对一个拥有二十多万名员工的公司来说，松下员工竟然对公司的目标有很高程度的共同认识，这是极为难得的成就）。

还有一部分原因，是我们刚刚描述过的训练制度，把公司的价值观念，深刻地灌输到每一代的管理人员心中；另外，松下和高桥先生，很有技巧地退出公司的管理，进入半退休状态，又在危急时，重新进入公司指挥，然后又退出，每一次的退出更为彻底，时间也更长。

最后的一部分原因是，松下推动终身服务制度，用以维持生产上的连续性。终身聘用，在此扮演着一个重要的角色，它能为公司提供一群服务年龄长达20年或30年，而且通过严格训练的部长级员工。他们成了推动公司传统的高度的可靠资源。

但是，我们却不能太轻易就把这项因素，视作是松下成功的文化借口，因为许多美国公司也拥有很多终身服务的经理，以及重要的蓝领阶级人员（在我们的研究报告中，美国经理人员的平均服务年龄，都在二十几年以上）。因此，松下的成功，并不仅仅因为它拥有终身服务的制度。

我们在前面已指出，松下的人事部门负责审核各部门初中以上学历的所有人员的聘任工作。它同时也追踪考核每一部门最高职位的两名或三名部长，并要求对他们的表现做六个月的标准化考核评估。这些人员被认为具有高度的发展潜力。由于松下一向主张“从平凡人身上，创造不平凡的结果”，所以松下公司并不特别努力从著名的大学里，招考高级管理人员，不像IBM或P&G这些美国大公司，拼命从著名的美国商学院招考人员，来担任它们的经理。一般程度招考进来的，比较具有可塑性，而且更能接受社会的熏陶。他们的表现，往往比一些著名大学的毕业生要好得多。

松下公司强烈鼓励它的部长们，从一般员工当中找出有才能及发展潜力的人员，然后把他们安置在适当职位上，达到适才适用的目标。“不要评判一个人的个性，而要去评判他的工作表现，”松下公司的会长经常这样说，“一名经理人员应该从很多方面，去了解他下属的潜在力量。”他指出，“如此才能正确判断出，如何把这名下属的潜力用在最正确的地方，使他发挥最大的效益。”在很多公司里，这样的声明，只不过是陈腔滥调。但是，经验丰富的松下，则坚持以此来训练、发展员工的能力（从平凡人的身上，创造出不平凡的结果），并将它作为公司的作业标准之一。

然而，松下虽然主张它的员工“自我发展”，但却也特别重视员工的表现。虽然松下并不开除员工，但却不断把那些表现不佳的员工调到其他职位上。犯了错误的主管人员，则会被要求进行自我反省，并且由自己提出公司内的哪个职位比较适合自己。然后，他将被四处调动，直到他找到一项可以发挥他最大潜力的工作。“在这儿当部长，并不是绝对轻松愉快的，”一名部长说，“当退货率升高时，我们就要严格管理。”有时候，上级也会提出批评或指责，但这通常被当作是要鞭策犯错的部长，训练他将来担当重责大任。松下的“训练前程”并不是打哑谜，而是确确实实在进行。在松下公司，批评被当作是人事发展中的一项纪律。在松下公司的晋升，很少看年龄与年资，年轻员工若有良好表现，公司并不会牺牲他们而提升年长资深的同事。只有在公司服务15年之后（这段时间，已长得足以确定每个人都能与公司的每个部门密切配合），才在晋升的时候，同量考虑这名员工的表现与资历。

除此之外，松下公司会毫不犹豫地把年轻人提升起来，担任重要职务，而不会考虑那些资格较老，但表现不佳的员工。松下电子公司的社长松本，拥有丰富的银行背景资历，曾在20世纪50年代，协助公司处理过很多令人头痛的财务问题。但他缺乏市场概念，因此无法鼓舞他的部属面对20世纪60年代的挑战。结果，他被换了下来，由一个比较年轻、更有活力的主管接任他的职位。同样的，在1977年，松下会长提升了一位相当年轻的57岁主管人员，超越了另外20多名比他资深及年长的同事，进入执行委员会担任一项重要职位。松下说：“让一个错误的人选，留在一项错误的职位上，是任何企业成功之路上的一个障碍。”在1979年，一位极为杰出的49岁的部长，被安排进入董事会任职。松下发展员工潜力的信念，并不仅限于高级人员，也适用于一般员工。他很喜欢带着访客到工厂参观，随手指着一名员工说道："他是我最好的一名部长。"他深信这种哲学：在正确推动公司业务上，很多"小头脑"，往往比少数"大头脑"，更为优秀。因此，松下公司有很积极的办法，征求员工们提供建议。松下把员工看作是改善工厂生产与促进市场销售的最佳利器。他相信，很多小员工每天注意如何改善他们的工作，他们所汇集而成的成就，可能超过全体生产工程师与策划人员的努力。

对于员工积极性的鼓励，是松下哲学极为重要的一部分。在1979年，松下平均从每位员工身上，收到了25项以上的建议（在某些部门，平均每位员工提出60多项的建议）；每一项建议分别评定等级，从第一级（最佳）到第九级不等。公司根据这些建议，发给个人奖金及团体奖励。这些提出建议的员工中，将近90%得到奖励；平均每个人只能领到几日元的奖金，但是，其所代表的意义却很明确："想想你的工作，发展你的潜能，协助我们改善公司情况。"最好的建议，会受到全公司的瞩目，并为公司赚进大笔金钱利润。每一年，公司都颁发很多特别奖，包括会长奖与各种部门奖。许多日本公司，皆设有收集建议的计划，并且将这些建议，看作是公司的成功之钥。松下不仅奖励员工提供建议，甚至还对每一部门提供建议的数目及品质，保持精确的统计数字。这被认为是维持员工高昂士气的极佳方法。

员工并不被认为这是"参与"管理，而是公司在征求他们的意见。公司的账目向工会公开，而每一部门在拟订它的"6个月营业计划"时，直接和工会磋商。"这是一家极为杰出的公司，"在波多黎各一家松下电视机装配厂的一名电工技师说，"当他们刚来的时候，我们起初对他们的生产管理制度以及一味追求成就的心理，感到十分震惊。为了协助生产顺利进行，他们派了100名工人到日本受训，看看那边的工作情形。本来似乎显得很遥远的，但是逐渐地，此地工厂有了各种进步。经由改善产品的设计，简化生产过程，减少了我们的品质问题。他们采取开放的管理，并且真心鼓励我们提出建议。每天早晨开始工作之前，都要举行一次会议，所有的人都背诵松下的七守则。最初大家认为这样做有点蠢，但等到你真的了解公司的哲学之后，就能够明白公司为什么要这样做。在松下接管之前，我们的工厂业务不佳，大大赔钱。他们来了，说要在三年之内，使这家工厂开始赚钱。老天爷！我们真的做到了，这使你很容易就对公司产生很大的信心。”

技巧

我们在前面已经提到过，在一家日本公司内，很难把个人和公司分开来。然而，在我们研究了松下电器公司如何演进之后，我们已经对这家公司创办人的技巧有了深刻的认识。也许其中最突出的，就是他那惊人的随机应变能力：有时候他积极介入处理公司业务，有时候他袖手旁观，不太处理公司业务。我们也注意到他具有追求事实的热诚，拥有对数字的杰出能力，以及他乐于把高桥荒太郎培养成为他的管理人员以及他的代理人。然而，我们也看到，他深深致力于建立松下的精神规范，同时有充分的证据显示，他在从事最重要的多项管理决定时，对自己的本能有很大的信心。松下似乎同时拥有很多人的智慧才能，但我们却似乎很难找出哪一位著名的西方经理，是同时拥有这么多才能的。如果我们说，松下幸之助使得日本人拥有了世界级的管理人才，这绝不是夸大之词。在松下幸之助身上，同时拥有了史龙因的管理才能，以及希尔斯百货公司伍德将军的销售本能。

不错，历史学家可能有一天，会把松下看作是20世纪最伟大的一名经理。

我们所讨论的各种因素，全归功于松下在市场上独特的经营能力。松下公司那种杰出的管理方式，使得各部门团结在一起，并造就公司的高度融合。它的组织结构因其制度而更加健全，而这一切又皆受到松下风格、精神价值及人事政策的影响。松下将人类价值与严厉的效率交织在一起，已经创造了一个具有惊人弹性与活力的组织。松下公司就像是一支军队，经营策略与技巧不断变化，松下公司能够繁衍自己，产生新而自治化的部门，其过程精确得就像DNA复制人类细胞，创造出新生命一般。

以上就是日本最成功的企业所实施的日本式管理艺术。

参考文献

[1]（日）松下幸之助.自来水哲学——松下幸之助自传[M].李菁菁，译.海口：南海出版社，2008.

[2]（日）松下幸之助.经营沉思录[M].（日）猿渡清光，路秀明,译.海口：南海出版公司，2009.

[3]（日）高田雄吉.经营圣哲松下幸之助管理突破全书[M].刘景文,编译.北京：光明日报出版社，2002.

[4] 江新.松下幸之助创业之道[M].北京：北京燕山出版社，2008.

[5] 李海明.松下幸之助经营之道[M].北京：北京燕山出版社，2008.

[6] 严欢.松下幸之助为人之道[M].北京：北京燕山出版社，2008.

[7] 可致一.松下幸之助用人之道[M].北京：北京燕山出版社，2008.

[8] 杨康.松下幸之助智慧活学活用[M].北京：中国社会出版社，2007.

[9] 李津.松下幸之助——经营之神铸就百年基业的层层突破[M].北京：中央编译出版社，2009.

[10] 孙鹤翎编著.松下幸之助智囊全集[M].北京：中央广播大学出版社，2009.

[11] http：//baike.baidu.com/view/65912.htm松下家族.

后记

每一本书的出版，都是许多人用辛勤付出换来的。本书从策划开始，就受到各方人士的关照与帮助，在编写时更是得到了不少老师和作者的鼎力支持。特此向参与本书编写的人员致以诚挚的谢意。

本书编写中借鉴和参阅了大量的文献作品，编者从中得到了不少启发和感悟。得益于前人的劳动成果，才使本书能够有如此之多的翔实案例和如此丰富的理论基础。在此向各位专家、学者以及资料的提供者表示最崇高的敬意。

编　者